신(新)사사시대에 읽는 사사기 I

신(新)사사시대에 읽는 사사기 I
— 사사기 1-12장

2023년 1월 20일 처음 펴냄

지은이 | 이강덕
펴낸이 | 김영호
펴낸곳 | 도서출판 동연
등 록 | 제1-1383호(1992년 6월 12일)
주 소 | 서울시 마포구 월드컵로 163-3
전 화 | (02) 335-2630
팩 스 | (02) 335-2640
이메일 | yh4321@gmail.com
S N S | https://www.instagram.com/dongyeon_press

ISBN 978-89-6447-862-2 04230
ISBN 978-89-6447-861-5 04230(이강덕 목사 사사기 시리즈)

신(新)사사시대에 읽는

사사기

I

사사기 1-12장

JUDGES

| 이강덕 지음 |

동연

저자는 성경을 세상에 풀어내는 현장 목회자이다. 물론 성경과
상관없이 목회하는 목회자는 없겠지만 저자는 유독 성경 연구에 전력
을 다하고 있다. 신학교 선배인 저자는 신학교에 갓 입학한 내게
"신학생은 누구보다도 공부를 열심히 해야 한다. 남들보다 세 배의
시간을 들여야 한다"고 지겹도록 말하곤 했다. 지금도 내 귓가에
맴돌고 있을 정도로 그의 목소리는 솔직하고 진지했다. 십수 년 전
내가 이스라엘에서 어렵사리 유학하고 있던 시절에 그가 성지순례로
이스라엘을 방문했고 그를 예루살렘에서 만난 적이 있었다. 그는
내게 이렇게 말했다. "네가 참 부럽다. 성경의 땅에서 성경을 배우는
것이 얼마나 행복하겠는가" 하고 말이다. 내가 기억하는 저자는 세상과
교회, 그리스도인과 비그리스도인의 어느 경계선에서 시대의 예언자
로 사역하며, 성서 연구와 묵상으로 하나님의 메시지를 양방향을
향하여 외치는 역할을 담당하고 있다.

저자의 신간 『신(新)사사시대에 읽는 사사기』는 사사기가 이스라
엘 초기 역사에서 가나안 땅 정복과 정착에 대한 커다란 틀을 형성하고,
하나님의 지시에 대한 이스라엘 백성의 순종 그리고 그들의 민족
정체성 확립이라는 커다란 내러티브를 형성한다는 사실을 보여준다.
하지만 저자는 사사기를 자신의 내러티브로 풀어내고 있다. 그는
구약성서를 전공하거나 관련 학위를 갖고 있지 않음에도 목회자의

시각에서 사사기의 내러티브를 풀어낸 것이다. 사사시대의 이스라엘의 모습을 오늘날 한국교회의 자화상으로 이해하는 저자는 여호수아의 이스라엘이 '가나안화'되어 가는 모습에서 오늘의 한국교회를 '세상이 염려하는 교회'로 규정한다.

저자의 말대로 '사사시대'는 오늘의 시대와 별반 다르지 않다. 그리고 그는 사사시대를 이렇게 정의한다. "하나님 없이 자기들의 소견이 옳다고 믿은 것을 그대로 관철시켰던 시대." 저자가 사사기 읽기를 강조한 이유도 오늘의 현시대가 사사시대보다 더하면 더하다는 것이다. "사사시대보다 더하면 더했지 덜하지 않은 영적 황무함을 지독하리만큼 경험하고 있는 내 사랑하는 교회를 생각하면 시인의 고백처럼 밤마다 눈물로 내 요를 적시는 동통(同痛)에 몸서리치곤 한다"는 절규에서 저자는 성서로 간파하는 시대정신으로서 '마구잡이 시대'(random age), '그리스도 없는 시대'(Christless Christianity, 예수에 대한 케리그마가 중단된 시대)라고 규정한다. 저자 스스로 "구약학자가 아니라 현장 목회자이다"라고 고백하듯이 그의 사사기는 결국 자신의 신학적 사색을 자신의 내러티브로 드러내고 있다.

그리고 『신(新)사사시대에 읽는 사사기』에서 저자는 이스라엘 성지순례를 경험한 때문인지 이스라엘의 지리적 이해를 저자만의 탁월한 메시지로 풀어낸다. 사사기의 특징상 적지 않은 지리적인 명칭들이 등장한다. 이스라엘 민족의 12지파 땅 분배, 지파들 사이에 벌어진 영토분쟁, 가나안 땅의 원주민과 다퉈야만 했던 제의 장소(cultic place) 등 사사기에 묘사된 방대한 지리적 요소들이 저자의 글에서 섬세하고 생생하게 작용하고 있다. 특히 성서에 나타난 대부분 지명이 그곳에서 일어난 성서의 사건을 함축하고 있는 특징 때문에 그 사건을 이해하고 그곳의 신앙적 의미를 발견하는 데 지명 연구는 필수적이다. 저자는 사사기의 지리적 요소와 지명을 놓치지 않을 뿐만 아니라 그곳 혹은 그 사건의 신앙적 의미를 명확하게 전달하고 있다.

이렇게 저자의 사사기는 나의 사사기로 성큼 다가오게 한다. 그의 『신(新)사사시대에 읽는 사사기』를 읽는 독자들도 그들의 사사기를 읽어낼 것이라고 확신한다. 마지막으로 그의 사사기를 나의 사사기로 읽으면서 꼭 인용하고 싶은 그의 글이 있다. "예루살렘 성벽 재건을 천신만고 끝에 완성한 느헤미야 총독은 에스라를 초청하여 수문 앞(watergate) 부흥회를 개최한다. 에스라가 수문 앞으로 모여든 백성들 앞에서 율법을 낭독하고(reading) 해석하자(interpreting) 그들이 울었다(weeping)고 보고한다. 한국교회의 그리스도인들이여! 가능하다면 이 시대 우리의 보김에서 울지 말고, 수문 앞 광장에서 울자. 이게 나라냐고 질문하는 기막힌 신(新)사사시대를 살고 있는 오늘, 조국 교회의 예배당마다 보김이 아닌 수문 앞 현장의 울음을 하나님께 드리는 눈물의 현장이 되기를 기대해본다. 울음도 울음 나름이다."

김진산
(터치바이블 대표, 이스라엘 바르일란 대학교 구약 성서지리학 전공 Ph. D.)

추 천 의 글

　이강덕 목사는 스스로를 '시골 목사'로 부르는 겸손한 작가이다. 이 작가와 절친 사이인 필자는 그를 거리낌 없이 '재야의 은둔 고수'라고 부른다. 그는 1년에 다양한 장르의 100권의 책을 샅샅이 정독하고, 권마다 서평을 남기는 지독한 독서광이요 부러운 메모광이다. 바쁜 목회 현장에서 몸에 밴 독서의 양도 그렇지만, 무엇보다도 독서 후 서평을 남기는 성실함과 치밀함이 늘 부럽다. 저자의 첫 책 『시골 목사의 행복한 글 여행』(2016)에 대한 추천의 글에서 필자는 저자의 주옥같은 성서 강해 원고들도 때가 되면 잘 갈무리하여 세상에 내놓을 것을 강력하게 권고한 바 있다. 드디어 시골 은둔 고수의 성서 강해가 세상에 그 모습을 드러낸다. 이 책은 필자의 발굴과 권고와 협박의 결실이기도 하다.

　저자의 사사기 강해는 사사기에 대한 역발상이라 할 수 있다. 저자는 전문 성서신학자들의 성서학 주석은 물론이고, 전문 성서학 논문도 찾아서 읽고 고민하며, 충분히 소화하고, 성서학자들의 해석을 날카롭게 비판할 줄도 아는 우리나라에서 몇 안 되는 현장 설교자이다. 성서신학자들의 사사기 연구서들은 상당히 전문적인 나머지 대체적으로 건조하여 현장의 설교자나 일반 독자들에게 접근성이 현저히 떨어지고, 목회자들의 사사기 강해서들은 전문성이 떨어져 쉽게 손이 가지 않는다. 저자는 목회신학자요 실천신학자로서의 자의식을 가지고 있다. 목회 현장과 최전선의 사령관으로서 현장 신학자인 셈이다. 나름 신학자로서의 자존심이 있는 저자의 사사기 해석은 일반 설교자들의 수준을 훨씬 뛰어넘는다. 급기야 기라성 같은 성서신학자들의 사사기 해석에도 날카로운 메스를 갖다 대고 설득력 있게 비판적으로 대화하며, 자신만의 독특하고도 기발한 해석을 도출하기도 한다. 이 점이 이 책을 기존의 사사기에 대한 역발상이라 부르는 까닭이다.

사실 한국교회의 사사 상(像)은 대체적으로 미화되고 왜곡되어 있다. 대부분의 사사가 하나님의 위대한 일꾼으로 영웅화된다. 그러나 사사기의 이야기는 나선형 하강(downward spiral) 형태로 기술되어 있다. 사사기에 나오는 각 주기의 영웅담은 이전에 나오는 영웅담의 단순한 반복(순환론적 역사관, a cyclical view of history)이 아니라 각 사사들의 자질과 그들의 지도력이 점점 더 하락하고 있음을 보여준다. 일반적으로 후반부로 갈수록 사사들은 하강 곡선을 탄다. 후반부로 갈수록 사사들은 점점 타락한다. 기드온은 말년에 우상 숭배에 빠지고(삿 8:22-27), 입다는 성급하고 불필요한 맹세로 자신의 딸을 잃게 되고(삿 11:30-40), 삼손은 자만에 가득 차 있고 성욕을 절제하지 않음으로 결국 죽음을 맞이하게 된다(삿 13-16장). 저자는 사사들의 이러한 민낯을 적나라하게 드러낸다. '사사들의 영웅화'를 바로 잡으려고 노력한다. 저자는 전성민 교수가 정의한 '신앙의 이름으로 포장된 욕망의 시대'라는 사사기 정의를 수용하여 '신(新)사사시대'라고 재정의한다. 저자는 말한다.

"성경에 증언된 사사시대를 비판적으로 성찰해야 하는 것은 이런 시도를 통해 신(新)사사시대를 살고 있는 2023년의 한국교회가 욕망의 시대를 닮지 않도록 하는 거울로 삼기 위함이다."

이 책은 기존 전문 성서학자들의 사사기 해석을 모판으로 삼고, 인문학적 성찰을 거친다. 저자의 인문학적 소양은 다양한 장르의 독서에서 길러졌다. 저자는 시, 문학, 소설, 철학, 심리학, 종교학, 사회학 등 다양한 독서로 다져진 인문학도이기도 하다. 저자는 우리나라에서 인문학적 자질을 가진 몇몇 탁월한 목회자들과 어깨를 나란히 한다. 사사기에서 건져낸 본문의 본래적 의미는 이러한 인문학적 통찰과 해석을 거치면서 오늘의 의미로 재탄생한다.

여기에 조국 교회를 뜨겁게 사랑하는 저자의 목회적 심장이 작동한다. 저자는 항상 주군(主君)을 의식하는 타고난 목회자이다. 성서학과 인문학 그리고 목회학이 어울리면서 전혀 새로운 사사기 해석이 등장하게 되었다. 이 점에서 이 책은 독보적이라 평가할 수 있다. 마지막으로 저자의 다음과 같은 절규에 필자의 심장도 공명함을 고백하며, 독자들에게도 동일한 감동이 전달되기를 간절히 바란다.

본서가 통상적이고 상투적인 사사기 강해 이야기로 읽히지 않기를 희망한다. 팬데믹 시대를 경험하면서 신(新)사사시대라는 블랙홀 속으로 더한층 빠르게 빨려 들어가는 한국교회의 무너짐을 염려하여, 어떻게 하든 그 무너짐을 다시 곧추세워보려 하는 현직 목사의 신앙적 살아내기이자 몸부림이라는 절규로 읽어주기를 기대한다.

차준희
(한세대학교 구약학 교수, 한국구약학연구소 소장, 한국구약학회 학회장 역임)

누군가로부터 추천서를 부탁받게 되면 나는 과연 그럴 만한 사람인
가에 대해서 조심스럽게 자문하곤 한다. 추천서를 부탁하는 사람이
더 겸손하며, 더 실력 있는 사람일 수 있기 때문이다. 내 주변은
항상 이렇듯 주님의 영광을 위해 성실하게 자신에게 주어진 일을
꾸준하게 하는 이들이 있어 행복하다. 이강덕 목사는 그런 사람으로,
통전적인 독서를 통해 사고를 팽창시키고 그 넓은 프레임으로 세상을
보는 보기 드문 목사이다. 먼저 이강덕 목사가 『신(新)사사시대에
읽는 사사기』를 집필하여 출판하게 됨을 기쁘게 생각한다. 스스로를
낮추는 인격의 소유자이기에 자신의 장점을 내색하는 데 불편한 그의
심성과 신실함을 나는 존경한다. 저자는 프란시스 맥너트의 『치유』
안에 있는 글을 인용한다.

"하나님도 부서진 바이올린으로 연주할 수 없다."

아마 저자는 한국교회를 '부서진 바이올린'으로 비유한 듯하다.
교회의 리더 중에 상당수는 이구동성으로 "한국교회의 부흥은 이제
끝난 것이 아닌가!" 하는 부정적인 견해를 점점 높여가고 있는 것이
사실이다. 그런데 문제는 왜 이런 불운한 기운이 기독교 전체에 스며들
었는가에 있다. 문제의식을 타인에게 혹은 환경에서 찾지 말고 자신을

점검하는 것으로부터 시작되어야 한다는 당위성을 재차 강조하고 있는 것이다. 나는 저자의 책 『신(新)사사시대에 읽는 사사기』를 읽으면서 한국교회의 현실이 "아, 그렇구나!" 하는 직감과 함께 객관적인 시각으로 바라보아야 함을 절실하게 공감하게 되었다. 저자는 현시대를 다음과 같은 용어들로 압축하고 있다.

'비루한 인간군', '영혼의 암 덩어리', '마구잡이 시대', '맘대로의 삶', '영적 지도자의 부패', '종교의 절망', '참극' 등등으로 열거하는데 "나는 아니지요?"라는 발뺌이 통하지 않게 한다. 부정적인 어조의 근원이 바로 기독교이기 때문이다. 저자는 한국교회의 현실이 하나님의 마음과 대치하는 영역에 함몰되어 있지만, 전혀 감을 잡지 못하는 불행한 시대에 살고 있다고 한탄한다. 그러면서 무질서한 세상에서 벗어나는 길은 하나님의 말씀을 통해 해결점을 찾아야 한다고 역설한다.

모든 성경은 바르게 함과 의로 교육하기에 유익하다는 것은 반복하지 않아도 될 것이다. 저자는 오늘을 사는 현대 그리스도인의 실상과 자화상이 마치 사사기 시대에 등장하는 사사와 이스라엘 백성들과 같다는 의견을 피력한다. 그렇다면 우리는 사사시대의 정황이 어떠한지를 깊이 연구할 필요성이 있는 것이다. 저자는 사사기를 통해 지금 우리의 현실을 적나라하게 표현하고 있으며, 말씀 안에서 조국의 미래를 조명하고 있다. 누군가를 평론하고 비판할 때의 문제점은 지극히 주관적이라는 점에 조심해야 한다. 같은 맥락으로 마치 사사시대의 몇몇 인물들이 자기 소견대로 하나님의 말씀을 곡해하거나 임의적 해석을 한다는 것이 사사시대의 불행이었다.

저자는 역시 이 점을 간과하지 않기 위해 매 장마다 해석의 정확성과 객관성을 유지하기 위해 많은 책을 탐독하고 있음을 발견한다. 책 한 권을 쓰기 위해 참고문헌으로 100여 권의 책을 인용한 것을 발견했다. 소견대로 세상을 이해하고 해석하는 것을 원치 않아서일 것이다. 내 생각과 하나님의 영의 인도를 받은 작가들과 위인들의 생각을 통해 검증받고 싶었던 것이다. 작금의 목회자들이 세상을 보는 시각이 편협하거나 획일화되었다는 비판이 많은데 저자도 '나는 그러면 안 된다'는 마음을 전달하고 있는 것이다.

종종 기독교 신앙 서적이 원론적인 이야기만으로 분량을 채우고 있는 지루함 때문에 독자의 흥미를 잃게 만들곤 한다. 저자는 이런 점을 원치 않았던지 글 중간중간에 "나는 현장에서 목회하는 목사"라는 말을 강조하고 있다. 30년간 목회를 하면서 겪어본 교회와 세상을 보면서 과연 나는 여기에서 지금 무엇을 하고 있는가에 대해 많은 시간 묵상하고 있음을 책을 통해서 발견하게 되었다.

"목회하면서 나는 참 많이도 울었다." 저자의 연약한 고백은 지금 목회자들이 무엇을 해야 하는지 교훈하고 있다. 영적으로 부서진 바이올린이 된 리더들의 애환을 긍휼과 동정으로만 대처하는 것은 옳지 않다는 것을 글을 읽으면서 깨닫게 되었다. 저자의 글 중에 "감정대로 신앙생활하지 말고, 말씀대로 신앙생활하자"는 글이 있다. 왜 하나님께서 연주할 수 없는 바이올린이 되었는가에 대한 답은 말씀대로 신앙생활하지 않아서였다. 사사시대의 사사들의 고충과 소견대로 신앙생활 하는 모순 덩어리들의 한탄스러운 정황은 말씀대로 신앙생활하지 않아서다. 저자는 이 점을 매우 강조하고 있다. 한국교회에 경종을 울리는 동시에 다시 부흥이라는 슬로건을 완수하기 위해서라면 말씀대로 목회하고, 말씀대로 신앙생활하라는 것이다.

종합하면 이 책은 나를 돌아보는 것을 우선시하게 만드는 책이다. 부분적 이해와 빈약한 성경 지식과 어설픈 세상 지식을 접목시키는 것을 원치 않고 있다. 이 책은 제대로 된 신앙생활은 요령을 피우는 교회가 아니라 고난을 받아들이는 교회라는 것이 어떤 의미인지 알려주고 있다. 책을 완수하기까지 인내의 수고를 감내한 이강덕 목사에게 감사하며 추천의 글을 맺는다.

윤문기
(한국기독교나사렛성결회 감독, 안중교회 담임목사)

들어가는 말

> 질문하는 자는 항상 이긴다. 이제 패배를 무릅쓰고 당신이 대답할 차례다.[*]

팬데믹 공포가 네 번째로 휩쓸고 있는 어느 날, 무거운 침묵 속에 빠져 있었던 서재에서 만난 천둥소리였다. 가공할 만한 바이러스의 기세가 준 공포는 인간의 몸에 침투하여 단순히 생리학적인 신체 구조를 파괴하여 인간의 호흡을 멈추게 하는 정도의 국소적인 상황이 아니었다. 적어도 내게는 무기력이라는 절망이 더 큰 공포요 고통이었다. 팬데믹 기간 동안 그 어떤 생각, 사유, 성찰함을 용납하지 않아 인간이 가장 인간다워지는 일체의 것들을 무기력하게 만드는 것이 코로나가 준 가장 큰 재앙이었다.

> 이해하려 애쓰지 마라, 미래를 상상하지 마라, 모든 게 어떻게 언제 끝나게 될지 생각하며 괴로워하지 마라.[**]

제2차 세계대전이 끝나갈 즈음 파시즘에 저항하다가 체포되어 아우슈비츠 제3수용소에서 노예보다 못한 인권유린을 고발했던 유대계 이탈리아인, 프리모 레비가 수용소에서 경험한 가장 치욕스러웠던

---

[*] 신형철, 『몰락의 에티카』 (문학동네, 2018), 141.
[**] 프리모 레비, 『이것이 인간인가』 (돌베개, 2015), 179.

소회를 이렇게 밝혔다. 그는 인간을 가장 비인간적으로 다루던 수용소에서 받은 이 고통을 고발했지만, 결국 토리노 자택에서 스스로 생을 마감했다. 극복할 수 없었던 트라우마가 그를 옥죄었을 것은 재론의 여지가 없다. 물론 자살을 미화하려는 것은 아니지만 레비를 변호한다면 그는 자신을 식물인간처럼 살아가도록 만들었던 일체의 비인간적인 폭력에 대해 죽음으로 처절하게 저항했던 것은 아닐까 싶다.

코로나에게 3년을 지배당했다. 눈에 보이지 않는 지배자에게 속절없이 당했던 수모의 극치는 목사로 살고 있는 나로 하여금 생각하거나 질문하지 말라는 강요였다. 레비의 말대로 생각하지 말고 살라는 무기력의 종용이었고 폭력이었다. 과도한 비약인지는 모르겠지만 이런 과정들을 겪으면서 나 역시 지난 3년 동안 아우슈비츠에서 산 느낌이다. 아니, 살았다. 이대로는 더 이상 안 되겠다 싶어 일을 저지르기로 했다. 무기력하게 아무것도 안 하는 살아 있는 송장처럼 사는 것이 죽는 것보다 못할 것 같아 그동안 묵혀 왔던 졸고들을 묶어 무대 위로 올려보기로 했다. 『신(新)사사시대에 읽는 사사기』는 이렇게 시작되었다.

한국교회 전통에서 '사사'(שׁפט)에 대한 이해는 너무도 긍정적이다. 아마도 학습된 효과이리라. 필자가 주일학교를 다닐 때 주일학교 반사 선생님들이 그림책으로 사사들을 그려 분반 공부를 했던 기억이 있다. 사우스포(southpaw)였던 에훗, 여장부 드보라, 용사 중의 용사라고 추앙하던 기드온, 하나님의 위대한 일꾼으로 미화된 삼손까지 어린 시절 사사들은 닮고 싶었던 영웅들이었다. 그렇게 세뇌를 강요했던 사사들은 지금도 많은 그리스도인에게는 영웅 아닌 영웅으로 자리매김하고 있는 게 사실이다.

정말 그런가, 어불성설이다. 사사기 안에 있는 사사의 면면을 신학적으로 추적하다 보면 그들의 민낯이 적나라하게 드러난다. 그래서 전술했듯이 전통적으로 사사들을 이해했을 때 그들을 영웅으로 이해했다. 사정이 이러하기에 사사들을 전혀 다른 시각으로 해석하는 일은 그렇게 학습해 온 사람들이나 학습 받은 사람들 모두에게 적지 않은 혼돈을 줄 가능성이 농후하다. 그럼에도 불구하고 그동안 자의든 타의든 왜곡되어 왔던 사사들의 모습을 이제 정직하게 보고, 올바르게 읽을 때가 왔다. 사사들에 대한 전통적 해석을 뒤집어 보는 용기가 필요한 이유는 세뇌되고 미화된 사사들을 조작된 채 받아들이라는 억지의 감동보다 역설적으로 정직하게 사사들의 민낯을 이해할 때 임하는 감동이 더 큰 도전과 은혜를 줄 것이라고 확신하기 때문이다.

벤쿠버기독교세계관대학원 원장으로 있는 전성민 교수는 『신앙의 이름으로 포장된 욕망의 시대, 사사기 어떻게 읽을 것인가?』에서 이렇게 도전했다.

사사기를 읽을 때면 거의 언제나 한국교회의 상황과 겹친다. (중략) 사사들을 영웅으로만 읽지 않을 때, 사사기 자체에 담긴 그들의 이야기에서 본받아야 할 모범과 원리를 추출하는 대신 우리 자신의 모습을 거울을 보듯 볼 수 있다.*

전 교수가 말한 명제인 '신앙의 이름으로 포장된 욕망의 시대'라는

---

* 전성민, 『신앙의 이름으로 포장된 욕망의 시대, 사사기 어떻게 읽을 것인가?』 (성서유니온, 2021), 11-20.

정의는 타당해 보인다. 후기 사사들의 면모가 정말로 이 명제에 적확해 보이기에 말이다. 필자는 본고에서 '신앙의 이름으로 포장된 욕망의 시대'를 '신(新)사사시대'라고 재정의했다. 성경에 증언된 사사시대를 비판적으로 성찰해야 하는 것은 이런 시도를 통해 신(新)사사시대를 살고 있는 2023년의 한국교회가 욕망의 시대를 닮지 않도록 하는 거울로 삼기 위함이다. 사사들을 비판적으로 보아야 하는 또 다른 측면은 사사들의 행위 자체가 비난받아야 할 내용들로 넘쳐나기 때문이다. 초기 사사(옷니엘, 에훗, 드보라)들을 지나 이후 후기 사사들이 행한 일련의 일들을 만나다 보면, 그들이 사사라는 이름을 갖고 있었음에도 불구하고 얼마나 신앙의 왜곡을 부추기며 비신학적 행태들을 보여왔는지를 여실히 보여준다. 이미 학습된 사사들의 영웅화를 바로잡아야 한다. 동시에 사사기를 바르게 읽는 과정을 통해 잘못 인식된 일들을 곤추세워야 한다. 이 작업은 그리 유쾌하거나 신나는 작업이 아니다. 자칫 잘못하다가는 돌멩이 맞아야 하는 위험한 시도이다. 하지만 성경의 사사시대를 닮아가는 한국교회를 직시한다면 누군가 이 작업을 해야 한다고 생각했다.

필자는 구약학자가 아니라 현장 목회자다. 그러므로 마땅히 필자가 써 내려간 『신(新)사사시대에 읽는 사사기』는 구약신학적인 작품이거나 구약 석의적인 작품이 아니다. 이 작업이야 학자들의 몫이고, 이런 부류의 책은 시중에 많이 나와 있기에 그쪽을 참조하는 것이 현명하다. 다만 이 책은 사사기 읽기를 통해 21세기적 한국교회의 민낯을 들춰내는 실천신학적 작업이다. 그러므로 텍스트에 대한 이해가 목적이 아니라, 한국교회라는 현장과 그 안에 속해 있는 크리스티아노스(Χριστιανός)라는 콘텍스트를 적용의 대상으로 삼은 글이다. 사사기에서 보는 초기 가나안 공동체인 이스라엘 신앙 공동체가 자행했던 오류들을 사랑하는 한국교회가 반면교사 삼아 주기를 바라는 희망 서신과도 같은 글이다.

그러기에 이 글은 구약학자들에 의해 또 다른 비평적 산물이 될 가능성이 있다는 것을 알고 있다. 하지만 겁먹지 않으려고 한다. 성서학자들이 평범한 목회자가 겁도 없이 행한 구약 건드리기를 너그럽게 용인해 주기를 기대하지 않는다. 졸저의 역할은 운명적으로 구약신학자들이 어쩔 수 없이 범하는 건조함(물론 다 그런 것은 아니지만)의 석의와는 달리 이 책은 보김에서 울었던 가나안 입성 초기 공동체의 울음이 아닌 하나님을 향한 진심 어린 울음을 함께 공유하는 토로가 담길 것이다.

재론하지만 한국교회는 작금 치명적인 공격이 산재해 있는 치열한 정글에 있다. 또한 가공할 만한 바이러스가 한국교회에 기반 자체를 통째로 흔드는 바람에 신-기브아 시대를 방불하는 그로기 상태인 것이 사실이다. 이런 현실 안에서 필자는 사사기 기자가 주고 싶었던 메시지를 현장 목회신학자로서 21세기에 나누어야 할 현장 언어로 체화시키는 작업을 시도하려 한다. 졸저가 이 일을 하는 데 조금이라도 기여할 수 있다면 여러 독자에게 기꺼이 야단맞을 각오가 되어 있다.

2016년부터 크리스챤연합신문에 "로뎀나무 그늘"이라는 코너를 통해 "사사기 훑어보기"를 3년간 연재했다. 그때 독자들과 함께 나누었던 원고를 묶어 이번에 책으로 출간하기 위해 용기를 냈다. 먼저 이번에 초기 사사부터 입다의 내러티브인 1-12장까지를 묶어 출간하고, 이어

서 2023년에 최악의 사사인 삼손으로 이어지는 13-21장을 묶어 『신
(新)사사시대에 읽는 사사기』 2권을 펴내려고 한다.

소박한 소망 하나 피력하고 싶다. 본서가 통상적이고 상투적인
사사기 강해 이야기로 읽혀지지 않기를 희망한다. 개인적인 욕심이기
는 하겠지만 사사기라는 성서의 텍스트를 기초로 팬데믹 시대를 경험
하면서 신(新)사사시대라는 블랙홀 속으로 더한층 빠르게 빨려 들어
가는 한국교회의 무너짐을 염려하여 어떻게 하든 그 무너짐을 다시
곧추세워보려 하는 현직 목사의 신앙적 살아내기이자 몸부림이라는
절규로 읽어주기를 기대한다.

하나님은 질서를 창조하셨지만, 인간은 혼돈을 빚어냅니다.*

오랜 글벗인 김기석 목사가 토로한 탄식이다. 사사기를 읽으면
그의 단말마적인 탄식을 발견한다. 인간이 빚어낸 혼돈이란 무엇일까?
몇 년 전 종교철학자인 박일준의 글을 만났다. 그는 유발 하라리가
말한 '신성'(Divinity)에 대해 다음과 같이 해제했다.

영원한 행복과 불멸을 추구하면서 인간들은 실상 자신들을 신들(gods)
로 향상시키고자 한다. 이를 호모 사피엔스로부터 호모 데우스로 업그레
이드되는 일로 표현한다. (중략) 결국 우리의 기술공학이 인간의 마음을
'재-설계'(re-engineer)하게 될 때, 지금까지 인간을 규정해 왔던 호모
사피엔스는 사라지게 될 것이다. 따라서 21세기는 인류의 기획은 '신성을

---

* 김기석, 『모호한 삶 앞에서』 (비아토르, 2020), 190.

달성하는 것'(attaining Divinity)이라고 할 수 있다.*

'신성을 달성하는 것'이 인류의 기획이자 마스터플랜이라는 인간이 만들어낸 혼돈이다. 이 두려운 시대를 살면서 설교해야 하는 자들이 목사요 설교자다. 이 무시무시한 신흥 빅브라더와 맞서야 하는 설교자는 오금이 저린다. 매주, 매일 설교라는 명목을 갖고 신성을 달성하려는 능력자들 앞에서 말해야 하는 고통은 형용 불가다. 이 시대에 목회자로 사는 한, 해야 하는 싸움이 설교인 것을 운명적으로 받아들인 필자는 나름 청중들에게 원칙을 갖고 나가기로 마음먹은 것이 있다. 말씀에 대한 정직성이다. 적어도 사사기는 이 도전의 시금석으로 작용했다. 성서 해석의 정직성, 케리그마적인 선포의 정직성, 그리고 해석된 말씀을 적용하는 일련의 정직성까지 주일 예배 설교라는 도구를 통해 사사기에 접근했다. 그리고 얻은 뜻밖의 수확이 있다. '기술공학'을 통한 인간 마음을 '재-설계'하려는 신성 달성에 저항하는 것은 살아 계신 하나님의 '다바르'(דבר)를 정직하게 피조물인 전체에게 선포하여 재-설계하는 것이라는 확신이다.

신(新)사사시대의 사사기 읽기는 이런 작은 떨림의 산물이다. 이 글을 읽는 모든 이에게 내가 느꼈던 작은 공명이 함께 울리기를 기대한다. 읽는 내내 한 번쯤은 사사들을 정직하게 대적하려 했던 현직 목사의 글도 읽어봄직하다는 독서 후기를 독자들이 남겨준다면 필자가 씨름했던 수고가 헛되지 않았다는 위로가 될 것임을 믿어 의심치 않는다. 거의 두 달여 원고 정리 때문에 다른 일을 전혀 하지

---

* 박일준, 『인공지능 시대, 인간을 묻다』(동연, 2018), 128-130.

못했다. 제일 하고 싶은 것이 있다. 12시간 잠자기다. 중간에 깨기는 하겠지만.

2023년 1월, 물 맑은 고을 제천에서

이강덕

차 례

1부

사사기
들여다보기

J U D G E S

왜 사사기를 읽어야 하지? (1)

사사기 21:25

새길 말씀: 그 때에 이스라엘에 왕이 없으므로 사람이 각기 자기의 소견에 옳은 대로 행하였더라

한국교회는 지금 그 어느 때보다 소름 끼치는 백척간두 위에 서 있다. 도무지 풀어질 것 같지 않은 세속적인 가치들로 무장한 날줄과 씨줄로 단단히 얽혀져 있기에 말이다. 코로나19라는 전혀 예상하지 못한 괴물의 등장은 가뜩이나 기초 체력이 없는 한국교회를 그로기 상태로 몰아넣었는데 영적 난맥의 기흉(氣胸)이 곳곳에서 발견되고 있어 이중의 고통을 겪고 있는 것이 사실이다. 더 아픈 것은 대단히 유감스럽게도 교회는 이것을 진단하고 극복할 여력이 없어 보인다는 점이다. 사정이 이렇다 보니 21세기라는 시간의 무대 위에 서 있는 교회는 성경에 기록된 아주 비슷한 역사적 시기라고 진단할 수 있는 사사시대와 너무 흡사하게 닮아 있다는 서늘함이 느껴진다. 사사시대보다 더하면 더했지 덜하지 않은 영적 황무함을 지독하리만큼 경험하고 있는 내 사랑하는 교회를 생각하면 시인의 고백처럼 밤마다 눈물로 내 요를 적시는 동통에 몸서리치곤 한다(시 6:6). 그러나 울고만 있어서야 되겠나 싶어 옷깃을 곧추세우며 다잡이한 용기는 사사기를 비판적

으로 성찰해야 하겠다는 목사로서의 오기였다. 그래야 내 사랑하는 교회를 위한 초벌의 도구를 만들어볼 수 있을 것 같기에 사사기를 폈다. 사사기를 읽으면 내가 걸어야 할 천로역정의 통로가 보인다. 그 방법은 거꾸로 보는 통찰이다. 거꾸로 본다는 말 때문에 습관적으로 길들여져 있는 부정적 선입관으로 지레짐작하지 않기를 바란다. 도리어 필자는 그 반대의 감동이 밀려왔음을 확인했고, 이렇게 같이 사사기를 읽어가는 독자들도 공감의 공통분모를 얻을 수 있을 것이라고 기대한다. 고(故) 옥한흠 목사의 유고 작품인『교회는 이긴다(1)』에서 이런 글을 읽은 적이 있다.

> 영적 전쟁에서 승리하려면 바울처럼 떨어야 합니다. 겸손해야 합니다. 성령이 우리를 통해 마음껏 일하실 수 있도록 내려놓아야 합니다. 마음을 비워야 합니다. 오직 주님만 바라보아야 합니다. 교만의 머리를 쳐들지 말아야 합니다. 성경을 많이 안다고, 신앙의 경력이 많다고, 말을 잘한다고 머리를 들지 맙시다. 성령의 역사는 약하고 두려워하고 심히 떠는 자를 통해 일어납니다.*

이 글을 읽다가 필자는 사사기 독서를 어떻게 해야 할지를 정하는 바로미터로 삼기로 했다. 우리는 왜 오늘 사사기를 읽어야 하는가? 송병현 교수는 이렇게 피력했다.

> 사사기에는 조그마한 양심과 신앙이라도 남아 있는 사람이라면 도저히

---

* 옥한흠,『교회는 이긴다(1)』(국제제자훈련원, 2012), 8.

저지를 수 없는 몰상식하고 무자비한 기록들이 고스란히 남아 있다. 예를 들자면 19-21장에 기록된 레위 사람의 첩 윤간 사건과도 같은 기록이다. (중략) 동성애와 윤간이 판을 치고 정부가 주선한 인권유린과 납치가 만연한 사회, 이때가 바로 사사시대의 이스라엘의 모습이다. 사사시대가 이렇게 망가지게 된 결정적인 변명과 설명이 사사기 21:25이다. "그 때에 이스라엘에 왕이 없으므로 사람이 각기 자기의 소견에 옳은 대로 행하였더라." 이처럼 어둡고 절망적인 이야기들이기 때문인지 한국교회에서 가장 많이 설교되지 않는 성경의 책 중의 하나가 바로 사사기이다.*

이 지적은 참으로 적절하다. 신학대학교에서 강의를 하는 현직 구약 교수는 사사기를 한국교회가 가장 많이 읽지 않는 이유를 이렇게 에둘렀다. 한국교회가 지금 사사시대를 닮고 있기에 불편해하는 책이 사사기라는 직격이다. 송 교수의 일갈을 필자는 이렇게 개인적으로 적용했다. 사사시대와 너무 닮은 시대가 오늘이기에 현직에서 목회하는 목사는 더더욱 사사기를 읽고 설교해야 하며, 읽히도록 해야 한다고.

오늘을 사는 현대 그리스도인들의 자화상을 사사기 안에 등장하는 사사는 물론 이스라엘 신앙 공동체의 백성들을 통해 리얼하게 발견할 수 있다. 이것이 사사기 독서의 이유다. 어떤 의미에 있어서 사사기 안에 등장하는 여러 비루한 인간군(人間群)의 모습을 통해 사사기 독자들은 더 심각한 영적 황폐의 자화상을 민낯으로 만나게 될지도 모른다. 그러나 두려워하거나 회피하지 말아야 한다. 사사기와 씨름하는 동안 나와 그대는 더 진지한 개인의 영적인 상태를 진단하게

---

* 송병현, 『엑스포지멘터리 주석, 사사기』(국제제자훈련원, 2010), 23.

되는 유익을 발견하게 될 테니 말이다. 아프지만 상흔에 대한 적확한 진단이 이루어지면 거기에 상응하는 메스를 사용하여 나의 영혼의 암 덩어리들을 제거할 수 있다. 사사기를 거꾸로 읽으면서 이런 감동의 회복들이 이 지면을 통해 일어나기를 기대한다. 왜 우리는 사사기를 읽어야 하는가? 사사기 21:25은 이렇게 기록하고 있다.

> 그 때에 이스라엘에 왕이 없으므로 사람이 각기 자기의 소견에 옳은 대로 행하였더라

말할 것도 없이 사사시대에 일어난 모든 일체의 잔악한 범죄 행위는 '마구잡이 시대'(random age)였기에 가능했다. 맘대로의 삶을 살았던 방종의 시기였다. 하나님이 없기를 기대하는 시대, 하나님이 무시되는 시대의 비극적 결론은 맘대로의 삶이다. 막살기다.

필자는 2,200여 년 전의 팔레스타인에서 벌어진 막살기가 2023년 대한민국이라는 공간적 장소로 마치 그대로 옮겨진 것 같은 마구잡이 식의 삶을 사는 시대라고 진단하는 데 주저하지 않는다. 영적 리더십의 실종은 한 사회의 최고의 비극이다. 이 비극은 감추거나 회피함으로 극복되지 않는다. 절절하게 접근해야 하는 것은 사사기 기자가 민낯으로 까발리는 이스라엘 신앙 공동체의 부끄러운 여정을 통해 반면교사의 교훈을 삼는 것이다. 이것이 바로 사사기를 오늘의 눈으로 읽어야 하는 이유다. 21세기 "신(新)사사시대에 사사기 읽기"는 나와 당신에게 대단히 불편하지만 올바른 신앙의 길을 제시해줄 것이다.

왜 사사기를 읽어야 하지? (2)
사사기 17:6, 21:25

새길 말씀: 그 때에는 이스라엘에 왕이 없었으므로 사람마다 자기 소견에 옳은 대로 행하였더라

사사기를 편집한 역사가가 이 구절을 본서의 중간 부분에 한 번 (17:6), 대단원의 막을 내리는 마지막 구절에서 또 한 번(21:25) 기록을 남겼다. 이유는 아마도 사사기를 통해서 당시 시대적 구도를 말하고 싶어서가 아니었을까 조심스럽게 진단할 수 있다. 사사시대를 '마구잡이 시대'(random age)라고 정의한다. 여호수아가 죽은 이후 초기 이스라엘 신앙 공동체가 국가 공동체의 형태를 띠기 시작한 사울왕의 등극이 있기까지 각기 사람마다 자기가 생각하기에 좋은 대로 행했다. 점잖게 표현했지만, 앞에서 소개한 두 구절은 영적 잣대로 보면 누구를 막론하고 자기 잘난 대로 살려 했던 막장의 혼돈 시대가 사사시대임을 알리는 에두름의 표현이라고 보아도 무방할 것 같다. 왜 막살았을까? 신명기 역사가는 그 이유를 왕이 없었기 때문이라고 진단한다. 여기에서 말하는 왕은 문자적으로 본다면 이스라엘을 통치하는 왕을 말한다. 하지만 외연을 확장한다면 이 표현은 여호수아가 죽은 후부터 이스라엘 신앙 공동체를 영적으로 묶어주는 구심적인 역할을 하는 지도자가

사라졌음을 시사한다.

그렇다. 한 공동체의 영적 리더십의 상실은 하나님과의 관계 단절이라는 치명상을 가져다준다. 신학자들 사이에 논란의 여지는 있지만 복음주의권의 구약학자들은 여호수아의 사망 시기를 통상적으로 주전 1170년경으로 해석하는 데 동의한다. 그렇다면 초기 이스라엘 국가 공동체의 정권을 잡았던 사울왕의 등극을 주전 1050년으로 볼 때 사사시대는 학자들 사이에 약간의 논란의 차이는 있지만 대체적으로 주전 1170~1050년 사이인 약 120년이라는 결론에 도달한다.*

이런 차이가 있음에도 불구하고 사사시대의 정황을 요약하는 것이 그리 어렵지 않다. 거의 한 세기 동안 이스라엘이 마구잡이식으로 살았던 시기이기에 그렇다. 영적 지도자의 부재가 이런 화를 자초한 셈이다. 다만 사사시대의 막장과도 같은 삶의 일들이 연속적으로 공동체에 일어나게 된 동기를 단순히 지도자의 부재라고만 해석하면 유감이다. 지도자의 부재보다 더 큰 위험 요소는 하나님과의 관계 단절이다. 하나님의 사람이 존재하지 않는다는 것은 하나님의 관계가

---

* 다만 몇몇 학자들은 120년이라는 시간 한정과 역사성에 대한 이견을 표한다. 에덴 신학대학교의 J. 클린턴 맥켄은 사사기의 역사성에 대해 이렇게 갈파한다. "사가기의 배열은 실제 일어났던 사건 기사들을 연대기적으로 쌓아 놓은 것이 아니다. 그렇지 않을 경우 '사사시대들의 시대'가 말하고자 하는 바를 매우 잘못 인도할 수밖에 없다. 사사기 안에 있는 자료들은 주전 1200~1020년까지의 역사 과정이 이후 수백 년에 걸쳐 분명한 신학적 의도를 가진 편집자에 의해 배열되었다 할 수 있다. 요컨대 소위 '사사시대'라는 것은 신명기 역사가라고 알려진 사람(들)에 의해 '창작되어진 것'이라 할 수 있다." J. 클린턴 맥켄/오택현 역, 『현대성서주석, 사사기』 (한국장로교출판사, 2012), 29; 차준희는 사사시대의 시기적 정의를 여호수아가 죽고 난 이후부터 사무엘이 등장하기 직전까지의 역사라고 정의했다. "이 시기는 가나안 정착과 왕정 확립 사이 기간으로 대략 주전 1200~1012년경이며, 이스라엘 역사에서 정치적으로 불안정했던 시기에 해당한다." 차준희, 『역사서 바로 읽기』 (성서유니온 선교회, 2013), 63.

끊어졌다는 비극과 연결된다. 이렇게도 말할 수 있다. 하나님과의 관계 단절은 곧 전부의 단절이라고.

전후 일본의 가톨릭 작가로 유명한 엔도 슈사쿠의 『사해 부근에서』를 보면 대제사장 안나스가 예수를 산헤드린 공의회에서 심문하는 장면이 작가의 드라마틱한 각색으로 기록되어 있다. 예루살렘 전역의 종교적 최고 권력자인 안나스가 볼품없이 심문당하는 예수에게 이렇게 독백하는 장면은 소름 끼치게 한다.

"그러나 하나님을 믿지 않으면서도 믿는 체하는 기술을 나는 알고 있다네. 하나님이 없어도 하나님이 있는 것처럼 성전의 모든 제사를 경건하게 거행하고, 율법을 지키는 것이지. 이것은 사회질서를 위해 꼭 필요한 것이거든. 그런 지혜를 나는 나이와 함께 배웠다네. 후회하지 않아. 나는 내 삶의 방식이 그대의 것보다 현명하다고 본다네. 민족이나 나라를 위해서도 그러는 편이 유리하지. 인간이 남을 행복하게 해준다는 것은 어불성설이지만 적어도 주거지와 함께 모여 결속을 다지는 장소는 만들어 줄 수 있고 또 그렇게 하는 것이 우리의 의무이자 세상의 필요에 응하는 것이라네."*

예수 당시 유대 종교의 절망은 하나님과 전혀 관계없는 자들이 하나님에 대해서 말하고 있다는 참극이었다. 이 시대, 한국교회 공동체 안에 가장 치명적 위기는 예수와 관계가 단절된 자들이 예수를 말한다는 점이다. 그래서 이것을 일찍이 파악한 마이클 호튼은 '그리스도 없는 기독교'(Christless Christianity)에서 각종 심리적 치료 사역이

---

* 엔도 슈사쿠/이석봉 역, 『사해 부근에서』 (바오로딸, 2015), 172.

예수 그리스도의 십자가를 대신하고 있고, 긍정의 힘이 십자가의
능력으로 변질되었고, 이머징(Emerging) 교회가 어느새 복음의 능력
으로 단장되는 등등을 비판했던 것이 아닌가 싶다.

기독교는 좋은 조언으로 축소시키면 인생 코칭 문화에 딱 들어맞는다.
(중략) 그러나 기독교를 구별시켜주는 핵심은 기독교의 도덕적인 계율이
아니라 기독교의 이야기다. 개인이 하늘로 올라가는 여행 이야기가 아니
라 하나님의 성육신, 속죄, 부활, 승천 그리고 다시 오심이라는 역사적
사건에 대한 이야기다.*

오늘 이 시대 우리 교회 공동체에서 정말로 회복해야 할 기도와
삶은 하나님과의 세밀한 관계를 이어가고 있는 영적 지도자가 곳곳에
세워지게 해달라는 기도와 또 그들이 생명을 걸고 전하는 예수에
대한 케리그마 선언이 중단되지 않도록 간구해야 하는 일이다. 엘리
시대처럼 하나님의 이상(異常)이 희귀해지지 않도록 말이다.

---

* 마이클 호튼/김성웅 역, 『그리스도 없는 기독교』 (부흥과개혁사), 140-141.

2부

2023년이 보이는
사사시대

(1-2장)

JUDGES

'살아내기'를 거부하는 시대

사사기 1:1-3

새길 말씀: 여호수아가 죽은 후에 이스라엘 자손이 여호와께 여쭈어 이르되 우리 가운데 누가 먼저 올라가서 가나안 족속과 싸우리이까 여호와께서 이르시되 유다가 올라갈지니라 보라 내가 이 땅을 그의 손에 넘겨주었노라 하시니라 유다가 그의 형제 시므온에게 이르되 내가 제비 뽑아 얻은 땅에 나와 함께 올라가서 가나안 족속과 싸우자 그리하면 나도 네가 제비 뽑아 얻은 땅에 함께 가리라 하니 이에 시므온이 그와 함께 가니라.

두 권의 책을 접했다. 스웨덴 출신의 사회학자인 헬레나 노르베리 호지가 쓴 『오래된 미래』(*ancient future*)와 미국 출신의 의사인 말론 모건이 쓴 『무탄트 메시지』다. 이 두 권의 책을 읽고 난 뒤의 소회란 말로 표현하기 어려울 정도의 감동과 기쁨이었다. 전자를 통해 티베트 고원의 가난하지만 너무나 행복한 땅 '라다크' 사람들이 인간이기에 인간답게 살아내는 행복의 진수를 배웠다. 반면 후자에서는 안락한 미국 상류 계층의 신분인 의사로서 살다가 어느 날 경험한 호주의 원주민인 '무탄트' 사람들과 동행했던 짧은 여행을 통해 도저히 이론으로 설명할 수 없었던 행복한 사람으로 살아가기를 전수받았다. 필자는 아직도 이 두 권의 책을 덮었을 때 느꼈던 행복이 생생하다.

'사람답게 살기'

물질문명에 빌붙지 않고 조상으로 물려받은 척박한 생활환경 속에서도 그들 본연의 인간됨이라는 본질에 흐트러짐이 없이 자신들의 삶을 살아내는 저들의 삶 속에서 너무나 현대화되고 상품화된 이기적 타성에 젖어 있는 내 자아의 모습을 발견하고 많은 반성의 시기를 가졌던 일이 지금도 또렷하다.

그리스도인이란 도대체 어떤 존재인가? 많은 신학자들과 목회자들이 도전하고 있는 질문이다. 사람들의 성향에 따라 혹은 학문적인 배경에 따라 다양한 답들이 제시될 수 있는 물음이지만, 아주 단순하게 스스로 접근한다면 이렇게 말하고 싶다.

'주군이신 그리스도 예수께서 행하신 권면을 살아내는 사람들'

오늘 우리가 살고 있는 시대는 전술했듯이 신(新)사사시대다. 필자는 사사시대의 정의를 하나님 없이 자기들의 소견이 옳다고 믿은 것을 그대로 관철시켰던 시대라고 했다. 그렇다면 신(新)사사시대의 정의는 무엇일까? 이렇게 진단하자. 하나님이 특별계시로 말씀하시는 '다바르'(דבר)의 삶 살아내기를 거부하는 시대다. 유발 하라리의 진단을 인용한다면 "인간이 생각할 때 '좋게 느껴지면 해라'의 시대다."* 영적 스펙트럼으로 접근한다면 말씀대로 살아내기를 거부하는 시대다. 이것이 우리가 살고 있는 신(新)사사시대의 자화상이다. 본문 1절을 보자.

---

* 유발 하라리/김병주 역,『호모 데우스』(김영사, 2021), 327.

여호수아가 죽은 후에 이스라엘 자손이 여호와께 여쭈어 이르되 우리 가운데 누가 먼저 올라가서 가나안 족속과 싸우리이까

여호수아가 죽었다는 것은 이제 모세와 여호수아가 함께했던 리더십의 종말을 맞이했다는 말이기도 하다. 다시 말해 영적 공황의 시대가 도래했다는 선언이다. 발등에 불이 떨어진 이스라엘 신앙 공동체는 급한 나머지 가나안에 누가 올라갈까를 하나님께 진지하게 묻는다. 이 질문의 타당성을 인정하신 주님께서는 유다가 먼저 올라갈 것을 본문 2절에서 응답하신다. 응답과 더불어 친절하게도 하나님께서는 유다가 올라가 점령할 땅을 당신의 백성들에게 넘겨줄 것까지 조명하셨다. 하지만 유감스럽게도 이런 하나님의 인도하심을 보기 좋게 거절하는 유다를 3절이 증언한다.

유다가 그의 형제 시므온에게 이르되 내가 제비 뽑아 얻은 땅에 나와 함께 올라가서 가나안 족속과 싸우자 그리하면 나도 네가 제비 뽑아 얻은 땅에 함께 가리라 하니 이에 시므온이 그와 함께 가니라

유다에게 올라가라는 명령에 정면으로 반기를 든 유다는 형제 지파인 시므온에게 동역을 요청한다. 하나님의 의도와 뜻을 유린하고 있는 유다의 불신앙 장면이다. 유다의 하나님 명령 무시 사건은 단순히 불순종의 의미로 그치는 것이 아니라, 하나님을 업신여기는 일의 극치임을 보여준 사건이다. 당시의 12지파 중 가장 강력한 세력을 갖고 있었던 지파인 시므온 지파를 끌어들인 것은 가나안의 점령을 하나님의 수단이 아니라 인위적 수단으로 이루겠다는 속셈이었다.[*]

즉, 하나님의 말씀대로 '살아내기'가 아니라 시대에 걸맞은 내 방식으로 내 유익대로 살아내기를 결단한 셈이다. 하나님 말씀대로 '살아내기'를 거부하는 시대의 정신은 하나님이 성가신, 귀찮은 존재라는 인식 때문이다. 사사시대의 전형적 자화상이다. 이것을 일찍이 알았던 디트리히 본회퍼는 그리스도인에게 절대적으로 시급한 신앙적 모토를 이렇게 갈파했다.

> 어떤 사람들은 이 세상에 가장 시급한 것이 "그리스도인의 믿음을 어떻게 선포할 것인가?"라고 생각하지만 더욱 긴급한 문제는 어떻게 그리스도인으로 살아내는가이다.*

기막힌 통찰이다. 말씀대로 '살아내기'에 천착하여 어떻게 그리스도인으로 살아낼까에 치열했다면 작금의 사랑하는 한국교회와 국가가 이렇게까지 무너지지 않았을 텐데 하는 쓰라림이 있다. 곱씹어야 할 반성이다. 늦었지만 이 땅에 존재하는 일체의 교회 안에 있는 그리스도인들이 말씀대로 '살아내기'에 민감하기를 간절히 소망한다.

---

* 전성민, 『사사기 어떻게 읽을 것인가?』, 27. 전성민은 유다와 시므온의 결탁을 신학적으로 다음과 같이 해제했다. "유다가 올라가라는 대답은 이스라엘 전체가 했던 질문에 대한 대답이었으며, 그 질문은 누가 '우리를 위해' 올라가 싸우는지에 대한 것이었다. 그런데 이스라엘 전체를 위한 지도자로 부름 받은 유다 지파는 이스라엘 전체가 아니라 자신의 친형제 지파인 시므온에게만 관심을 보인다."
* 찰스 링마/권지영 역, 『본회퍼 묵상집』 (죠이선교회, 2014), 167.

주체인가, 대상인가?

사사기 1:4-7

새길 말씀: 유다가 올라가매 여호와께서 가나안 족속과 브리스 족속을 그들의 손에 넘겨주시니 그들이 베섹에서 만 명을 죽이고 또 베섹에서 아도니베섹을 만나 그와 싸워서 가나안 족속과 브리스 족속을 죽이니 아도니베섹이 도망하는지라 그를 쫓아가서 잡아 그의 엄지손가락과 엄지발가락을 자르매 아도니베섹이 이르되 옛적에 칠십 명의 왕들이 그들의 엄지손가락과 엄지발가락이 잘리고 내 상 아래에서 먹을 것을 줍더니 하나님이 내가 행한 대로 내게 갚으심이로다 하니라 무리가 그를 끌고 예루살렘에 이르렀더니 그가 거기서 죽었더라

하나님은 아직도 미완성으로 남아 있는 가나안을 완전히 점령하도록 이스라엘의 12지파 중 가장 유력한 지파였던 유다에게 올라가도록 명령하셨다. 하지만 유다는 하나님의 명령을 온전하게 순종하지 않았다. 형제 지파였던 시므온을 부추겨서 가나안으로 올라갔기 때문이다. 이것은 하나님을 향한 불순종이었다. 그럼에도 불구하고 하나님은 불순종한 유다에게 가나안 족속과 브리스 족속을 넘겨주어 대승하게 했다. 유다 지파는 하나님의 도우심으로 예루살렘 근교로 추측되는 베섹을 통치하고 있었던 아도니베섹을 사로잡고, 10,000명의 군사를 전멸시키는 혁혁한 승리를 거두었다. 하나님의 전적인 도우심이 아니었다면 불가능한 일이었다. 이렇게 하나님은 약속을 불순종한 유다

지파에게 승리를 허락했건만 유감스럽게도 유다는 정신을 못 차리고 하나님께 또 다른 죄악을 자행하는 내용이 6-7절에 기록되어 있다.

아도니베섹이 도망하는지라 그를 쫓아가서 잡아 그의 엄지손가락과 엄지발가락을 자르매 아도니베섹이 이르되 옛적에 칠십 명의 왕들이 그들의 엄지손가락과 엄지발가락이 잘리고 내 상 아래에서 먹을 것을 줍더니 하나님이 내가 행한 대로 내게 갚으심이로다 하니라 무리가 그를 끌고 예루살렘에 이르렀더니 그가 거기서 죽었더라

이스라엘의 가장 중심부였던 예루살렘은 아직은 가나안인의 수중에 있었다. 전략적으로 이 지역은 어떤 의미로 볼 때 이스라엘에게 있어서는 최고의 성읍이었다. 지리적으로 남북의 요충지이면서 전 이스라엘을 한눈에 내다볼 수 있는 정치적인 요새였다. 이 요새와 같은 예루살렘에서 얼마 멀리 떨어지지 않은 지역이었던 베섹의 패권을 잡고 있었던 통치자가 아도니베섹이었다. 이 인물은 군사적으로나 정치적으로나 만만치 않은 인물이었다.

7절에서 이 왕은 이전에 70명의 왕을 죽이고 70개의 나라를 정복한 왕이었음을 알려주고 있다. 그가 그렇게 정복을 할 때마다 사로잡은 상대방의 왕들을 처리할 때 쓰던 방법이 그 왕들의 엄지발가락과 손가락을 절단하여 다시는 칼을 잡지 못하게 하는 잔인한 방법이었다. 이렇게 수모를 준 뒤에는 자기의 상에서 떨어지는 부스러기를 강제로 먹이는 비인간적인 방법을 택한다. 아도니베섹의 이 방법은 가나안의 전통적인 풍습으로 전쟁 이후에 관례화가 된다.

주목할 것은 가나안의 제도가 된 이 잔인한 방법을 유다가 사로잡은

아도니베섹에게 행했다는 점이다. 아주 똑같이. 결국 그렇게 잔인한 방법을 아도니베섹에게 행한 뒤 그를 예루살렘으로 데리고 와서 그곳에서 2차 감염으로 죽게 하였음을 본문에 기록하고 있다.

하나님의 백성은 변화의 주체가 되어야지 대상이 되어서는 안 된다. 하나님은 여호수아를 통하여 앞으로 가나안을 점령하면 그 가나안의 풍습이나 종교나 문화를 따르지 말고, 그들에게 동화되지 말라 하셨다. 그러나 사사시대의 이스라엘 신앙 공동체는 가나안을 점령하는 어간, 하나님이 그토록 경계하셨던 가나안화(Canaanization)되는 어리석음을 범하게 되었음을 아도니베섹 사건을 통해 알려준다. 하나님이 그토록 경계하고 또 경계하셨던 가나안화라는 비극의 서막이 본문을 통해 열리고 있다. 오늘 우리가 섬기고 있는 내 사랑하는 한국교회를 향하여 던져지는 세상이 던지는 비아냥이 이렇다.

'세상이 염려하는 교회'

아이러니다. 필자는 섬기는 교회 홈페이지에 목사 인사말로 담은 내용 중에 이런 글을 올려놓았다.

교회가 세상에게 살려달라고 아우성치는 비극적 교회가 아니라 세상이 교회를 향하여 살려달라고 아우성치는 자존감이 있는 교회가 되자.

잘나서가 아니다. 건방져서도 아니다. 우리 교회에 무엇이 특별한 것이 있어서도 아니다. 다만 교회는 그래야 할 것 같아서다. 교회를 통해 하나님의 뜻을 분별한다고 말하는 자들이 가장 정직한 언어와 삶에 밑줄 긋고 말한 대로 살아냄으로 세상을 변화시키는 주체가 되어야지 세상으로부터 변화될 대상으로 비판을 당하고 추락해서야 되겠는가! 세속의 가치를 둔 이 땅의 가나안을 교회의 영향력 아래에 두어야지 교회가 가나안화되어서야 되겠는가! 자존심 문제다. 프랑스의 신학자이자 사회학자인 쟈크 엘륄이 『세상 속의 그리스도인 어떻게 살 것인가?』에서 했던 말이 절절하게 다가온다.

하나님께서 함께하시지 않는 가치 있는 일이란 존재하지 않는다. 그것은 죽은 것이며 무의미한 일이기 때문이다.*

하나님이 함께하시는 가치인 변화의 주체로 사는 것, 교회와 성도가 해야 할 일이다.

---

* 쟈크 엘륄/이문장 역, 『세상 속의 그리스도인 어떻게 살 것인가?』(대장간), 121.

'샘물도'가 아니라 '샘물은' 반드시

사사기 1:8-15

새길 말씀: 그 후에 유다 자손이 내려가서 산지와 남방과 평지에 거주하는 가나안 족속과 싸웠고 유다가 또 가서 헤브론에 거주하는 가나안 족속을 쳐서 세새와 아히만과 달매를 죽였더라 헤브론의 본 이름은 기럇 아르바였더라 거기서 나아가서 드빌의 주민들을 쳤으니 드빌의 본 이름은 기럇 세벨이라 갈렙이 말하기를 기럇 세벨을 쳐서 그것을 점령하는 자에게는 내 딸 악사를 아내로 주리라 하였더니 갈렙의 아우 그나스의 아들인 옷니엘이 그것을 점령하였으므로 갈렙이 그의 딸 악사를 그에게 아내로 주었더라 악사가 출가할 때에 그에게 청하여 자기 아버지에게 밭을 구하자 하고 나귀에서 내리매 갈렙이 묻되 네가 무엇을 원하느냐 하니 이르되 내게 복을 주소서 아버지께서 나를 남방으로 보내시니 샘물도 내게 주소서 하매 갈렙이 윗샘과 아랫샘을 그에게 주었더라

지난 텍스트 이해를 통해 하나님이 원하는 조합은 아니었지만 유다와 시므온 연합군이 가나안 베섹에 이르러 하나님의 전적인 일하심으로 그들과의 전투에서 승리를 거두었음을 살폈다. 더불어 가나안 족속과 브리스 족속을 점령하였고 베섹의 패권자인 아도니베섹도 제압하였음을 살폈다. 이어서 기록된 9절은 예루살렘을 점령하고 승전가를 부르고 있었던 유다 연합군이 그 여세를 몰아 이제는 예루살렘의 남방 지역을 도모하는 이야기다.

가나안 정복 초기 시절, 이스라엘 공동체가 남방의 거점 도시였던

헤브론을 취할 때 혁혁한 공을 세운 사람은 너무나 잘 알려진 갈렙이다. 남방 지역의 전투를 맡은 갈렙은 기럇세벨이라고도 불렀던 또 다른 도시인 드빌 전투에 나서기에 앞서 공동체의 군사들에게 한 가지를 제안한다. 12절에 보면 드빌을 점령하는 장수에게 딸인 악사를 주겠다는 것이었다. 그 결과 드빌 전투에 나서 승리를 한 장수가 옷니엘이다. 약속대로 갈렙은 자기의 딸인 악사를 옷니엘에게 준다. 이 기사에서 주목해야 하는 것이 있다. 악사가 결혼할 때 아버지에게 대단히 중요한 것을 요구했다는 점인데 14-15절에 기록되어 있다.

> 악사가 출가할 때에 그에게 청하여 자기 아버지에게 밭을 구하자 하고 나귀에서 내리매 갈렙이 묻되 네가 무엇을 원하느냐 하니 이르되 내게 복을 주소서 아버지께서 나를 남방으로 보내시니 샘물도 내게 주소서 하매 갈렙이 윗 샘과 아랫 샘을 그에게 주었더라

이 본문 구절에 대한 학자들의 해석이 다양한데 복음주의권에 있는 학자들은 대체적으로 이런 해석에 동의한다. 악사가 결혼을 할 때 아버지를 찾아가서 기업의 일부를 요구했다는 것이다. 그 기사 중에 사사기 기자가 놓치지 않은 팩트가 이 부분이다. 악사가 아버지를 찾아와 나귀에서 내릴 때였다. 나귀에서 '내리매'라고 번역된 히브리어 타동사 '짜나흐'(צנח)는 직역하면 '떨어지듯이 내리다'라는 의미다. 적용해보자.

악사는 아버지를 보자마자 나귀에서 땅바닥으로 떨어지면서 자동적으로 아버지에게 무릎을 꿇어 엎드렸다.

아버지에게 최고의 경의를 표했다는 말이다. 갈렙은 딸의 행동에 적지 않은 감동을 받고 선물을 주겠다고 약속한다. 이때 악사가 아버지에게 요구한 두 가지에서 대단히 중요한 영적 통찰을 배우게 된다. 첫째로 '내게 복을 주옵소서'는 통상적인 요청인데, 이것은 기회를 가진 자가 대체적으로 요구할 수 있는 세속적인 복이다. 그러나 두 번째의 간구는 의미심장하다. '샘물도 주옵소서'다.

필자는 이 두 번째의 간구를 통해 가장 중요한 본질을 잃지 않은 악사의 통찰에 박수를 보내고 싶다. '샘물도'에 쓰인 '도'라는 어조사 때문이다. 악사의 통찰은 세속적 복이 아니었다. 더 중요한 샘물을 달라는 요구는 박수를 받을 만한 요구다. 헤브론, 드빌은 요단의 남서쪽의 네겝 지방을 의미한다. 이 네겝은 건조한 사막과 산악 지역으로 이루어져 있다. 이 지역에서 물은 절대적인 삶의 필수요소임에 재론의 여지가 없다. 아무리 땅이 많고, 밭이 많아도 물이 없으면 아무런 소용이 없는 것이 네겝이다. 이것을 알았던 악사는 아버지에게 그 샘물을 달라고 한 것이다. 이렇게 구하는 딸에게 15절 하반절에서 사사기 저자는 이렇게 역사를 기록했다.

갈렙이 윗샘과 아랫샘을 그에게 주었더라

필자는 본문을 먼저 문자적으로 해석했다. 아버지를 기쁘게 한 악사는 건조한 팔레스타인에서 생명의 젖줄과도 같은 샘물을 위아래에서 공급받게 되었다고 해석했다. 그러나 이러한 문자적인 해석보다 더 중요한 영적인 해석이 있다. 이 해석은 신앙의 본질을 추구하는 자들의 목적과 방향성을 알게 해준다. 오늘을 사는 그리스도인들인

우리가 잊지 않고 추구해야 하는 샘물이 무엇일까? 이 기사의 배경이
된 시기로부터 약 1세기 뒤에 사도 요한은 이렇게 주군의 말을 복음서
에서 전언한다.

> 예수께서 대답하여 이르시되 이 물을 마시는 자마다 다시 목마르려니와 내가
> 주는 물을 마시는 자는 영원히 목마르지 아니하리니 내가 주는 물은 그 속에서
> 영생하도록 솟아나는 샘물이 되리라 (요 4:13-14)

그렇다. 주군은 예수 그리스도이시다. 목회자마다 작금의 국가적
인 해석이 다르다. 사상과 이념에 따라 천차만별의 해석이 난무한다.
필자는 백 번을 양보해서 그럴 수 있다고 생각한다. 그럼에도 불구하고
주어진 텍스트를 통해 받는 은혜를 이렇게 갈무리하고 싶다. 오늘
우리 시대의 비극은 예수를 무시하고 예수를 구하지 않는 시대의
참극이자 결과라고 말하고 싶다. 행동하는 신학자이자 목회자였던
디트리히 본회퍼의 일성이 크게 들린다.

> 교회는 고난을 받는 주님을 원하지 않았으며, 그리스도의 교회로서 주님
> 으로부터 고난의 율법을 강요당하기 원하지 않았다.[*]

적어도 내 사랑하는 한국교회의 목회자들과 성도들의 기도가 이렇
게 고정되기를 간절히 소망해본다.
'샘물도 주소서'가 아니라 '샘물은 반드시 주옵소서.'

---

[*] 디트리히 본회퍼/손규태·이신건 공역, 『나를 따르라』 (대한기독교서회, 2013), 92.

'못 하고'와 '안 하고'

사사기 1:16-21

새길 말씀: 모세의 장인은 겐 사람이라 그의 자손이 유다 자손과 함께 종려나무 성읍에서 올라가서 아랏 남방의 유다 황무지에 이르러 그 백성 중에 거주하니라 유다가 그의 형제 시므온과 함께 가서 스밧에 거주하는 가나안 족속을 쳐서 그 곳을 진멸하였으므로 그 성읍의 이름을 호르마라 하니라 유다가 또 가사 및 그 지역과 아스글론 및 그 지역과 에그론 및 그 지역을 점령하였고 여호와께서 유다와 함께 계셨으므로 그가 산지 주민을 쫓아내었으나 골짜기의 주민들은 철 병거가 있으므로 그들을 쫓아내지 못하였으며 그들이 모세가 명령한 대로 헤브론을 갈렙에게 주었더니 그가 거기서 아낙의 세 아들을 쫓아내었고 베냐민 자손은 예루살렘에 거주하는 여부스 족속을 쫓아내지 못하였으므로 여부스 족속이 베냐민 자손과 함께 오늘까지 예루살렘에 거주하니라

작가 공지영이 영적 침체에 빠져 영혼이 고갈되고 있다는 것을 느끼고 유럽에 있는 수도원을 방문하였을 때 카말돌리 수도원에서 수도사에게 들었던 말을 이렇게 글로 남겼다.

사막에 간 성인도 있고, 수도원 방으로 들어간 성인도 있고, 순교한 성인도 있고 모습들은 다 다르지만 기도하지 않은 성인은 없습니다.[*]

---

* 공지영, 『수도원기행2』 (분도출판사, 2014), 269.

"기도하지 않는 수도사는 없다"는 단출했던 그 한마디가 자기를 침체에서 일으키게 해준 영적 동력이 되었다는 그녀의 글을 접하면서 정신이 번쩍 들었던 기억이 있다. 구도자들에게 있어서 '기도'라는 것이 무엇일까? 신앙적 본질이다.

필자가 참 좋아했던 고(故) 박완서 선생께서 쓰신 산문집 『세상에 예쁜 것』에 참 의미 있는 글이 있다. 글을 원문 그대로 소개한다.

> 숙명여고 2학년 시절 국어 시간에 선생님은 우리들에게 물으셨다. "포도주를 만들 때 너희들 무엇이 필요한지 아니?" "포도, 설탕, 소주, 항아리요"라고 대답을 하면 선생님께서는 "또?" 하시면서 이렇게 말씀하셨다. "포도주는 포도를 땅에 버린 것이 땅에 고여 시간이 지나 발효하여 술이 된 것임을 발견한 것이라고 하시면서 포도가 포도주가 되기 위해서는 시간이 필요하단다"라고 하셨다.*

이 글을 만났을 때 기독교적인 멘트는 아니었지만 나는 진정성을 갖고 아멘 했다. 선생님께서 제자들에게 가르쳐주고자 했던 것이 인생을 살면서 가장 중요한 본질적인 핵심 가치를 보려고 노력하는 공부를 하라는 교훈이었을 것이라고 믿었기 때문이다.

목회 현장에서 자칫 잘못하면 얼마든지 비본질적인 것에 목숨을 걸고 쓸데없는 시간을 낭비할 수 있는 것이 목사의 삶이기에 선생의 글은 중요한 가르침으로 다가와 내 마음을 움직였다. 본질적 핵심 가치에 대한 깨달음, 영적인 시각에서 냉정하게 판단해볼 때 신앙적

---

* 박완서, 『세상에 예쁜 것』(마음산책, 2014), 67.

승리의 삶을 사는 데 이보다 더 중요한 지침이 또 어디에 있겠나 싶다.

앞선 글에서 유다 지파는 가나안 정복 전쟁 중에 하나님의 전적인 은혜로 예루살렘을 비롯하여 헤브론, 드빌, 기럇 세벨을 점령하는 데 성공했다. 그 기세를 몰아 유다는 가나안 남쪽으로 진군한다. 이윽고 유다 지파는 아랏을 점령하기에 이르는데 아랏은 유다 혼자의 힘으로 점령한 것이 아니라 모세 때부터 좋은 관계를 맺고 있었던 겐 족속의 도움으로 함께 그 땅을 도모하는 데 성공한다. 이 기사를 소개하면서 사사기 기자는 갑자기 화제를 스밧 지역의 승리로 돌린다. 스밧은 유다와 시므온 연합군이 점령한 뒤에 가나안 족속들을 내쫓는 혁혁한 성과를 거두었던 장소다. 이어 연합군은 지중해 연안에 살고 있었던, 다시 말하면 예루살렘을 중심으로 남서쪽에 살고 있었던 블레셋으로 통칭되는 가사와 아스글론, 에그론을 접수하였다고 보고한다. 이렇게 사사기 기자는 승승장구한 유다 공동체의 가나안 정복 전투를 기록했는데, 그럼에도 불구하고 아주 의미 있는 대목을 본문에 남겨두었음을 주목해야 한다.

블레셋의 주요 거점 도시였던 이 세 도시를 점령함에 있어서 산악지대에 있는 가나안인들을 쫓아내는 데는 성공했지만, 아쉽게도 평지에 있는 거민들은 그렇게 하지 못했다고 보고한 점이다. 또 한 가지는 20-21절에서 보고하고 있듯이 갈렙은 노구의 몸으로 자신이 감당해야 했던 헤브론을 완전히 차지하는 반면, 베냐민 지파는 예루살렘에 거주하던 여부스 족속을 완전히 쫓아내지 못했음을 비교하여 기술했다는 점이다. 사사기 기자의 의도적인 면이 엿보이는 대목이다. 의미심장하게 남겨둔 두 가지 보고에서 주께서 주시는 영적 교훈을 찾아내야 한다.

순종하지 못한 것과 안 한 것은 결코 같지 않다는 도전이다. 왜 유다와 시므온 지파의 연합군이 블레셋을 접수하는 싸움에서 평지에 있는 거민들을 쫓아내지 않았고, 베냐민은 여부스를 쫓아내지 않았을까? 그 이유가 무엇일까? 이 질문의 답을 찾는 것은 1:28에 가서야 찾아낼 수 있다.

이스라엘이 강성한 후에야 가나안 족속에게 노역을 시켰고 다 쫓아내지 아니하였더라

가나안 거민의 일부를 쫓아내지 않은 이유는 노동력의 확보 때문이라는 말이다. 가나안의 지리적인 특성과 기후적인 상황을 잘 모르는 이스라엘에게는 거민들을 노예화하는 것이 일거양득의 효과가 있다고 믿었던 것이다. 이런 이익이 있다는 것을 알면서 단지 하나님의 명령 때문에 그들을 쫓아내는 것은 인간적인 해석으로, 이론적인 해석으로 유다 공동체에게는 말이 안 되는 것이었다. 그리하여 이스라엘은 하나님의 말씀을 거절하기로 한 것이다. 하나님의 말씀에 대한 의도적 무시였다. 이스라엘의 비극은 이렇게 시작된다. 이 불신앙이 사사시대의 단면이었고, 확장하면 이스라엘의 멸망의 서곡이 된 셈이다. 이 시대를 살고 있는 현대 그리스도인들에게 흔히 볼 수 있는 아쉬움이 있다. 해석되고 선포된 말씀 그리고 심지어 육화된(incarnated) 하나님의 말씀을 거절하는 불신앙이다.

필자는 기록된 하나님의 말씀(λόγος)이 비로소 내 것이 되는 때는 그 말씀이 적용되어 살아 있는 말씀(ρῆμα)이 될 때라고 진단한다. 그러려면 로고스를 성서신학적인 도구로 분석도 해야 하고, 더불어

어떤 경우에는 철저한 지성으로 질문도 해야 한다고 생각한다. 그러나 그 행위는 거기까지다. 로고스일 때 말이다. 하나님의 말씀은 성령의 감동으로 해석되었다. 해석된 말씀이 이제 성도의 삶으로 육화되어 거했다면 그 육화된 말씀(incarnated Word)이 나에게 영적 감동으로 다가온 레마는 이제부터 결코 해석의 차원이 아닌 절대적인 순종의 차원으로 굴복해야 하는 하나님의 절대 핵심 가치가 되어야 한다. 이 하나님의 절대 가치에 대한 순종은 하고, 못 하고의 차원이 아니다.

이번 글의 제목을 '못 하고'와 '안 하고'로 정했다. 어느 경우에 레마를 연약함으로 인해 순종의 차원까지 연결하지 못해 '못 하고'의 연약성을 경험할 수는 있겠지만 '안 하고'의 불신앙으로 나아가서는 안 된다. 하나님은 훗날 이 두 사안을 반드시 셈하실 것이기 때문이다. 주군께서 힘주시기를 중보해 본다.

뭐가 문제였지?

사사기 1:22-26

새길 말씀: 요셉 가문도 벧엘을 치러 올라가니 여호와께서 그와 함께 하시니라 요셉 가문이 벧엘을 정탐하게 하였는데 그 성읍의 본 이름은 루스라 정탐꾼들이 그 성읍에서 한 사람이 나오는 것을 보고 그에게 이르되 청하노니 이 성읍의 입구를 우리에게 보이라 그리하면 우리가 네게 선대하리라 하매 그 사람이 성읍의 입구를 가리킨지라 이에 그들이 칼날로 그 성읍을 쳤으되 오직 그 사람과 그의 가족을 놓아 보내매 그 사람이 헷 사람들의 땅에 가서 성읍을 건축하고 그것의 이름을 루스라 하였더니 오늘까지 그 곳의 이름이 되니라

치유 사역자 프랜시스 맥너트가 쓴 『치유』에 보면 이런 글이 있다.

하나님도 부서진 바이올린으로는 연주하실 수 없다.[*]

단문이지만 참 많은 것을 생각하게 하는 촌철살인이다. 이 글의 가장 평범한 이해는 하나님의 동역을 감당하기 위해서는 사역자는 정상적인 인격을 갖고 있어야 한다는 의미다. 이 점에서 필자는 맥너트

---

[*] 프랜시스 맥너트/변진석 · 변창욱 공역, 『치유』 (무실, 1996), 91.

가 언급한 발언에 동의한다. 본문을 자세히 들여다보면 하나님도 더 이상 도무지 어찌할 수가 없는 기막힌 영적 난감함을 보이는 이스라엘 신앙 공동체를 고발하고자 하는 역사가의 면면을 읽게 된다.

22-26절은 마치 여호수아 2장을 읽는 것 같은 착각이 들 정도로 여리고성 정탐꾼들과 기생 라합의 이야기와 흡사한 스토리를 전개시키고 있다. 요셉의 가문인 에브라임과 므낫세 지파들은 가나안 지명의 이름으로 루스라고 하는 벧엘을 공략하는 임무를 부여받았다. 이 임무를 수행하기 위해서 이들은 벧엘로 올라갔는데 마침 한 사람이 그곳에서 나오는 것을 보고 그에게 요셉 가문 사람들이 이렇게 청한다.

> 정탐꾼들이 그 성읍에서 한 사람이 나오는 것을 보고 그에게 이르되 청하노니 이 성읍의 입구를 우리에게 보이라 그리하면 우리가 네게 선대하리라 하매 그 사람이 성읍의 입구를 가리킨지라 이에 그들이 칼날로 그 성읍을 쳤으되 오직 그 사람과 그의 가족을 놓아 보내매(24-25절)

여기서 '청하노니'로 번역된 히브리어 '나'(נא)는 우리말 표현으로 아주 적절한 단어가 있다. '제발'이다. 요셉 가문의 사람들이 마침 만난 벧엘에 살고 있는 사람에게 벧엘의 입구를 제발 알려달라고 사정하는 모습은 전술한 여리고 정탐꾼과는 전혀 다른 뉘앙스를 보이고 있음을 여지없이 발견한다. '제발'에서 보이는 단초 때문이다. 이 간청을 받은 벧엘 사람은 자기 가족들을 선대하겠다는 약조를 받고서야 벧엘로 들어가는 문을 가르쳐준다. 이후 요셉 가문 사람들은 벧엘로 들어가서 그곳을 치고 약속한 대로 길을 안내한 그 사람과 그의 가족들은 살려주었다고 사사기 기자는 기록하고 있다. 재강조하지만 자세히 살펴보니 여리고성을 점령할 때의 정황과는 달라도 너무 다르다는 것을 알게 된다.

여호수아 시대의 여리고 점령 기사에서는 라합이 먼저 하늘의 하나님을 두려워하여 여리고성의 상황을 알려주었다. 또 그녀는 집에 정탐꾼들을 숨겨주는 등 적극적으로 하나님의 사역에 참여하였다. 하지만 본문 사사기의 벧엘 점령사는 오히려 요셉의 가문 사람이 도리어 벧엘 사람에게 간청하는 반대의 경우였다는 점에서 전혀 다르다. 또 하나의 큰 차이는 여리고성 점령사는 라합이 이스라엘 신앙 공동체 안으로 동화된 경우였지만, 본문의 벧엘 점령사는 이스라엘 신앙 공동체가 가나안의 벧엘 쪽으로 흡수되어 같이 살게 되는 정황을 예측하게 하는 결정적인 차이가 있다. 그렇다면 무엇이 문제였던 것일까?

영적 주도권의 상실이다. 초기 사사시대의 가장 큰 문제는 하나님께서 가나안 정복의 여정에 명령하신 일체의 권고를 무시했다는 점이다. 벧엘을 하나님께서 당신의 백성들에게 붙여주실 것을 선언하셨기에 이스라엘은 벧엘의 거민과 타협해서는 안 되었다. 그럼에도 요셉의 가문들은 벧엘의 힘과 타협했다. 여리고 정복 시에 갖고 있었던 영적 주도권(spiritual initiative)을 이번에는 벧엘에게 넘겨주면서까지 말이다. 시작이 잘못되었다. 출발이 잘못된 것이었다.

필자는 오늘 한국교회와 목회자와 성도들의 가장 가슴 아픈 추락이 주님이 허락하셨던 영적 주도권을 세속적 가치에게 넘겨준 비극이라고 주저 없이 진단한다. 이 일로 인해 교회가 천박해졌고 심지어 작금에 이르러는 세상에게 살려달라고 손 내미는 치욕을 당하고 있다.

미국 출신의 가장 신실한 20세기 선교사로 인정받았던 스탠리 존스의 『순례자의 노래』에 이런 글이 기록되어 있다. 언젠가 존스가 대학가에서 모 교회 주보를 우연히 보게 되었다. 그 주보에 이런 글이 있었다.

이번 주에 모 교수가 예수의 문제에 대하여 강의할 예정입니다.*

이 글을 보는 순간 스탠리 존스는 스스로 자탄하며 독백한다.

"예수의 문제라고? 그분은 내 문제를 해결해 주시는 분이셔. 그분은 내 문제를 해결해 주셨고 지금도 해결해 주시고 또 앞으로도 해결해 주실 것이다. 그분은 문제가 없어! 문제는 나이지."**

그렇다. 예수께 문제는 없다. 문제는 바로 나다. 상실된 영적 주도권을 되찾자. 이것이 내가 가진 문제 해결의 키워드다.

---

* 스탠리 존스/김순현 역, 『순례자의 노래』 (복 있는 사람, 2008), 31.
** 같은 곳.

그리스도인에게 중립은 없다
사사기 1:27-36

새길 말씀: 므낫세가 벧스안과 그에 딸린 마을들의 주민과 다아낙과 그에 딸린 마을들의 주민과 돌과 그에 딸린 마을들의 주민과 이블르암과 그에 딸린 마을들의 주민과 므깃도와 그에 딸린 마을들의 주민들을 쫓아내지 못하매 가나안 족속이 결심하고 그 땅에 거주하였더니 이스라엘이 강성한 후에야 가나안 족속에게 노역을 시켰고 다 쫓아내지 아니하였더라 에브라임이 게셀에 거주하는 가나안 족속을 쫓아내지 못하매 가나안 족속이 게셀에서 그들 중에 거주하였더라 스불론은 기드론 주민과 나할롤 주민을 쫓아내지 못하였으므로 가나안 족속이 그들 중에 거주하면서 노역을 하였더라 아셀이 악고 주민과 시돈 주민과 알랍과 악십과 헬바와 아빅과 르홉 주민을 쫓아내지 못하고 아셀 족속이 그 땅의 주민 가나안 족속 가운데 거주하였으니 이는 그들을 쫓아내지 못함이었더라 납달리는 벧세메스 주민과 벧아낫 주민을 쫓아내지 못하고 그 땅의 주민 가나안 족속 가운데 거주하였으나 벧세메스와 벧아낫 주민들이 그들에게 노역을 하였더라 아모리 족속이 단 자손을 산지로 몰아넣고 골짜기에 내려오기를 용납하지 아니하였으며 결심하고 헤레스 산과 아얄론과 사알빔에 거주하였더니 요셉의 가문의 힘이 강성하매 아모리 족속이 마침내는 노역을 하였으며 아모리 족속의 경계는 아그랍빔 비탈의 바위부터 위쪽이었더라

존 스토트의 『설교』를 읽다가 하나의 단문이 필자의 심장을 타격했다.

강단은 중립일 수 없다.*

이 외침은 작금, 한국교회라는 목양 현장에서 목회하는 건강한 목사라면 누구든지 예외 없이 치열하게 싸우고 있는 이슈일 것이다. 존 스토트를 통해 도전을 받은 이유는 어떤 경우에서든 '목회자의 강단은 타협할 수 없다'는 맥으로 읽었기 때문이다.

가나안 정복에 관한 이스라엘 초기 신앙 공동체의 흑역사가 계속해서 신명기 역사가에 의해 고발당하고 있는 장면이 오늘 본문이다. 가나안 지명으로 루스라고 불렸던 벧엘을 정복하기 위해 요셉 지파가 벧엘 거민과 모종의 타협과 거래를 했음을 살폈다. 이번에 만난 본문은 점입가경이다.

하나님의 방법을 거부하고 지극히 세속적인 방식을 자행함으로 영적 주도권을 빼앗긴 므낫세와 에브라임 지파가 가나안 점령 전쟁에서 빼앗지 못한 성읍들의 이름들이 본문에 열거되어 있다. 27절 이하를 보면 벧스안, 다아낙, 돌, 이블르암, 므깃도로 소개되고 동시에 29절에는 에브라임 지파가 쫓아내지 못한 지역이 게셀 지역임을 밝히고 있다. 부정적 시너지였을까? 이스라엘의 유력 지파였던 에브라임과 므낫세가 가나안 거민들을 의도적으로 쫓아내지 않자 스불론, 아셀, 납달리 지파 역시 그 영향을 받아 가나안 족속들과 함께 동거하게 되었음을 30-33절이 보고한다. 왜 사사기 기자는 집요할 정도로 요셉 지파의 가나안 정복사를 이렇게 물고 늘어지고 있는 것일까? 그 도전을 이렇게 문장화시켜 보자.

모름지기 그리스도인이라면 하나님의 식(式)이 아닌 것에 중립을 지키지

---

* 존 스토트/박지우 역, 『설교』 (IVP, 2020), 81.

말아야 한다. 1장에서 연이어 등장하는 구절이 있다. '쫓아내지 못하다'(8회)와 '노역을 시키다'(4회)이다. 지난 과면(過面)에서 전술했던 것처럼 개역개정판에 '쫓아내지 못하다'라고 점잖게 번역한 이 문장은 히브리어 성서를 통해 정직하게 번역하면 '내쫓지 않았다'가 더 적절하다. 이스라엘은 가나안 거민들을 내쫓지 않고 노동의 유익으로 삼아 애굽 시절 본인들의 그 아픔을 망각하고 그들에게 노역을 시킨 것이다. 대단히 유감스럽게도 이스라엘 초기 가나안 신앙 공동체는 가나안을 점령해가는 과정에서 하나님의 식보다 더 유익이 되는 세상의 식을 선택했음을 발견하게 된다. 하나님 때문에 조금 불편하기는 하지만 눈을 찔끔 감으면 가나안에서의 삶을 더 윤택하게 살 수 있으며, 안락하게 살 수 있는 틈을 발견한 것이다.

이를 위하여 이스라엘이 선택한 것은 가나안 거민과 적절한 타협을 함으로 중립적인 태도를 유지하는 것이었다. 가나안 거민들을 쫓아내라는 하나님께서 명령하신 내용을 거부함으로 얻어지는 엄청난 이익을 그들은 포기하지 않은 것이다. 근시안적으로 엄청난 세속적 이익을 가져다주는 것만 본 이스라엘 신앙 공동체를 향하여 사사기 기자는 앞으로 닥쳐올 불길한 여운을 1장 끝부분에 남기고 있다. 34절은 주목할 필요가 있다.

> 아모리 족속이 단 자손을 산지로 몰아넣고 골짜기에 내려오기를 용납하지 아니하였으며

분명히 단 지파는 하나님이 허락하신 땅을 차지해야 할 지파였다. 정황이 그런데도 단 지파는 도리어 가나안의 한 족속이었던 아모리에

게 공격을 받아 산골짜기로 쫓겨나 내려오지도 못하는 가련한 신세가 되었다. 이후 요셉 지파가 강성해진 탓에 아모리 족속이 그들에게 접수되어 그 가련한 신세를 모면하게 되지만, 이미 단은 하나님의 지파 공동체로서 너덜너덜하게 스타일을 구긴 상태가 되었음을 여지 없이 사사기 기자는 고발한다. 역사가는 하나님의 식이 아닌 세속의 식과 타협하고 중립적인 태도를 취한 이스라엘 공동체가 훗날 가나안화되어 하나님을 떠나는 비극적 드라마의 시놉시스를 어렴풋이 알려주고 있다. 몇 년 전 교황 프란체스코가 이 땅에 와서 던지고 간 한마디에 전 국민이 열광했다.

"아픔을 당한 자 앞에서 나는 중립을 지킬 수 없었다."

그의 말을 가슴에 담았지만 더불어 목사로서 이런 오기가 발동했다. 교황의 말에는 열광하면서 왜 그리스도인이라는 이름으로 살아가는 우리는 시도 때도 없이 세속적 가치와 타협하며, 하나님의 식을 사수하라는 주님의 레마에는 중립적 태도를 유지하며 너그러운가에 대한 거룩한 분노 말이다. 하나님의 식을 지키는 것은 교양 선택 과목이 아니라 그리스도인들 전부에게 위탁된 전공 필수 과목임을 상기하자. 하나님의 식을 사수하는 것에 중립이란 존재하지 않는다. 전술했듯이 존 스토트의 갈파 그대로 그리스도인들에게 중립은 없다는 말은 정답이다.

울음도 울음 나름이지!
사사기 2:1-5

새길 말씀: 여호와의 사자가 길갈에서부터 보김으로 올라와 말하되 내가 너희를 애굽에서 올라오게 하여 내가 너희의 조상들에게 맹세한 땅으로 들어가게 하였으며 또 내가 이르기를 내가 너희와 함께한 언약을 영원히 어기지 아니하리니 너희는 이 땅의 주민과 언약을 맺지 말며 그들의 제단들을 헐라 하였거늘 너희가 내 목소리를 듣지 아니하였으니 어찌하여 그리하였느냐 그러므로 내가 또 말하기를 내가 그들을 너희 앞에서 쫓아내지 아니하리니 그들이 너희 옆구리에 가시가 될 것이며 그들의 신들이 너희에게 올무가 되리라 하였노라 여호와의 사자가 이스라엘 모든 자손에게 이 말씀을 이르매 백성이 소리를 높여 운지라 그러므로 그 곳을 이름하여 보김이라 하고 그들이 거기서 여호와께 제사를 드렸더라

김영봉 목사가 쓴 『가장 위험한 기도, 주기도』를 보면, 미국 캘리포니아에 있는 윌리엄 제섭 대학교 교수로 재직 중인 데이비드 팀스(David Timms)의 글이 인용된다.

"당신의 나라가 임하시옵소서"(Thy Kingdom come)라는 기도를 뒤집으면, "내 나라가 끝나게 하옵소서"(My Kingdom done)라는 기도가 된다.*

---

* 김영봉, 『가장 위험한 기도, 주기도』 (IVP, 2013), 110-111.

읽다가 기막힌 촌철살인이 아닐 수 없다는 생각에 박수를 보냈다. 신앙인의 삶이란 무엇일까? 나의 나라를 포기할 때 비로소 간구할 수 있는 하나님 나라의 임재를 소망하는 삶이다. 이와는 정반대로 신앙인이라고 하지만 신앙인이 아닌 '유사 신앙인'(pseudo-christian)은 나의 나라와 하나님의 나라가 공존해주길 바라는 존재들이다. 신앙인에게 중립이란 존재하지 않음을 전술했다.

본문 사사기 2:1-5은 사사기 1장 강해를 통해 살펴본 대로 하나님의 명령(가나안화되지 말라)을 어기면서 자기들의 유익을 위해 가나안 거민들을 쫓아내지 않고, 노예로 삼아 공존하면서 가나안화(Canaanization)된 가나안 초기의 이스라엘 신앙 공동체에게 실망하신 하나님이 불순종의 대가가 무엇인지를 선포하는 장면이다.

하나님께서 종종 구약적인 표현으로 자신을 드러내는 방법인 여호와의 천사를 등장시켜 하나님의 분노를 전달한다. 가나안화되어 있는 이스라엘 공동체를 고발하며 기소한 내용이 본문 1-2절이다. 고발의 내용은 언약 파기다. 본문 2절을 보자.

너희는 이 땅의 주민과 언약을 맺지 말며 그들의 제단들을 헐라 하였거늘 너희가 내 목소리를 듣지 아니하였으니 어찌하여 그리하였느냐

이렇게 이스라엘을 기소한 여호와 하나님은 언약을 파기한 당신의 백성들을 향하여 3절에서 징계를 확정한다.

그러므로 내가 또 말하기를 내가 그들을 너희 앞에서 쫓아내지 아니하리니 그들이 너희 옆구리에 가시가 될 것이며 그들의 신들이 너희에게 올무가 되리라 하였노라

세 가지의 내용이 보인다.

① 하나님께서 가나안 사람들을 더 이상 쫓아내지 않겠다고 하는 징계
② 그 거민들이 너희들을 괴롭히는 가시가 되게 할 것이라는 징계
③ 가나안의 신들이 너희들의 올무가 될 것이라는 징계

여호와의 천사가 사사시대 초기의 유대 공동체에게 전한 징계를 받은 당사자들의 반응이 궁금하다. 본문 4-5절이다.

여호와의 사자가 이스라엘 모든 자손에게 이 말씀을 이르매 백성이 소리를 높여 운지라 그러므로 그 곳을 이름하여 보김이라 하고 그들이 거기서 여호와께 제사를 드렸더라

히브리어 '보킴'(בכים)은 문자적으로 해석하면 '통곡하는 자들'이라는 뜻이다. 이 단어를 묵상하다가 현직 목회자로서 심히 유감스러운 아쉬움을 담보하게 되었다. 바로 이렇게.

울음도 울음 나름이다. 이스라엘이 하나님의 언약대로 순종했다면 보김의 울음은 존재하지 않았을 것이다. 그러나 정면으로 하나님의 명령을 거부한 이스라엘은 보김에서 울어야 했다. 하나님의 징계 선언을 받았기 때문이다.

목회자로 현장에서 30년을 넘게 사역하면서 항상 느끼는 소회가 있다. 하나님의 은혜대로 살면 감격의 울음을 울 수 있음이다. 반면 하나님과의 언약을 깨뜨리면 후회라는 보김의 눈물을 흘리게 된다는

절절한 소회를 경험했다. 필자는 성서에 기록된 가장 아름다운 눈물을 뽑으라고 한다면 언제나 느헤미야 8장의 눈물을 성도들에게 소개한다. 예루살렘 성벽 재건을 천신만고 끝에 완성한 느헤미야 총독은 에스라를 초청하여 수문(watergate) 앞 부흥회를 개최한다. 에스라가 수문 앞으로 모여든 백성들 앞에서 율법을 낭독하고(reading) 해석하자(interpreting) 그들이 울었다(weeping)고 보고한다. 한국교회의 그리스도인들이여! 가능하다면 이 시대 우리의 보김에서 울지 말고, 수문 앞 광장에서 울자. 이게 나라냐고 질문하는 기막힌 신(新)사사시대를 살고 있는 오늘 조국 교회의 예배당마다 보김이 아닌 수문 앞 현장의 울음을 하나님께 드리는 눈물의 현장이 되기를 기대해본다. 울음도 울음 나름이다.

고의적 무지(無知)를 경계하라
사사기 2:6-10

새길 말씀: 전에 여호수아가 백성을 보내매 이스라엘 자손이 각기 그들의 기업으로 가서 땅을 차지하였고 백성이 여호수아가 사는 날 동안과 여호수아 뒤에 생존한 장로들 곧 여호와께서 이스라엘을 위하여 행하신 모든 큰일을 본 자들이 사는 날 동안에 여호와를 섬겼더라 여호와의 종 눈의 아들 여호수아가 백십 세에 죽으매 무리가 그의 기업의 경내 에브라임 산지 가아스 산 북쪽 딤낫 헤레스에 장사하였고 그 세대의 사람도 다 그 조상들에게로 돌아갔고 그 후에 일어난 다른 세대는 여호와를 알지 못하며 여호와께서 이스라엘을 위하여 행하신 일도 알지 못하였더라

본문 배경은 여호수아 24:28-31과 병행하는 내용이다. 여호수아서 기자는 특히 31절에 아주 의미 있는 기록을 남겨 놓았다.

이스라엘이 여호수아가 사는 날 동안과 여호수아 뒤에 생존한 장로들 곧 여호와께서 이스라엘을 위하여 행하신 모든 일을 아는 자들이 사는 날 동안 여호와를 섬겼더라

세밀하게 이해해보면 이 구절의 의미는 여호수아가 생존해 있었을 때와 그가 죽고 난 이후를 기점으로 이스라엘 신앙 공동체는 하나님을 아는 세대와 그렇지 않은 세대로 구별된다는 선언임을 알게 해준다.

여호수아의 영도 아래 가나안을 향하여 달려갔던 이스라엘 신앙 공동체는 하나님을 신실하게 섬겨왔다. 그러나 여호수아가 죽은 뒤 사사기 2:10을 보면 판이 바뀌었음을 증언해준다.

> 그 세대의 사람도 다 그 조상들에게로 돌아갔고 그 후에 일어난 다른 세대는
> 여호와를 알지 못하며 여호와께서 이스라엘을 위하여 행하신 일도 알지 못하였더라

그 세대의 사람들은 여호수아가 살아 있을 때의 사람들을 말하고, 다른 세대의 사람들은 여호수아가 죽은 이후의 사람들을 가리키는 것이 자명하다. 그렇다면 소개한 여호수아서와 사사기를 병렬해 놓고 볼 때 알게 되는 중요한 팩트가 드러난다. 여호수아가 죽기 전에는 이스라엘 신앙 공동체가 하나님을 알았지만, 그가 죽은 이후에는 하나님을 알지 못했다는 점이다. 주목해야 하는 것은 후자인 여호수아가 죽은 이후에는 다른 세대가 하나님을 알지 못했다는 그 '앎'에 대한 신학적 통찰이다. 상투적으로 '알다'(to know)라고 번역되는 히브리어 '야다'(ידע)는 '무의미하게 아는 앎'이 아니라 인간이 가장 '친숙하게 아는 앎'이라고 학자들은 개진한다. 그래서 그런지 필자가 개인적으로 보는 여타 영어 성서에서 '야다'를 'to know'로 번역한 것을 볼 때마다 항상 2%의 부족을 느끼는 갈증이 있었는데 유독 NLT(New Living Translation) 성서는 '야다'를 'Did not acknowledge', 즉 '인지하지 않았다'라고 번역하였기에 의미심장하게 받았다. 이 번역에 필(feel)이 꽂힌 이유는 이스라엘 신앙 공동체의 질 나빴던 행동, 고의적 무지함이라는 통찰을 끄집어낼 수 있었기 때문이다. 부연하자면 여호수아가 죽은 이후 세대의 이스라엘 공동체는 하나님에 대해

무지해서 여호와를 몰랐던 것이 아니라, 일부러 알고 싶어 하지 않았던 고의적 무지함에 가까웠다는 말이다. 이 지적의 근거는 사사기 2:11-13에 기록된 대로 바알 숭배다. 이 대목을 근거로 필자가 나누고 싶은 영적 담론이 있다. 21세기의 그리스도인으로 살아가고 있는 우리가 지극히 경계하고 두려워해야 할 요소가 있다는 점이다.

하나님에 대하여 알기를 싫어하는 고의적 무지를 경계해야 한다. 왜 오늘을 살아가는 수많은 그리스도인이 하나님에 대하여 알기를 불편해할까? 왜 하나님을 '야다'로 인지하기를 거부하는 것일까? 왜 하나님을 진심으로 아는 것을 부담스러워할까? 하나님을 전심해서 알게 되면 신바알리즘을 포기해야 하기 때문이다. 스스로 존재하시는 하나님 섬기기가 아니라 생각하기 따라 얼마든지 세상과 타협하고 그것으로 인하여 얻는 수많은 감각적·찰나적 유리함을 주는 세속적 가치와 이익을 포기해야 하기 때문이다. 종교도 문화라고 인식하는 자들이 지천에 깔려 있는 오늘, 자기를 부인하라는 주님의 요구가 너무나 싫기 때문이다. 디트리히 본회퍼는『나를 따르라』에서 이렇게 말했다.

> 자기 부인이라는 것은 이제 자기 자신을 아는 것이 아니라 오직 그리스도 만을 아는 것이다.*

얼마나 현대인들이 수용하기 어려운 부담감인가? 영국이 낳은 금세기 위대한 신약학자인 톰 라이트는『우상의 시대 교회의 사명』에

---

* 디트리히 본회퍼,『나를 따르라』, 94.

서 예수께서 광야에서 40일 동안 시험당하셨을 때 사탄이 집요하게 공격한 내용을 단 한 줄의 표현으로 이렇게 일갈했다.

어려운 길로 가지 말고 지름길로 가라.[*]

예수에게까지 공격한 이 사탄의 외침이 얼마나 달콤할까를 질문할 때 아니라고 말할 그리스도인이 그립다. 그런 목사가 보고 싶다. 유감은 별로 보이지 않는다는 점이다. 사정이 이러니 하나님을 고의로 인지하지 않겠다는 것은 이 시대에 우리 모두가 직면한 또 다른 광야의 시험이 아닐까 싶다. 하나님을 알기를 고의적으로 거부한 사람들의 면면이 어찌 여호수아가 죽은 이후의 다른 세대에만 해당되는 일이겠는가! 현재를 살고 있는 우리 모두의 영적 기상도 역시 도긴개긴이다. 이런 측면에서 캐나다 뉴라이프 커뮤니티의 담임목사인 마크 뷰캐넌이 『열렬함』(*Your God is too safe*)에 남긴 어록은 오늘 우리 모두의 가슴을 때리는 타격이다.

하나님의 손에 빠져들어 가는 것보다 훨씬 더 무섭고 위험한 일이 있으니 그것은 하나님의 손에 빠져들어 가지 않는 것이다.[**]

---

[*] 톰 라이트/김소영 역, 『우상의 시대, 교회의 사명』 (IVP, 2016), 55.
[**] 마크 뷰캐넌/배응준 역, 『열렬함』 (규장, 2005), 46.

유불리(有不利)로 신앙을 가늠하지 말라

사사기 2:11-15

새길 말씀: 이스라엘 자손이 여호와의 목전에 악을 행하여 바알들을 섬기며 애굽 땅에서 그들을 인도하여 내신 그들의 조상들의 하나님 여호와를 버리고 다른 신들 곧 그들의 주위에 있는 백성의 신들을 따라 그들에게 절하여 여호와를 진노하시게 하였으되 곧 그들이 여호와를 버리고 바알과 아스다롯을 섬겼으므로 여호와께서 이스라엘에게 진노하사 노략하는 자의 손에 넘겨 주사 그들이 노략을 당하게 하시며 또 주위에 있는 모든 대적의 손에 팔아넘기시매 그들이 다시는 대적을 당하지 못하였으며 그들이 어디로 가든지 여호와의 손이 그들에게 재앙을 내리시니 곧 여호와께서 말씀하신 것과 같고 여호와께서 그들에게 맹세하신 것과 같아서 그들의 괴로움이 심하였더라

20세기의 위대한 선교신학자인 레슬리 뉴비긴은 일찍이 그의 책『누가 그 진리를 죽였는가』에서 이렇게 갈파했다.

이른바 기독교 세계(Christendom)에서 기독교와 정치권력과 손을 잡은 결과, 마침내 교회는 인간의 자유를 억압하는 폭군이 되기에 이르렀다.*

필자가 이 글을 2014년 만났을 때 소름 끼쳤던 경험을 지금도

---

* 레슬리 뉴비긴/홍병룡 역,『누가 그 진리를 죽였는가?』(IVP, 2011), 85.

생생히 기억한다. 왜? 20세기에 활동했던 한 영성 있는 선교신학자의 혜안이 불과 반세기 만에 오늘의 한국교회에서 너무나도 적확하게 적중하고 있음을 느끼며 보았기 때문이다. 교회는 정치권력에 대하여 구약의 흉(凶)예언자적인 냉철함을 갖고 비판하고 견제해야 하는데 작금의 교회의 현실을 보면, 그 반대의 길로 가고 있다. 이런 참담함은 결국 교회 공동체가 성서가 가르치고 있는 주군의 방향성을 무시하고 상실했기에 자행한 결과물이다. 극한 유감이 아닐 수 없다. 주님이 기초가 된 교회 공동체는 그 어떤 경우에도 주님이 제시한 신앙의 방향성에서 흔들려서는 안 되고 또 흔들어놔서도 안 된다. 교회 공동체의 신앙의 방향성은 우리 주 예수 그리스도께서 행하셨던 삶이어야 한다.

오래전 조엘 오스틴의 『긍정의 힘』을 보았을 때, 릭 워렌의 『목적이 이끄는 삶』을 맨 처음 만났을 때 개인적인 소견이기는 하지만 경악했던 기억이 있다. 저자들이 곳곳에서 예수를 말하고 하나님을 언급했지만, 아주 교묘하게 신앙의 방향성이나 목적이 그 예수 그리스도가 행하셨던 삶이 아니라 인위적으로 가공한 세속적 성공이라는 가치와 목적으로 변질된 것을 보았기 때문이다. 신앙의 유익이 바울이 말한 고난과 십자가가 아니라 성공과 번영의 신학임을 직시하면서 너무 유감스러웠던 생생함이 아직도 필자에게는 고스란히 남아 있다.

강조하지만 신앙인에게 있어서 영적인 방향성이나 목적은 주군이신 예수 그리스도께서 걸어가셨던 길에서 결코 빗나가서는 안 된다. 이런 맥락에서 오늘 본문을 통해 추출해야 하는 교훈은 신앙의 방향성과 목적이 빗나간 비극의 결과이다. 15절을 보자.

그들이 어디로 가든지 여호와의 손이 그들에게 재앙을 내리시니 곧 여호와께서 말씀하신 것과 같고 여호와께서 그들에게 맹세하신 것과 같아서 그들의 괴로움이 심하였더라

주목할 것은 하나님께서는 이스라엘이 어디로 가든지 재앙을 내리시겠다고 천명하셨다는 점이다. 원인이 있었다. 이스라엘 신앙 공동체가 걸어야 했던 방향성과 목적이 빗나갔기 때문이다. 가나안 초기 정복 시기에 이스라엘은 하나님의 전적인 은혜로 인해 승승장구했다. 하나님이 전쟁의 곳곳마다 가나안의 거민들을 이스라엘의 손에 넘겨주셨다. 하나님이 이렇게 하신 이유는 아브라함에게 약속하신 선민 공동체인 이스라엘에게서 영광을 받고 싶었기 때문이다. 그러나 하나님께 그렇게 은총을 받았던 이스라엘은 보란 듯이 하나님의 은혜를 저버렸다. 가나안화되었다. 가나안의 우상을 숭배함으로 하나님을 분노하게 했고, 그 결과 하나님께서 선포하신 결론대로 이제는 그들이 어디로 가든지 복을 받는 공동체가 아니라 재앙을 만나는 비극의 존재로 급전직하했음을 사사기 역사서 기자는 보고한다(11-14절). 빗나간 신앙의 목적이 이런 결과를 빚게 한 것이다.

신앙의 목적은 내 개인의 유불리에 따라 변질되지 말아야 한다. 바알과 아스다롯은 그냥 아무것도 아닌 헛헛함 그 자체다. 그런데도 이스라엘은 바알과 아스다롯을 섬기며 하나님 신앙을 저울질하였다. 본문을 가만히 들여다보면 바알과 아스다롯을 섬긴 이유가 보인다. 하나님 앞에서 악을 행하기 위함(11절 전반)이었다. 이스라엘에게 바알과 아스다롯은 농경 사회에 눈에 보이는 만족을 주는 풍요의 신으로 보였다.

육체적 쾌락을 주는 육감적 신으로 보였다. 광야의 메마른 땅에서 40년 동안 주어진 공식대로 살아야 했던 이스라엘 신앙 공동체의 백성들에게 바알과 아스다롯은 신세계였다. 거추장스러운 것은 하나님이라는 존재뿐이었다. 바알과 아스다롯을 섬기려면 대전제가 필요했다. 하나님께 악을 행하는 것에 담대해야 했고, 무시해야 했다. 상황의 유불리에 따라 신앙의 목적을 얼마든지 변질시킬 수 있다는 증거를 본문이 보여준다. 그 결과 하나님은 그들을 심판하시겠다고 결정하셨다.

필자가 섬기는 교회에서 교우들에게 종종 전하는 도전이 있다.

"감정대로 신앙 생활하지 말고, 말씀대로 신앙생활하자."

신앙인에게 있어서 정말로 경계해야 할 것은 유불리에 따라 신앙의 목적을 변질시키는 행위다. 유불리는 신앙의 잣대가 아니다. 신앙인은 신앙의 목적을 상황의 유불리로 계산하여 변질시키지 않는 신실한 하나님의 사람들이다.

바보임에 틀림없다

사사기 2:16-23

새길 말씀: 여호와께서 사사들을 세우사 노략자의 손에서 그들을 구원하게 하셨으나 그들이 그 사사들에게도 순종하지 아니하고 오히려 다른 신들을 따라가 음행하며 그들에게 절하고 여호와의 명령을 순종하던 그들의 조상들이 행하던 길에서 속히 치우쳐 떠나서 그와 같이 행하지 아니하였더라 여호와께서 그들을 위하여 사사들을 세우실 때에는 그 사사와 함께 하셨고 그 사사가 사는 날 동안에는 여호와께서 그들을 대적의 손에서 구원하셨으니 이는 그들이 대적에게 압박과 괴롭게 함을 받아 슬피 부르짖으므로 여호와께서 뜻을 돌이키셨음이거늘 그 사사가 죽은 후에는 그들이 돌이켜 그들의 조상들보다 더욱 타락하여 다른 신들을 따라 섬기며 그들에게 절하고 그들의 행위와 패역한 길을 그치지 아니하였으므로 여호와께서 이스라엘에게 진노하여 이르시되 이 백성이 내가 그들의 조상들에게 명령한 언약을 어기고 나의 목소리를 순종하지 아니하였은즉 나도 여호수아가 죽을 때에 남겨 둔 이방 민족들을 다시는 그들 앞에서 하나도 쫓아내지 아니하리니 이는 이스라엘이 그들의 조상들이 지킨 것 같이 나 여호와의 도를 지켜 행하나 아니하나 그들을 시험하려 함이라 하시니라 여호와께서 그 이방 민족들을 머물러 두사 그들을 속히 쫓아내지 아니하셨으며 여호수아의 손에 넘겨주지 아니하셨더라

미국 펜실베이니아에 있는 비블리컬 신학교에서 구약을 교수하는 데이비드 램이 쓴『내겐 여전히 불편한 하나님』에서 하나님의 성품을 세 가지로 요약한 것을 읽은 적이 있다.

① 매력적이시다.

② 인격적으로 관계를 맺으시는 분이다.

③ 선하신 분이다.[*]

　　이렇게 말하면 독자들 중에 지나친 비약이라고 반론하는 사람도 있으리라 본다. 왠지 모르게 구약의 하나님은 신약의 예수에 비해 상대적으로 권위적이고, 무섭고, 두려운 하나님 상(狀)이 먼저 느껴지는 것이 사실이기 때문이다. 설교자들은 이런 이유 때문에 대체적으로 신약을 은혜의 책으로 해석하고, 구약을 율법의 책으로 접근하려는 경향이 있다. 이런 차원에서 램이 말한 세 가지 성품으로 구약의 하나님을 수용하는 것은 쉬운 결정이 아니다. 그렇지만 이렇게 구약의 하나님 이해가 대세를 이루고 있다고 할지라도 필자는 램의 말을 빌려 다음과 같이 주장하고 싶은 자세에서 물러서지 않으려 한다.

> "구약의 하나님은 너무나 바보 같을 정도로 선하시고, 나와 인격적인 관계를 맺고 싶어 하시는 참 매력적인 하나님이시다."

　　하나님을 바보라고 평해서 불경의 죄를 짓는다고 누군가가 공격해도 어쩔 수 없다. 분명히 하나님은 바보 같은 분이다. 짧은 지면 관계로 본문 구절의 자세한 석의(釋義)가 어려운 것이 유감이기는 하지만 가장 중요한 포인트만 언급한다면 본문 16-23절은 3장부터 펼쳐질 사사기를 기록한 저자의 독특한 사관인 '나선형 하강'이라는 순환 역사(배반→심판→회개→구원→배반)의 그림자를 보여주는 텍스트

---

[*] 데이빗 램/최정숙 역, 『내겐 여전히 불편한 하나님』 (IVP, 2013), 214.

다. 사사기 안의 기록에 의하면 이런 순환 역사의 반복이 7번에 걸쳐 등장한다. 7번에 걸친 역사의 반복에서 눈에 두드러지게 나타나는 것은 하나님의 일하심이다. 18절을 보자.

> 여호와께서 그들을 위하여 사사들을 세우실 때에는 그 사사와 함께하셨고 그 사사가 사는 날 동안에는 여호와께서 그들을 대적의 손에서 구원하셨으니 이는 그들이 대적에게 압박과 괴롭게 함을 받아 슬피 부르짖으므로 여호와께서 뜻을 돌이키셨음이거늘

이 문장에서 필자의 마음을 뒤흔들어 놓은 단어는 '돌이키셨음이거늘'이라고 번역된 히브리어 '나함'(נחם)이다. 이 단어의 문자적인 의미는 '한숨을 깊이 내쉰다'는 의미다.

본문을 자세히 들여다보면 하나님이 화가 난 상태임을 역사가가 표현한다. 모세와 여호수아를 통하여 확인하고 또 확인했던 가나안 입성 뒤에 이스라엘 신앙 공동체가 하나님을 향해 자행했던 배신의 염려가 현실로 나타났기 때문이다. 하나님은 가나안으로 이스라엘을 이끄시겠다는 당신의 계약을 충실히 실천하셨는데 도리어 이스라엘이 버젓이 하나님과 맺은 계약을 파기한다.

> 그들이 그 사사들에게도 순종하지 아니하고 오히려 다른 신들을 따라가 음행하며 그들에게 절하고 여호와의 명령을 순종하던 그들의 조상들이 행하던 길에서 속히 치우쳐 떠나서 그와 같이 행하지 아니하였더라(17절)

사정이 이렇다면 하나님은 계약 파기를 한 이스라엘을 향하여

원천무효를 선언해도 무방하다. 그런데도 하나님은 19-23절에서 완전 계약 파기를 선언하지 않으시고 이스라엘을 고통스럽게 하겠다고 경고성 메시지만 남발⑺한다. 이스라엘이 섬긴 우상들과 내쫓지 않은 가나안 거민들로 하여금 가시 역할을 하게 하시겠다고 엄포만 놓은 셈이다. 결정적인 은혜가 엿보이는 대목이다. 결국에 하나님은 고통을 피하기 위해 이스라엘이 행한 표피적 회개를 보시고 기다렸다는 듯이 '나함'하셨다.

하나님은 바보이심에 틀림없다. 매일 배신을 밥 먹듯이 하는 이스라엘이었지만 안타깝게도 그들이 당신의 마음을 알아주기를 바라고 회개의 흉내만 내더라도 못 이긴 체 '나함'하시는 바보이심에 틀림없다. 재야 그리스도인 학자인 한완상 교수는 이렇게 진술했다.

'바보 예수'는 '바로 보고 바로 보살펴주는 사람'이었다.*

하나님은 이스라엘에게만 바보가 아니라 지금은 나에게도 그렇게 바보로 계신다. 그런 하나님 때문에 필자는 눈물짓는다. 로마서 5:8을 읽으면서 더 크게 동공이 확장되는 나를 본다.

우리가 아직 죄인 되었을 때에 그리스도께서 우리를 위하여 죽으심으로 하나님께서 우리에 대한 자기의 사랑을 확증하셨느니라

---

* 한완상, 『바보 예수』(삼인, 2012), 20.

3부

그런대로 선방한 사사들

(3-5장)

JUDGES

역사는 하나님의 것이다

사사기 3:1-6

새길 말씀: 여호와께서 가나안의 모든 전쟁들을 알지 못한 이스라엘을 시험하려 하시며 이스라엘 자손의 세대 중에 아직 전쟁을 알지 못하는 자들에게 그것을 가르쳐 알게 하려 하사 남겨 두신 이방 민족들은 블레셋의 다섯 군주들과 모든 가나안 족속과 시돈 족속과 바알 헤르몬 산에서부터 하맛 입구까지 레바논 산에 거주하는 히위 족속이라 남겨 두신 이 이방 민족들로 이스라엘을 시험하사 여호와께서 모세를 통하여 그들의 조상들에게 이르신 명령들을 순종하는지 알고자 하셨더라 그러므로 이스라엘 자손은 가나안 족속과 헷 족속과 아모리 족속과 브리스 족속과 히위 족속과 여부스 족속 가운데에 거주하면서 그들의 딸들을 맞아 아내로 삼으며 자기 딸들을 그들의 아들들에게 주고 또 그들의 신들을 섬겼더라

마음에 음악이 없다면 음악을 들어도 이해하지 못한다. 마음에 시가 없으면 시를 읽어도 이해하지 못한다. *

글쟁이 장석주가 『그 많은 느림은 다 어디로 갔을까』에서 소개한 글이다. 글을 접하면서 이런 감회가 밀려왔다.

---

* 장석주, 『그 많은 느림은 다 어디로 갔을까』 (뿌리와 이파리, 2008), 39-40.

'맞다. 중요한 것은 기본기이다.'

음악의 기본기가 없는데 어떻게 모차르트를 이해할 수 있으며, 〈넬라 판타지아〉에 감동을 받을 수 있을까. 시의 기본이 없는데 어떻게 윤동주와 기형도를 이해할 수 있을까. 생각이 여기까지 이르자 목사로서 직업의식이 발동하여 이런 결론에 도달했다.

그리스도인들의 마음속에 하나님의 마음이 없는데 어떻게 하나님을 이해할 수 있단 말인가?

본문에는 선민 공동체로 부름을 받았음에도 불구하고 전혀 하나님의 마음을 가슴에 담고 있지 않은 패역한 가나안 초기 이스라엘 공동체의 면면이 드러나 있다. 못내 씁쓸한 마음을 지울 길이 없다. 사사기 1장과 2장에는 하나님이 내쫓으라고 그렇게도 강하게 경고하셨던 가나안 거민들을 이스라엘이 가나안 정착의 아주 유익한 도구로 판단하여 그들을 내쫓지 않고 동거하는 불순종을 저질렀음을 고발했다. 하나님이 그렇게도 원하지 않았던 가나안화의 서막을 알린다. 5-6절을 읽어보자.

> 그러므로 이스라엘 자손은 가나안 족속과 헷 족속과 아모리 족속과 브리스 족속과 히위 족속과 여부스 족속 가운데에 거주하면서 그들의 딸들을 맞아 아내로 삼으며 자기 딸들을 그들의 아들들에게 주고 또 그들의 신들을 섬겼더라

이런 일탈로 인해 아픈 마음을 견지한 하나님은 어쩔 수 없이

하나님의 의지대로 이스라엘을 향하신 반전드라마를 쓰기로 결심한다. 반전드라마라고 표현한 것은 결코 가볍고 얄팍한 이해가 아니라 깊은 사유의 결과물이다. 하나님은 하나님을 저버린(이스라엘과 하나님 사이에 맺은 언약 파기) 이스라엘을 충분히 심판할 수 있는 주군이었지만, 이스라엘을 그렇게 할 수 없어 택하신 방법이 바로 반전드라마의 성격이다. 즉, 이스라엘이 선택한 것들을 통해 후회하게 하시는 방법인, 가나안 거민들을 통한 압박이었다.

본문에 기록된 문장 중에 눈여겨보아야 할 단어가 연속해서 2, 4절에 등장하고 있다 '남겨두신'이라는 단어다. 이스라엘은 자신들의 가나안 정착에 유리하다고 생각하여 내쫓지 않고 남겨두었던 족속들이 가나안 거민들이었다. 하지만 하나님께서 이스라엘이 그렇게 하는 것을 용인한 것으로 결론짓는 듯한 보고를 한 사사기 저자의 역사 해석은 탁월해 보인다. 궁극적으로 가나안 거민들의 잔존은 하나님의 최종적 승인으로 인한 하나님의 작품이라는 말이다. 필자는 이 해석에 동의한다. 왜냐하면 이 해석학적인 접근이 주는 주석적 교훈이 훨씬 더 의미심장하다고 보기 때문이다. 바로 이 점에서 그렇다.

역사는 철저히 하나님의 것이다. 혹자는 본문을 자업자득이라고 해석한다. 그들이 좋다고 뿌려 놓은 가나안 거민들에게 발등 찍힌 것이 이스라엘이고, 가나안 거민들은 이스라엘이 두고두고 후회한 올무가 되었다고 해석한다. 구속사적인 측면으로 보면 이 해석도 별 무리가 없는 무난한 해석이라는 데 동의한다. 하지만 오늘 본문에 국한해 가나안 거민들을 가나안에 남겨 놓으신 주체가 이스라엘이 아니라 하나님이라는 해석은 적어도 오늘을 사는 우리 시대의 모든 독자에게 심오한 영적 도전을 준다. 역사는 철저히 하나님의 것이라는 도전 말이다.

하나님의 역사 개입은 본문 1-4절에 드러나 있다. 남겨 놓은 가나안 거민들을 통하여 이스라엘을 시험하기 위함(1절)과 순종하는지를 알기 위함(4절)에서 드러난다. 배워야 할 은혜는 이것이다. 역사는 철저히 하나님이 주관하신다는 분명한 의식을 상실하지 않는 것이다. 재야 역사학자인 이만열 교수는 『잊히지 않는 것과 잊을 수 없는 것』이라는 산문집에서 이렇게 갈파했는데 큰 울림으로 공명된다.

> 나는 한국교회의 목회자들이 하나님의 역사와 심판 앞에서 제대로 책임을 통감하고 또 그것을 제대로 가르치면서 기독교인들과 함께 실천적인 삶을 살아갔다면, 오늘날 한국 사회가 이렇게 부패하고 절망적으로까지는 되지 않았을 것이라고 생각한다. 여기서 '절망적'이라 함은 하나님의 공의의 관점에서 하는 말이다. 역사의식이 없으면 역사 앞에 책임을 지려는 의식이 사라진다. 역사를 무시하고 역사의 심판자이신 하나님을 두려워하지 않기 때문이다.*

---

* 이만열, 『잊히지 않는 것과 잊을 수 없는 것』 (포이에마, 2015), 144.

균형이 중요하다
사사기 3:7-11

새길 말씀: 이스라엘 자손이 여호와의 목전에 악을 행하여 자기들의 하나님 여호와를 잊어버리고 바알들과 아세라들을 섬긴지라 여호와께서 이스라엘에게 진노하사 그들을 메소포타미아 왕 구산 리사다임의 손에 파셨으므로 이스라엘 자손이 구산 리사다임을 팔 년 동안 섬겼더니 이스라엘 자손이 여호와께 부르짖으매 여호와께서 이스라엘 자손을 위하여 한 구원자를 세워 그들을 구원하게 하시니 그는 곧 갈렙의 아우 그나스의 아들 옷니엘이라 여호와의 영이 그에게 임하셨으므로 그가 이스라엘의 사사가 되어 나가서 싸울 때에 여호와께서 메소포타미아 왕 구산 리사다임을 그의 손에 넘겨주시매 옷니엘의 손이 구산 리사다임을 이기니라 그 땅이 평온한 지 사십 년에 그나스의 아들 옷니엘이 죽었더라

본문은 사사기 중반에 기록된 6명의 대사사의 기록 중에 그 첫 번째에 해당하는 옷니엘이 8년 동안 가나안 초기 이스라엘 신앙 공동체를 유린하고 핍박했던 메소포타미아의 왕 구산 리사다임의 손에서 건져낸 역사를 소개하고 있다. 필자는 앞선 글을 통해 사사시대에 선명하게 나타났던 나선형 하강(downward spiral)의 순환론적 역사관에 대하여 주지했다. 배반→심판→회개→구원→배반의 사이클로 반복되던 사사시대의 독특한 역사 흐름의 구조를 나선형 하향 곡선의 구조라고 지칭한다.* 옷니엘 사사가 벌인 메소포타미아와의 전쟁은 바로 이런 구도에서 진행된 첫 번째 증언이다.

이스라엘이 하나님을 목전에서 잊어버리고 바알과 아세라를 섬기는 배반을 하자 메소포타미아 왕인 구산 리사다임을 들어 이스라엘을 심판하셨다. 이로 인해 8년이라는 세월 동안 고통을 당하던 이스라엘은 하나님께 구원을 요청하며 부르짖는다. 하나님은 저들의 부르짖음을 외면하지 않고 옷니엘 사사를 들어 구원해 주신다. 이 도식은 앞으로 펼쳐질 사사시대의 순환론적인 역사 구조이기도 하다. 옷니엘을 통한 사사시대에 펼쳐진 첫 번째 구원사를 통해 중요한 교훈을 찾아보자. 10절을 보자.

> 여호와의 영이 그에게 임하셨으므로 그가 이스라엘의 사사가 되어 나가서 싸울 때에 여호와께서 메소보다미아 왕 구산 리사다임을 그의 손에 넘겨주시매 옷니엘의 손이 구산 리사다임을 이기니라

① 여호와의 영이 임할 때 이기게 하셨다(전반절, 이 말은 승리의 주체가 옷니엘이 아니라 하나님이셨다는 점을 분명히 해주었다는 점에서 주목할 만하다).
② 옷니엘이 능동적으로 행했다(중반절).

'나가서 싸울 때'를 주목하자. 옷니엘은 여호와 하나님의 영이

---

* 한병수, 『사사기에 반하다』(다함, 2022), 26-27. "이스라엘 백성의 순종과 불순종의 유형은 5가지다. 백성의 범죄, 하나님의 진노, 이방인의 압제와 학대, 백성의 회개와 부르짖음, 하나님의 구원 요소로 구성되어 있다. (중략) 이러한 패턴은 사사기에 6번 나타난다. 이 고질적인 역사의 쳇바퀴 속에서 이스라엘 백성은 경건의 수위가 조금씩 낮아지고 급기야 마음의 보좌에 모셔야 할 하나님을 자아로 대체하고 스스로 왕이 되어 자신의 소견을 따라 살아간다."

임한 뒤에 로봇처럼 혹은 기계처럼 수동적인 자세로 여호와의 영이 싸우는 것을 방관하거나 뒷짐 지고 있지 않았음을 분명히 한다. 도리어 가장 능동적인 자세로 그 전쟁의 현장으로 나아갔다. 그 치열한 전쟁의 현장에서 칼을 들고 싸웠다. 그러자 하나님은 그렇게 싸우고 있는 옷니엘에게 영으로 임재하신 것은 물론 결국은 리사다임(이중으로 악한)이라는 별명을 가지고 있었던 메소포타미아의 막강 군주인 구산을 물리쳤음을 역사가는 보고한다.

오늘 21세기의 그리스도인들에게 정말로 절실한 것은 신앙의 균형 (equilibrium)이다. 보수적인 성향의 사람들이라면 본문에서 가장 큰 의미를 두는 교훈을 여호와의 영이 옷니엘에게 임한 일이라는 것에 방점을 찍을 것이다. 반면 진보적 성향을 가진 신앙인들은 '나가서 싸울 때'에 더 큰 의미를 부여할 것이다. 경우에 따라 나름 갖고 있는 색채로 보면 그럴 수 있겠다는 생각을 한다. 그러나 조금 냉정해지자. '그럴 수 있겠다'보다는 균형이 중요하다. 옷니엘이 잘나서 구산 리사다임과의 전투에서 이긴 것이 분명 아니다. 그러나 그렇다고 해서 하나님이 직접 선두에 나서서 사람의 모습을 하시고 구산을 물리치신 것은 더더욱 아니다. 하나님의 도구로 합당했던 옷니엘이 직접 현장에서 하나님의 뜻을 이루기 위해 고군분투하는 모습이 보기에 좋으셨던 하나님은 그에게 힘을 부여하시기 위해 영으로 임재하신 것이다. 결국 구산 리사다임과의 전쟁을 이기게 하신 것이다.

근래 이념적 성향에 따라 극단의 갈라섬이 보이는 한국이라는 나라의 상황은 목회 현장에서 교우들과 함께 부대끼고 있는 목사로서 참으로 안타까운 마음을 금할 길이 없는 참담함을 준다. 편향은 정치에서 가능할지는 모르겠지만 신앙의 필드에서는 용납될 수 있는 성질의 것이 아니다. 아주 오래전 감리교신학대학 교수를 역임한 김득중 교수의 칼럼집인 『무엇이 삶을 아름답게 하는가?』에서 이런 글을 읽은 적이 있다. 제2차 세계대전 시기에 프랑스의 아주 한적한 농촌에서 평범한 삶을 살던 농부가 레지스탕스로 오해되어 독일의 비밀경찰에 체포되는 바람에 졸지에 형장의 이슬로 사라지게 되는 신세가 된다. 죽음의 장소에서 너무 억울했던 농부는 이렇게 절규한다.

"나는 아무것도 하지 않았다. 나는 유대인이 아니다. 나는 레지스탕스가 아니다. 그런데 왜 내가 이렇게 억울하게 죽임을 당해야 한단 말인가? 그러자 옆에서 같이 체포된 진짜 레지스탕스 요원이 농부를 보며 냉소적으로 이렇게 힐난한다. 당신이 아무것도 하지 않았다는 것, 그것이 잘못이다. 당신이 아무것도 하지 않았다는 그것만으로도 당신은 죽어 마땅하다. 전쟁은 5년이나 계속되었다. 수백만 명의 사람들이 무참하게 피를 흘렸고 수많은 도시들이 파괴되어 버렸다. 조국과 민족이 멸망 직전에 놓여 있었다. 그런데 당신은 도대체 왜 아무 일도 하지 않았단 말인가?"*

전율했던 대목이다. 모름지기 신앙인이라면 여호와의 영이 나에게 임하는 것과 그 영이 내가 일하기를 원하시기에 현장에 나가 싸울 때 나를 돕는다는 신앙의 균형을 맞추어야 하지 않을까. 아무 일도 하지 않는 그리스도인은 게으른 자다. 누군가에게 들었다.

---

* 김득중, 『무엇이 삶을 아름답게 하는가?』 (삼민사, 1991), 52.

"사탄도 게으른 자는 쓰지 않는다."

균형은 치열함에서 나온다. 게으른 자는 한쪽으로 치우친다. 새겨
야 할 영적 테마다.

또
사사기 3:12-14

새길 말씀: 이스라엘 자손이 또 여호와의 목전에 악을 행하니라 이스라엘 자손이 여호와의 목전에 악을 행하므로 여호와께서 모압 왕 에글론을 강성하게 하사 그들을 대적하게 하시매 에글론이 암몬과 아말렉 자손들을 모아 가지고 와서 이스라엘을 쳐서 종려나무 성읍을 점령한지라 이에 이스라엘 자손이 모압 왕 에글론을 열여덟 해 동안 섬기니라

십여 년 전에 신학교 동기 목사 부부들과 함께 이스라엘 성지 순례를 다녀온 적이 있다. 일정을 짜다가 유대인 학살 추모관인 '야드 바쉠'을 필수 코스로 집어넣자고 고집해서 모두가 아주 뜻깊고 의미 있는 방문을 하고 돌아왔다. 둘러보다가 제2차 세계대전 시에 나치에 의해 자행된 홀로코스트 비극으로 희생된 유대인들을 추모하는 기념 관 2층 전시실에 동판으로 새겨 놓은 다음과 같은 글귀를 보고 걸음을 멈추었던 적이 있다.

Forgetfulness leads to exile, while remembrance is the secret of redemption(기억한다는 것은 구속의 비밀인, 반면 망각은 추방으로 이끈다).

아픔을 간직하고자 하는 유대인들의 정신을 보게 한 촌철살인이었다.

'용서는 하되 잊지는 말자.'

그렇다. 적어도 슬픈 역사는 잊지 않는 것이 당연하다. 다시 겪지 않기 위해서다. 아픈 수모를 다시는 겪지 말자는 무언의 자기 압박이요, 자기 성찰이요, 후손들에게 다시는 이런 아픔을 겪게 하지 않겠다는 각인이다.

아쉽게도 사사시대는 이런 자존감이 없었던 것이 분명하다. 이스라엘은 하나님과의 언약을 깨뜨려 8년 동안 나라를 잃는다. 그들은 강하고 악했던 왕 구산 리사다임에 의해 고통을 당했다. 주지했다시피 초기 이스라엘 가나안 공동체가 하나님께 돌이켜 회개하자 하나님은 옷니엘을 들어 그들을 구원해주셨다. 이렇게 드라마틱한 은혜를 얻은 이스라엘은 40년간 평화를 맛볼 수 있었다. 이것은 이스라엘에게 주신 전적인 하나님의 은혜였다. 그러기에 이것이 하나님의 은혜라는 사실을 잊지 않았다면 그들은 결코 하나님의 뜻을 잊어버리지 않았을 것이다. 하지만 현실은 정반대였다. 옷니엘이 죽자 이스라엘은 이전의 악한 상태로 되돌아갔다. 12절을 보자.

> 이스라엘 자손이 또 여호와의 목전에 악을 행하니라 이스라엘 자손이 여호와의 목전에 악을 행하므로 여호와께서 모압 왕 에글론을 강성하게 하사 그들을 대적하게 하시매

옷니엘이 죽자 이스라엘은 다시 여호와 하나님 앞에서 악을 행했

다. 12절에서 사사기 기자는 이 부분을 강조하기 위해 무려 2번에 걸쳐 그들의 일탈을 고발하고 있다.

여호와의 목전에서 악을 행하므로

분명히 이스라엘은 옷니엘이 죽은 뒤에 하나님께 범죄를 저질렀다. 심각한 것은 본문에 기록된 '또'라는 단어에서 찾을 수 있다. '또'로 번역된 히브리어 '야싸프'(יסף)의 의미는 '점점 더'(more and more)의 의미가 강하다. 무언가가 증가되는 상태를 말하는 단어다. 더 심각하게 나빠진 상태라는 말이다. 옷니엘 사사 때보다 더 나빠진 이스라엘의 영적인 상태가 바로 이때였음을 알려주는 중요한 단어가 '또'이다. 이렇게 상태가 더 나빠진 것에 대한 증언은 본문에 기록된 다른 증언을 통해서도 살필 수 있다. 13-14절을 살피자.

에글론이 암몬과 아말렉 자손들을 모아 가지고 와서 이스라엘을 쳐서 종려나무 성읍을 점령한지라 이에 이스라엘 자손이 모압 왕 에글론을 열여덟 해 동안 섬기니라

분석하면 이렇다. 옷니엘 사사시대에 이스라엘을 점령한 나라는 구산 리사다임으로 대변되는 아람이었다. 반면 에훗 사사시대에 이스라엘을 멸망시킨 나라들은 한 나라가 아니었다. 에글론, 암몬, 아말렉 3개 연합국이었다. 이제는 3개국 통치에 시달리게 된 것이다. 어디 이뿐인가. 이들에게 점령당한 이스라엘은 이전 옷니엘 시대보다 10년이 더 많은 18년이라는 세월을 식민 통치의 수모를 겪어야 했다. 전반적으로 이스라엘의 상태가 첫 번째의 상태보다 악화되었음을 알 수 있다. 그렇다. 하나님은 이스라엘에게 이전보다 더 안 좋은 상태의 고난을 허락하신 셈이다.

본문 해석을 여기까지 했으니 한 가지만 더 다루어보자. 3개 연합국에게 빼앗긴 땅에 주목하자. 13절에 기록된 것처럼 종려나무 성읍을 해석해보자. 종려나무 성읍은 여리고성이다. 사사시대로부터 종려나무 성읍으로 기록된 여리고는 이스라엘에게 있어서는 상징적인 수도와 같은 도시였다. 통일왕국 시대인 다윗의 시대에 예루살렘은 다윗성으로 일컬어지며 수도의 역할을 했지만, 본문 사사시대에는 여리고가 수도 서울과 같은 지역이었다. 바로 이런 상징적인 성인 여리고를 빼앗긴 것이다. 이스라엘의 자존심이 무너진 셈이다. 이스라엘은 이런 이유로 18년이라는 세월을 또다시 이방의 권세들에게 짓밟힌 셈이다. 이스라엘은 왜 이 지경이 될 수밖에 없었을까? '또'에서 해답을 찾을 수 있다. 받은 은혜를 망각한 것이 그 이유다. 이스라엘이 더 큰 고통을 당할 수밖에 없었던 것은 은혜의 망각이 원인이다.

은혜는 망각하는 것이 아니라 기억하는 것임을 잊지 말자. 바울의 고백이 새삼 다가온다.

> 그러나 내가 나 된 것은 하나님의 은혜로 된 것이니 내게 주신 그의 은혜가 헛되지 아니하여 내가 모든 사도보다 더 많이 수고하였으나 내가 한 것이 아니요 오직 나와 함께 하신 하나님의 은혜로라 (고전 15:10)

빅터 플랭클은 아우슈비츠에서 자행된 가장 비인간적인 만행을 고발했던 『죽음의 수용소』의 글을 마감하면서 이렇게 대단히 의미 있는 여백을 남겼다.

그러니 이제 경계심을 갖자. 두 가지 측면에서의 경계심을. 하나, 아우슈
비츠 이후로 우리 인간이 무엇을 할 수 있는지를, 둘, 히로시마 이후로
우리는 무엇이 위험한지에 대하여.*

새겨야 할 금언이다. 아픔을 잊으면 고통은 반복된다. 그러므로
필자도 야드 바쉠에서 보았던 이 문장을 목회 현장에서 좌우명처럼
읊조리곤 한다.

Forgetfulness leads to exile, while remembrance is the secret of
redemption.

---

* 빅터 플랭클/이시형 역, 『죽음의 수용소에서』 (청아출판사, 2005), 243.

신앙인의 자기관리
사사기 3:15-23

새길 말씀: 이스라엘 자손이 여호와께 부르짖으매 여호와께서 그들을 위하여 한 구원자를 세우셨으니 그는 곧 베냐민 사람 게라의 아들 왼손잡이 에훗이라 이스라엘 자손이 그를 통하여 모압 왕 에글론에게 공물을 바칠 때에 에훗이 길이가 한 규빗 되는 좌우에 날선 칼을 만들어 그의 오른쪽 허벅지 옷 속에 차고 공물을 모압 왕 에글론에게 바쳤는데 에글론은 매우 비둔한 자였더라 에훗이 공물 바치기를 마친 후에 공물을 메고 온 자들을 보내고 자기는 길갈 근처 돌 뜨는 곳에서부터 돌아와서 이르되 왕이여 내가 은밀한 일을 왕에게 아뢰려 하나이다 하니 왕이 명령하여 조용히 하라 하매 모셔 선 자들이 다 물러간지라 에훗이 그에게로 들어가니 왕은 서늘한 다락방에 홀로 앉아 있는 중이라 에훗이 이르되 내가 하나님의 명령을 받들어 왕에게 아뢸 일이 있나이다 하매 왕이 그의 좌석에서 일어나니 에훗이 왼손을 뻗쳐 그의 오른쪽 허벅지 위에서 칼을 빼어 왕의 몸을 찌르매 칼자루도 날을 따라 들어가서 그 끝이 등 뒤까지 나갔고 그가 칼을 그의 몸에서 빼지 아니하였으므로 기름이 칼날에 엉겼더라 에훗이 현관에 나와서 다락문들을 뒤에서 닫아 잠그니라

지인 목사의 이야기를 우연히 들었다. 신학교 선배 목사께서 본인 이 목회하며 함께 사역하던 부목사를 소개하며 청빙해 줄 것을 부탁해 서 면접을 했다고 한다. 면접을 마친 지인 목사는 인간관계의 아픔을 머금고 선배가 부탁한 부목사 청빙을 거절했다. 이유가 의미가 있다. 면접한 부목사는 170cm의 신장에 몸무게가 100kg인 자였는데 청빙

거절의 변은 이러했다. 부목사로서의 능력은 차치(且置)하고 자기관리에 실패한 사람의 전형이라는 것이었다. 고개를 끄떡였다. 고도비만이 왜 발생하는가? 자기관리의 실패 때문이다.

본문을 보면 자기관리에 승리한 한 사람과 실패한 또 한 사람이 등장한다. 전자는 에훗이요, 후자는 모압 왕 에글론이다. 옷니엘 사사가 죽자 이스라엘은 다시 하나님께 등을 돌렸다. 하나님은 이런 이스라엘을 심판하기 위해 모압 왕 에글론을 도구로 사용하셨기에 이스라엘은 모압의 압제에서 18년 동안 시달려야 했다. 고통에 시달리던 이스라엘이 하나님께 회개하자 하나님이 이스라엘의 해방을 위해 들어 쓰신 도구가 에훗 사사다. 에훗은 신체적인 핸디캡이 있었던 사사다. 왼손잡이였다. 왼손잡이라는 의미가 오늘날에는 별문제가 되지 않지만, 그 당시에는 그렇지 않았다. 에훗은 베냐민 지파의 자손이다. 즉, 에훗이 '오른손의 아들'이라는 의미를 갖고 있는 베냐민 지파였다면, 그가 왼손잡이였다는 사실은 상당히 수치스러운 장애일 수 있다는 것은 주지의 사실이다. 그런데도 에훗은 오른손에 장애가 있는 왼손잡이라는 자신의 약점을 최대한 이용하여 에글론을 죽이는 데 효과적인 장점으로 극대화시켰다. 사용한 칼을 왼손잡이기에 수색당하지 않을 수 있는 오른쪽 허벅지에 차고 들어갔다는 본문 16절의 보고가 그렇다. 이 장면을 보면서 그가 얼마나 자기관리에 철저했는지를 가늠할 수 있다. 약점을 약점으로 한정하지 않고 하나님이 주신 최고의 장점으로 이용한 에훗은 자기 몸을 사용할 줄 아는 자기관리의 승리자였다.

반면 에훗에게 죽임을 당한 에글론을 보자. 17절 본문에서 에글론의 신체적 비밀을 사사기 기자는 폭로한다. '매우 비둔한 자'라는 고발이다. 히브리어 '바리'(בָּרִיא)를 영어 성경은 이렇게 번역했다.

Eglon was a very fat man(매우 뚱뚱한 자).

한 나라의 국정을 책임지고 있는 자가 매우 뚱뚱하여 자기를 공격하는 자의 공격을 방어할 수 있는 정도의 민첩함이 없었다면 그는 자격 미달임에 틀림없다. 22절 본문에서 에훗이 찌른 칼날을 에글론의 몸에서 빼내지 않자 기름이 칼날에 엉겼더라는 본문 번역은 에글론의 신체적인 상태를 고발하는 데 참 탁월해 보이는 묘사다. 통상적 해석이라면 칼날이 뚫고 들어간 몸에 피가 엉겼다고 표현하는 것이 정설일 텐데 기름이 엉겼다는 표현에서 그가 얼마나 비계 덩어리인 비만의 신체를 갖고 있었는지를 날카롭게 묘사하고 있다. 자기관리에 실패한 자의 말로가 얼마나 측은한지를 보여주는 대목이다.

그리스도인으로 살아가는 자의 숙제는 철저한 자기관리다. 브래드 피트가 열연한 영화 〈세븐〉을 본 적이 있다. 이 영화는 성서에서 말하는 하나님이 싫어하는 7대 죄악을 근거로 만들어진 스릴러물이다. 탐식, 탐욕, 교만, 정욕, 나태, 시기, 분노. 이 7가지 죄악을 저지른 자들을 응징한다는 시나리오의 영화인데 많은 생각을 하면서 관람했던 기억이 생생하다. 7가지 죄악은 모두 공통점이 있다. 자기관리 실패라는 공통점이다. 결국 7가지 죄악은 자기를 철저히 관리하는 훈련과 성령의 도우심으로 극복할 수 있다는 말이다. 자기관리의 실패는 하나님이 심판하실 것이다. 시인 나희덕의 글에서 벼락같은 시어를 발견했다.

지금은 말(言)들이 돌아오는 시간 / 수많은 말(馬)들이 돌아와 한 마디 말이 되어 사라지는 시간 / 흰 물거품으로 허공에 흩어지는 시간*

시인은 인간이 얼마나 말하는 것을 조심해야 하는지를 이렇게 '하가'(הגה)한 후에 의미 있는 부연 설명을 내놓았다.

신의 입김으로 지어진 존재답게 힘이 세군요. 그러니 날숨을 조심하세요. 입김이 닿는 순간, 부패는 시작되니까요.**

언젠가 선배 목사께서 세미나에서 한 말이 뇌리에서 떠나지 않는다.

"한 말에 책임지지 못하겠거든 차라리 설교를 하지 말라."

필자에게는 이렇게 들렸다.

"언어에 대한 자기관리가 안 되는 목회자는 목회를 하지 말라."

선배께서 외쳤던 소리를 가슴에 품었다. 자기만 잘났다고 떠벌리는 홍역을 치루고 있던 고린도교회 공동체의 교만한 신자들을 향하여 외친 바울의 목소리가 크게 공명되어 울려온다.

---

* 나희덕, 『말들이 돌아오는 시간』 (문학과지성사, 2019), 19.
** 같은 책, 24-25.

형제들아 내가 그리스도 예수 우리 주 안에서 가진 바 너희에 대한 나의 자랑을 두고 단언하노니 나는 날마다 죽노라(고전 15:31)

21세기를 살고 있는 우리 그리스도인들에게 절실히 요구되는 것은 날마다 죽는 자기관리다.

볼품없으면 어때, 붙들렸는데

사사기 3:31

새길 말씀: 에훗 후에는 아낫의 아들 삼갈이 있어 소 모는 막대기로 블레셋 사람 육백 명을 죽였고 그도 이스라엘을 구원하였더라

주어진 텍스트에 표기된 그냥 지나칠 수 있는 한 조사(助詞) 때문에 왠지 모르게 사사 삼갈이 소위 말하는 대사사들에 비해 상대적으로 가치가 평가절하되는 듯한 느낌을 받게 된다. 본문을 다시 살펴보자.

에훗 후에는 아낫의 아들 삼갈이 있어 소 모는 막대기로 블레셋 사람 육백 명을 죽였고 그도 이스라엘을 구원하였더라

'그도', 12-30절까지 묘사된 에훗의 이스라엘 구원은 너무도 당연한 일이었다. 그래서 그랬는지 삼갈도 그렇게 이스라엘을 구원하는 데 공을 세웠다는 증언은 뜻밖의 일인 것처럼 사사기 기자가 기록하고 있다. 삼갈은 정말로 누구도 예상하지 않은 의외의 다크호스와 같은 존재였을까? 필자는 다음과 같은 이유 때문에 결코 삼갈은 과소평가되면 안 되는 사사라고 말하고 싶다.

삼갈은 전적인 하나님의 판단으로 선택되어 도구로 사용된 사사였다. 오

늘 본문 31절은 삼갈의 출신 성분에 대한 중요한 자료를 제공하고 있습니다.

아낫의 아들 삼갈이 있어

이 정보는 정말로 중요하다. '아낫'은 삼갈이 히브리 사람이 아니라 이방인이었음을 알려준다. '아낫'으로 번역된 히브리어 '아나트'(עֲנָת, 후르족 식의 이름)의 가장 두드러진 의미는 가나안 이방 종교의 신이었던 바알의 아내라는 증언이다.*

'아나트'는 이런 차원에서 아주 중요한 이방 여신의 대명사다. 그렇다면 상식적으로 그 아나트의 아들이라는 말은 말할 것도 없이 그 아들도 그 여신을 믿는 자라는 의미일 수 있는 가능성이 농후하다. 다시 말해 이방신을 따르던 자의 후손일 가능성이 많다는 말이다. 물론 그가 직접 바알의 아내 신으로 추앙되던 아나트를 신봉했던 자였는가에 대하여는 신학적인 토론의 문제이기는 하지만, 중요한 것은 삼갈이 히브리 사람이 아니라 후르족(Hurrian) 출신의 이방인이 었다는 점이다.

이방인 출신이었던 그가 블레셋 사람을 죽이고 이스라엘을 구원하였다는 사사기 사가의 보고는 의미가 있다. 필자는 이 기록을 보면서 아주 예민한 은혜를 받는다. 이렇게 접근해보자. 이방인이었던 삼갈, 그런데 뜻하지 않게 하나님의 사람으로 부름받고 하나님의 레이더망에 걸려 하나님의 사역에 동참하게 되었다. 그렇다고 해서 앞서 언급한

---

* J. 클린턴 맥캔, 『현대성서주석, 사사기』, 94.

것처럼 세인들이 보는 관점과 동일하게 작은 사사로서 이름도 없이 그냥 잊혀지는 그런 류의 비극적인 주인공으로 삼갈을 평가해서는 안 된다. 도리어 하나님의 전적인 가치 판단으로 선택된 엄청난 은혜를 받은 사사가 삼갈이다. 신앙생활을 하면서 가끔 착각하는 것이 있다. 내 판단이 곧 하나님의 판단이라고 착각하는 어처구니없음이다. 이런 어불성설이 어디에 있나! 내 판단은 하나님의 판단에 굴복해야 하는 유한한 판단임을 잊지 말아야 한다.

욥기를 읽다가 소스라치게 놀란 구절이 있다. 잘 아는 것처럼 욥기는 죄없이 고난당하는 욥에 대하여 그의 절친들인 엘리바스와 빌닷과 소발, 그리고 젊은 지인인 엘리후가 쏟아내는 지루한 인과응보적인 논쟁과 변증의 이야기다. 읽다보면 도대체 이 논쟁의 끝이 있기는 한 것인가를 자문하면서 읽는 별로 재미없는 책이다. 이 지루한 책의 42장에 도착하면 논쟁의 끝을 맺는 단 한 마디의 하나님의 역설이 등장한다.

내 종 욥의 말 같이 옳지 못함이니라(42:7-8)

너무나 통쾌한 하나님의 토설이다. 신앙의 핵심은 언제나 하나님의 판단이 옳다는 것을 인정하는 것이다. 내 식이나 내 판단이 옳다고 우기는 것은 신앙이 아니라 아집이요 독선이요 자기 신념이다. 하나님은 하나님의 가치 판단으로 삼갈이라는 나약한 자를 선택하셨다. 그리고 그를 당신의 도구로 철저히 쓰셨다. 31절 하반절은 감동을 주기에 부족함이 없는 압권이다.

소 모는 막대기로 블레셋 사람 육백 명을 죽였고 그도 이스라엘을 구원하였더라

그가 가지고 있었던 무기는 소 모는 막대기였다. 너무나 볼품없는 도구로 600명의 블레셋 정예 군사를 사멸시켰다고 말하고 있다. 참 보잘것없는 도구가 참 볼품없는 사사로 간주되는 삼갈의 손에 들리자 하나님의 위대한 역사를 이루는 도구가 되었다. 그렇다. 중요한 것은 하나님이 사용하는가이다. 그것이 어떤 것이든 상관없이. 글벗인 한희철 목사의 단상(斷想) 중에 심쿵(?)했던 글 하나 남기고 싶다.

이제 우리의 신호등을 끄고 당신의 수신호 따르게 하소서.[*]

100% 동의한다. 하나님의 수신호에 따라 움직이면 된다. 세속적 소프트웨어는 중요하지 않다. 하나님께 붙들려 있다는 하드웨어만 든든하면.

---

[*] 한희철, 『하루 한 생각 — 눈부시지 않아도 좋은』 (꽃자리, 2021), 486.

여자가 무슨?

사사기 4:1-10

새길 말씀: 에훗이 죽으니 이스라엘 자손이 또 여호와의 목전에 악을 행하매 여호와께서 하솔에서 통치하는 가나안 왕 야빈의 손에 그들을 파셨으니 그의 군대 장관은 하로셋 학고임에 거주하는 시스라요 야빈 왕은 철 병거 구백 대가 있어 이십 년 동안 이스라엘 자손을 심히 학대했으므로 이스라엘 자손이 여호와께 부르짖었더라 그 때에 랍비돗의 아내 여선지자 드보라가 이스라엘의 사사가 되었는데 그는 에브라임 산지 라마와 벧엘 사이 드보라의 종려나무 아래에 거주하였고 이스라엘 자손은 그에게 나아가 재판을 받더라 드보라가 사람을 보내어 아비노암의 아들 바락을 납달리 게데스에서 불러다가 그에게 이르되 이스라엘의 하나님 여호와께서 이같이 명령하지 아니하셨느냐 너는 납달리 자손과 스불론 자손 만 명을 거느리고 다볼 산으로 가라 내가 야빈의 군대 장관 시스라와 그의 병거들과 그의 무리를 기손 강으로 이끌어 네게 이르게 하고 그를 네 손에 넘겨주리라 하셨느니라 바락이 그에게 이르되 만일 당신이 나와 함께 가면 내가 가려니와 만일 당신이 나와 함께 가지 아니하면 나도 가지 아니하겠노라 하니 이르되 내가 반드시 너와 함께 가리라 그러나 네가 이번에 가는 길에서는 영광을 얻지 못하리니 이는 여호와께서 시스라를 여인의 손에 파실 것임이니라 하고 드보라가 일어나 바락과 함께 게데스로 가니라 바락이 스불론과 납달리를 게데스로 부르니 만 명이 그를 따라 올라가고 드보라도 그와 함께 올라가니라

선배 목사로부터 며칠 전에 전화를 받았다. 참 오랜만에 전화로 교제한 선배인데 안부를 묻다가 아팠다. 본인이 공부한 교단에서

여성 목사 안수를 총회에서 통과시켰는데 이런 교단에서는 목회할 수 없다고 다른 교단으로 옮겨가 안수를 받고 사역하게 되었다는 전언을 듣게 되었다. 흔히 하는 말로 다른 것은 다른 것이지 나쁜 것이 아니라는 명제를 필자 역시 인정하고 수용하지만, 일례로 이런 일방적인 이야기를 들으면 말문이 막힌다. 여성에게 안수를 주는 것은 비성서적이라는 태도가 내게는 폭력으로 다가오기 때문이다.

하버드 대학교 성서해석학 교수로 재직한 여성 신학자 엘리자베스 쉬슬러 피오렌자 교수는 그의 역작인 『동등자 제자직』에서 이렇게 갈파한 적이 있다.

> 지성사에서 여자들의 목소리가 들리지 않는 것은 가부장적 지배 세력이 학계의 주도권을 영속해 온 데 근본 원인이 있다.[*]

헌데 이런 일련의 폭력이 어찌 지성적 필드에서만 일어나는 일이겠는가? 교계에서도 이런 일들은 다반사로 버젓이 일어나고 있는 것이 오늘 교회의 아픈 현실이다. 본문에는 이런 우울한 모드를 일거에 날리는 메시지가 담겨 있기에 주목할 만하다.

에훗과 삼갈 사사가 죽은 이후 80년 동안 평화를 맛보던 가나안 초기 이스라엘 공동체는 사사기의 역사 순환구조에 따라 또다시 하나님을 배신한다. 하나님은 가나안 왕 야빈을 들어 이스라엘을 징계한다. 야빈은 그의 군대 장관인 시스라에게 가나안 지역을 철권 통치할

---

[*] 엘리자베스 쉬슬러 피오렌자/김상분·황종렬 공역, 『동등자 제자직』(분도출판사, 1997), 16.

수 있는 권력을 위임했고, 20년 동안 이스라엘은 그에게 식민 통치하의 고통을 당하게 된다. 3절 하반절에서 이렇게 보고한다.

이스라엘 자손이 여호와께 부르짖었더라

이스라엘은 하나님을 다시 찾게 되었고, 하나님은 이스라엘의 그 고통과 호소를 보고 들으신다. 이스라엘의 고통을 듣고 나신 뒤, 하나님이 여사사 드보라를 부르셔서 구원의 중재자로 쓰신 내용이 본문의 정황이다. '꿀벌'이라는 뜻의 이름을 가진 드보라의 정보를 보자.

① 랍비돗의 아내
② 여선지자이면서 사사
③ 라마와 벧엘 사이의 종려나무 아래에 거주하면서 백성들을 재판함

이 정보를 통하여 알 수 있는 드보라에 대한 이해가 있다. 남성 중심의 고대 이스라엘과 근동의 정서에서 그냥 평범하게 죽은 듯 지내야 하는 연약한 여성인 드보라에 대한 아주 파격적인 개인정보가 피력되었다는 점이다. 드보라는 여성이지만 선지자였고 또한 사사였음을 밝히고 있다. '사사'라는 말의 어원인 히브리어 '샤파트'(שפט)는 '재판하는 사람'이다. 그러기에 그녀는 종려나무 아래에서 이스라엘을 재판하며 자기 백성들을 돌볼 수 있었던 것 같다. 바로 이 대목에서 이런 문자적인 해석과 더불어 아주 중요한 영적인 시사점이 하나 있는 것을 발견할 수 있다. 당시 이스라엘을 짓누르고 있는 절대 권력자는 하로셋학고임에 거하는 시스라였다. 그는 절대 권력이었다.

그의 권위를 넘어서는 자는 죽임을 당하는 것이 시대의 정황이다. 그런데 이렇게 암울한 하로셋학고임에서 그리 멀지 않은 에브라임 산지 라마와 벧엘 사이의 종려나무에서 드보라는 자기 백성들을 위해 별도의 재판을 했다는 말은 놀라운 보고다. 왜? 시스라의 권위에 도전하는 행위를 엿볼 수 있기에 그렇다. 이 비교는 적어도 당시 드보라의 권위가 얼마나 엄청난 권위였는가를 보여주는 좋은 실례이기도 하다. 본문을 조금 더 들어가면 드보라는 이스라엘을 시스라의 손에서 구원하기 위해 동역자 한 명을 세웠는데 아비노암의 아들인 바락이었음을 보고한다. 바락은 드보라에게 하나님께서 이스라엘을 우리를 통해 구원하고 싶어 하신다는 신탁을 받지만 긍정적으로 반응하지 않는다. 드보라가 앞장서면 동참하겠지만, 그렇지 않으면 시스라와의 전투에 나가지 않겠다고 버틴다. 결국 드보라의 동참을 전제로 전쟁에 나가지만 그는 민족 구원의 들러리였지 주인공이 되지 못하는 존재임을 8-9절에서 알 수 있다. 기막힌 대조다.

하나님이 사람을 쓰시는 원칙은 성별이 아니라 영적인 수준이다. 가장 미개한 기독교적인 행동은 하나님이 남녀의 차별을 두셨다고 가르치는 것이다. 하나님은 성(gender)을 차별한 적이 없으시다. 도리어 하나님은 당신의 방법에 따라 성을 차별이 아니라 구별되게 사용하셨다. 예를 들자면 하나님은 드보라와 에훗을 남녀의 차별로 쓰시지 않고 이들이 하나님이 원하신 영적 수준에 도달했기 때문에 쓰셨다는 해석 같은 경우다. 사정이 이런데도 남녀를 차별하는 미개함이 아직도 교회에 남아 있다는 것은 수치스러운 후진적 발상이다.

교회 안에서 여자가 무슨!

이 폭력은 반드시 사라져야 할 저급한 자들의 무모함이다. 높은 영적 수준에 도달하는 삶은 하나님은 차별하지 않으신다는 점을 수용하는 것이다.

서툰 믿음이라고 공격하지 말라

사사기 4:8-10

새길 말씀: 바락이 그에게 이르되 만일 당신이 나와 함께 가면 내가 가려니와 만일 당신이 나와 함께 가지 아니하면 나도 가지 아니하겠노라 하니 이르되 내가 반드시 너와 함께 가리라 그러나 네가 이번에 가는 길에서는 영광을 얻지 못하리니 이는 여호와께서 시스라를 여인의 손에 파실 것임이니라 하고 드보라가 일어나 바락과 함께 게데스로 가니라 바락이 스불론과 납달리를 게데스로 부르니 만 명이 그를 따라 올라가고 드보라도 그와 함께 올라가니라

지금은 하나님께 부름받은 아픈 손가락이 있었다. 섬기는 교회에서 췌장암 선고를 받고 투병하다가 생명을 마감한 지체다. 그가 투병 중에 필자에게 이렇게 말했던 적이 있다.

"목사님, 옥한흠 목사께서 쓰신 『고통에는 뜻이 있다』를 읽었습니다. 김영봉 목사께서 쓰신 『사랑하는 사람은 누구나 아프다』도 읽었습니다. C. S. 루이스의 『고통의 문제』도 독파했습니다. 그런데 목사님, 이 책들을 읽으면서 저에게 온 소회는 위로가 아니라 고통이었습니다. 왜냐하면 일련의 책들을 통해 받는 것은 하나님이 너무 완벽하시다는 점입니다. 나는 하나님이 나에게 완벽하시지 않고 조금은 허물어지시는 하나님이시면 좋겠는데 그래서 참 힘듭니다. 근데 결국은 제 믿음이 약한 것이겠지요?"

30년 이상 목회를 한 현장 목회자로서 그에게 해줄 말이 없었다. 무슨 말을 주든지 그에게는 위로가 될 것 같지 않아서였다. 더 솔직히 표현하자면 그의 절규가 필자의 절규이기도 했다. 그렇지만 아무리 그래도 목사가 허물어져서야 되겠는가! 해서 지체가 남긴 말의 한 사족을 붙들었다.

"제 믿음이 약한 것이겠지요?"

기독교에서 말하는 믿음의 본질, 정의, 의미를 해석한 수없이 많은 책이 시중에 나와 있다. 그 책들에서 말하는 일체의 믿음에 대한 각설들이 틀렸다고 말할 수는 없겠지만, 문제는 절망의 터널을 건너고 있는 사람들에게 사변적으로 느껴진다는 점이다. 그래서 개인에게 적용해야 하는 믿음을 한마디로 무 자르듯이 정의하는 것은 어떤 때는 폭력으로 다가올 수 있음에 주의해야 한다.

본문은 이미 많은 사사기 해설을 통해 교훈이 정해져 있는 듯한 교과서적인 내용으로 치부될 수 있는 위험한 본문이다. 드보라는 승리자로, 바락은 실패자로 낙인찍는 교훈이다. 이유는 간단하다. 잔머리를 굴린 바락이 드보라에게 빌붙어 전쟁에 참여한 탓에 그를 하나님이 주시는 영광을 맛보지 못한 한심하고 믿음 없는 인간으로 고정하는 폭력이다. 물론 통상적인 이해로 바라보면 바락은 드보라에 비해 믿음이 없어 보이는 행태를 자행한 것처럼 보이는 구석이 지천이다. 그러나 또 하나의 상반된 교훈을 찾아야 한다. 왜? 균형을 잡기 위해서다.

서툰 믿음이지만 온전한 믿음을 붙들려고 하는 욕심을 나무라지 말라.
바락은 시스라에게 나가는 다볼 전투에 드보라가 함께 가기를 종용했다. 함께 가야 전쟁에 나가겠다는 종용이다. 참 어처구니가 없다. 참 믿음 없어 보인다. 참 얍삽해 보이기까지 한다. 극단적 표현으로 남자의 자존심도 팽개쳐버린 것 같은 비굴함도 느껴져 자존심까지 상한다. 그러나 필자는 이런 비난이 바락에게 가해져도 그에게 한 가지 점에서는 비난을 가할 수가 없었다. 바로 이 대목이다. 믿음이 없었던 바락이었기에 믿음이 있었던 드보라를 붙들려고 했던 것이 뭐 그리 큰 잘못인가에 대한 항변에 뾰족하게 방어할 논리가 없다는 점이다.

분명 사사기 4장의 주인공은 드보라였지 바락은 아니었다. 이 말은 바꾸어 말하면 드보라는 믿음의 여인이었지만, 바락은 그렇지 않았다는 반증이다. 그러니 바락이 드보라를 붙들려고 했던 것은 너무나 당연한 신앙적인 정당방위가 아니었겠는가! 바락의 믿음이 연약했음을 탓할 수는 있지만, 믿음이 있는 자를 붙들려고 했던 바락의 신앙적 행위까지 탓하는 것은 지나쳐 보인다. 잔인하다. 이 땅에 존재하는 믿음 있는 자의 처음이 드보라처럼 시작한 자가 과연 얼마나 되는가. 바락처럼 시작하여 어떤 때는 드보라의 치맛자락이라도 붙들고 나아가며 쓰러졌다가 일어나고, 고꾸라졌다가 곧추세워지고, 절망했다가 다시 드보라의 역할을 해준 믿음의 선배들로 인해 당신과 나도 여기까지 온 것이 아닌가. 필자는 본문 10절을 아린 마음으로 읽었다.

바락이 스불론과 납달리를 게데스로 부르니 만 명이 그를 따라 올라가고 드보라

바락이 다볼로 갔다. 안 간 것이 아니라 갔다. 비록 하나님의 영광을 드보라에게 빼앗기는 수모를 당했지만 그는 다볼산으로 나아 갔다. 믿음의 현장으로 나아간 것이다. 이 구절은 필자를 감동시키기에 충분했다. 그러기에 서툰 믿음이었기에 온전한 믿음을 붙들려고 하는 행위는 비난받을 행위가 아니라 격려해야 할 믿음이다. 오늘 내가 섬기는 조국 교회에 필요한 것은 믿음 없음에 대한 타박이 아니라 서툰 믿음이라도 가지고 온전한 믿음으로 행군하는 자들을 향한 격려 다. 김기석 목사의 글에서 본 다음의 내용에 밑줄을 그은 적이 있다.

하나님을 믿는다는 것은 여느 사람과 다른 방식으로, 즉 내 눈이 아니라 하나님의 눈으로 사람과 세상을 보는 것입니다.*

---

* 김기석, 『가시는 길에 따라 나서다』 (한국기독교연구소, 2009), 145.

하나님의 생각이 이깁니다
사사기 4:10-16

새길 말씀: 바락이 스불론과 납달리를 게데스로 부르니 만 명이 그를 따라 올라가고 드보라도 그와 함께 올라가니라 모세의 장인 호밥의 자손 중 겐 사람 헤벨이 자기 족속을 떠나 게데스에 가까운 사아난님 상수리나무 곁에 이르러 장막을 쳤더라 아비노암의 아들 바락이 다볼 산에 오른 것을 사람들이 시스라에게 알리매 시스라가 모든 병거 곧 철 병거 구백 대와 자기와 함께 있는 모든 백성을 하로셋학고임에서부터 기손 강으로 모은지라 드보라가 바락에게 이르되 일어나라 이는 여호와께서 시스라를 네 손에 넘겨 주신 날이라 여호와께서 너에 앞서 나가지 아니하시느냐 하는지라 이에 바락이 만 명을 거느리고 다볼 산에서 내려가니 여호와께서 바락 앞에서 시스라와 그의 모든 병거와 그의 온 군대를 칼날로 혼란에 빠지게 하시매 시스라가 병거에서 내려 걸어서 도망한지라 바락이 그의 병거들과 군대를 추격하여 하로셋학고임에 이르니 시스라의 온 군대가 다 칼에 엎드러졌고 한 사람도 남은 자가 없었더라

10절을 주목하자.

바락이 스불론과 납달리를 게데스로 부르니 만 명이 그를 따라 올라가고 드보라도 그와 함께 올라가니라

이 구절에서 주목할 내용이 있다. 왜 바락이 드보라가 명령한

원래의 참전 장소인 다볼산이 아니고 게데스로 갔는가에 대한 해석이다. 약간의 주석이 필요하다. 11절 본문은 당시 가나안과 동맹 관계를 맺고 있는 겐 족속에 속한 헤벨의 무리들이 사아난님 상수리나무 근처에 장막을 쳤다고 보고한다. 이 일은 드보라와 바락이 이끄는 연합군에게는 껄끄러운 일이었다. 헤벨은 모세 장인으로 기록된 호밥(경우에 따라서는 처남)의 족속이었기 때문이다. 연합군이 다볼로 가기 위한 지름길을 택하려면 사아난님을 직접 통과해야 했는데, 그러려면 이들과의 충돌을 피할 수 없었기에 우회의 길인 다볼산의 지척이었던 게데스로 올라간 것이다.

지름길을 택하지 못하고 우회하여 다볼산에 도착한 10,000명의 이스라엘 군사들이 지쳤을 것이라고 판단한 시스라는 그들을 아주 가볍게 여기고 900대의 철 병거로 무장한 강력한 정예 부대를 기손과 하로셋학고임 사이에 진을 치게 했다. 여기까지의 내용을 종합해 본다면 시스라의 강력한 군대가 이기는 것을 의심하는 자는 아무도 없다. 왜? 오합지졸인 이스라엘 군대는 급조된 병력이었고, 시스라의 군대는 정예 병력이었기 때문이다. 군사들의 사기도 비교 불가다. 이미 시스라 군대의 압도적인 판정승을 선언해도 전혀 이상하지 않다. 그런데 결론은 정반대였다. 바락이 이끄는 이스라엘 연합군의 완벽한 승리였고, 정예 병력인 시스라 군대의 완전 패배로 이 전쟁은 끝났다. 어떻게 이런 말도 안 되는 일이 일어났을까? 신앙적인 안목으로 이렇게 해석하는 것을 주저하지 않는다.

"하나님이 이기게 하셨다."

물론이다. 하나님이 이기게 하셨다. 드보라에게 약속하신(삿 4:7) 그 약속을 성취시켜주신 것이다. 그럼에도 불구하고 본문을 통해 세밀하게 주목할 부분이 있다. 이론적으로, 물리적으로 이해가 안 되는 승리를 거둔 이 전쟁에서 이스라엘이 이길 수 있었던 것은 하나님의 생각 때문이었다는 점이다. 13절을 읽자.

> 시스라가 모든 병거 곧 철 병거 구백 대와 자기와 함께 있는 모든 백성을 하로셋학 고임에서부터 기손 강으로 모은지라

시스라의 철 병거 사단이 도착하여 진을 친 곳은 하로셋학고임에서 부터 기손 강가였다. 하로셋학고임은 이스르엘 평지를 의미한다. 그렇다면 전쟁터에서 산전수전을 다 겪은 시스라가 자기의 군대를 이스르엘 평지에서부터 기손 강가에 진을 치게 한 이유는 그의 전투 경험대로 철 병거를 마음껏 이동시키며 자유자재로 사용할 수 있는 최적지가 평원이라고 판단했기 때문일 것이 자명하다. 시스라의 전략 이었다. 동시에 인간의 지략이었다. 그런데 이 인간의 지략은 하나님의 지략 앞에서 도리어 철저한 패배의 도구가 되고 만다. 뒤에서 보게 될 5장의 한 부분을 소개한다. 5장은 바락과 드보라가 승리한 이후에 하나님께 올려드린 찬양의 노래다. 20-21절을 인용한다.

> 별들이 하늘에서부터 싸우되 그들이 다니는 길에서 시스라와 싸웠도다 기손 강은 그 무리를 표류시켰으니 이 기손 강은 옛 강이라 내 영혼아 네가 힘 있는 자를 밟았도다

중요한 정보다. 시스라가 인간의 지략을 갖고 진을 친 바로 그때 하나님은 하나님의 생각을 갖고 하늘에서 싸우셨다. 별들이 하늘에서 싸웠다는 표현이 증거다. 사사기 기자는 번개를 내리셨다고 드보라의 노래를 인용했다. 번개가 칠 때는 반드시 많은 비를 동반한다. 하나님께서는 바로 그날 이스르엘 평원과 기손 강가 지역에 엄청난 비를 내리게 했다. 이미 잘 알려진 대로 기손강은 건기에는 말라 있는 '와디'다. '와디'는 우기 외에는 말라 있는 '개울'이라는 의미를 담고 있는 단어다. 그러나 우기 때는 금방 물이 불어나 사람이 건널 수 없는 강이 되는 곳이 바로 기손 와디였다. 바로 이곳에 엄청난 폭우가 쏟아지도록 하나님은 번개와 비를 동원하셨다. 그 결과 그 땅 이스르엘과 기손 지역은 금방 질퍽질퍽한 땅으로 변했고, 진흙땅으로 변했다. 기동성이 뛰어난 시스라의 철 병거 900대는 무용지물이 되었고, 육지 전투에 능숙한 이스라엘의 군대에게 패하게 된 것이다. 당시 전투가 얼마나 시스라 군대에게 불리하게 펼쳐졌는가를 보여주는 기사가 본문에 담겨 있다. 15절 후반절이다.

시스라가 병거에서 내려 걸어서 도망한지라

그렇게 막강했던 패권자 시스라가 얼마나 급했으면 병거에서 내려 도보로 도망했겠는가? 완전히 나약한 존재로 급전직하한 패장의 모습이다. 제2이사야는 이렇게 선언한다.

이는 내 생각이 너희의 생각과 다르며 내 길은 너희의 길과 다름이니라 여호와의 말씀이니라 이는 하늘이 땅보다 높음 같이 내 길은 너희의 길보다 높으며 내

생각은 **너희의 생각보다 높음이니라**(사 55:8-9)

하나님의 생각이 인간의 생각을 이긴다. 이것을 믿는 것이 신앙이다. 『라틴어 수업』으로 유명세를 탄 한동일 교수가 그의 두 번째 책인 『믿는 인간에 대하여』에서 대단히 중요한 통찰을 던진다.

> Deus non indiget nostri, sed nos indigemus Dei(신이 우리를 필요로 하는 것이 아니라, 우리가 신을 필요로 한다).*

시대가 악할수록 인간이 착각하는 것이 있다. 내가 하나님보다 더 우월하다는 교만이다. 내가 이긴다고 믿는 자들은 하나님을 필요로 하지 않는다. 도리어 하나님이 나를 필요로 할 것이라는 무서운 불신앙이다. 명심하자. 하나님이 이기신다. 하나님이 나를 필요로 하는 것이 아니라 내가 하나님이 필요하다는 것을.

---

* 한동일, 『믿는 인간에 대하여』 (흐름출판, 2021), 242.

주연이 될 것인가,
조연이 될 것인가?

사사기 4:17-22

새길 말씀: 시스라가 걸어서 도망하여 겐 사람 헤벨의 아내 야엘의 장막에 이르렀으니 이는 하솔 왕 야빈과 겐 사람 헤벨의 집 사이에는 화평이 있음이라 야엘이 나가 시스라를 영접하며 그에게 말하되 나의 주여 들어오소서 내게로 들어오시고 두려워하지 마소서 하매 그가 그 장막에 들어가니 야엘이 이불로 그를 덮으니라 시스라가 그에게 말하되 청하노니 내게 물을 조금 마시게 하라 내가 목이 마르다 하매 우유 부대를 열어 그에게 마시게 하고 그를 덮으니 그가 또 이르되 장막 문에 섰다가 만일 사람이 와서 네게 묻기를 여기 어떤 사람이 있느냐 하거든 너는 없다 하라 하고 그가 깊이 잠드니 헤벨의 아내 야엘이 장막 말뚝을 가지고 손에 방망이를 들고 그에게로 가만히 가서 말뚝을 그의 관자놀이에 박으매 말뚝이 꿰뚫고 땅에 박히니 그가 기절하여 죽으니라 바락이 시스라를 추격할 때에 야엘이 나가서 그를 맞아 그에게 이르되 오라 네가 찾는 그 사람을 내가 네게 보이리라 하매 바락이 그에게 들어가 보니 시스라가 엎드러져 죽었고 말뚝이 그의 관자놀이에 박혔더라

사사기 4:9을 읽으며 시작하자.

이르되 내가 반드시 너와 함께 가리라 그러나 네가 이번에 가는 길에서는 영광을 얻지 못하리니 이는 여호와께서 시스라를 여인의 손에 파실 것임이니라 하고 드보라가 일어나 바락과 함께 게데스로 가니라

마지못해 가나안 전투에 참여한 바락에게 드보라가 예언한 말이다. 바락이 시스라와의 전투의 결과 주연이 되지 못할 것에 대한 강력한 암시다. 바락은 이미 군사적인 대결로는 이길 수 없는 기손에서의 싸움에서 대승을 거두었다. 당대 군사적인 면에서 최고 지도자였던 패장 시스라는 무용지물이 된 병거에서 내려 도망길에 오른다. 도보로 도망한 것이다. 그는 자기 목숨을 부지하기 위해 주군인 야빈이 있는 북쪽 게데스를 향하여 도망치고 있었다. 도망하던 중 겐 족속의 사람인 헤벨의 장막 근처에 도착했다. 시스라가 이 집을 택한 이유는 시스라의 주군인 하솔 왕(가나안 왕) 야빈과 겐 사람과는 평화조약을 맺은 사이였기 때문임을 본문 17절이 알려준다. 이런 정치적인 고려로 인해 시스라는 아무런 두려움이 없이 그곳으로 간 것이다. 두려움과 피곤함에 절어 있었던 시스라를 그 집의 안주인 야엘이 안심시켜 집으로 들어오라고 권하는 우호적인 분위기도 시스라에게는 대단히 큰 위로였을 것은 재론의 여지가 없다.

18절을 보면 야엘이 시스라를 '나의 주'라고 호칭할 정도로 호의적이었다. 어디 이뿐인가. 9-20절에 기록된 대로 물을 달라는 요구, 망을 보라는 요구에 야엘은 순종한다. 동시에 야엘은 불안에 떨고 있는 시스라를 숨겨주는 듯한 행동까지 보인다. 이불을 덮어 준 것이다. 본문 21절을 자세히 들여다보면 이런 야엘의 반응 때문에 의심을 내려놓은 시스라가 깊은 잠에 빠지게 되었음을 보고한다. '깊이 잠드니'라고 번역된 히브리어 '라담'(רָדַם)은 '살짝 잠이 든 상태'를 말하는 단어가 아니라 '정신을 차릴 수 없도록 기절한 상태의 숙면에 든 상태'를 말하는 단어다. 어느 정도로 야엘이 시스라를 안심시켰는지를 알 수 있는 대목이다. 그가 깊은 잠이 든 것을 확인한 야엘은 방망이와 말뚝을 가지고 시스라가 잠들어 있는 방으로 들어가 그의 관자놀이에 말뚝을 정확하게 박아 그를 처단한다. 이렇게 야엘이 20년 동안 갖은 패악과 고통을 이스라엘에게 안겨준 시스라를 죽임으로써 가나안과의 전투는 종료된다.

21절까지의 본문 해석이 끝났지만, 필자와 독자인 우리는 어떤 면에서 본문 해석의 가장 압권이라고 할 수 있는 22절에 더 주목해야 한다.

바락이 시스라를 추격할 때에 야엘이 나가서 그를 맞아 그에게 이르되 오라 네가 찾는 그 사람을 내가 네게 보이리라 하매 바락이 그에게 들어가 보니 시스라가 엎드러져 죽었고 말뚝이 그의 관자놀이에 박혔더라

사사기 기자는 바락이 그토록 찾아 헤매던 시스라를 발견하게 되었음을 알린다. 그는 나름대로 대승하게 하신 하나님의 섭리를 보고 기분이 들떠 있었고, 혁혁한 공을 세워 나름대로 이 전쟁의 영웅으로 서고 싶었을 것이 분명하다. 이런 이유 때문에 최선을 다해 시스라의 행방을 찾았을 것이고, 다행히도 시스라의 행적과 신병을 확보하게 되었다. 시스라가 겐 사람 헤벨의 집에 있다는 것을 알게 되었고, 야엘이 그의 신병을 확보하고 있다는 기쁜 소식을 들은 바락은 승리의 쾌거를 상상하며 야엘의 집으로 향했다. 그녀의 집에 도착해서 시스라를 체포하려고 집에 들어서자마자 바락은 엄청난 광경을 목격하게 된다. 관자놀이에 정확히 말뚝이 박혀 죽어 있는 시스라의 시체를 보게 된 것이다. 그를 체포하든지, 아니면 그를 자기 손으로 처단하여 민족적인 영웅의 반열에 서든지 둘 중의 하나를 기대하고 찾아온

야엘의 집에서 바락은 드보라가 예언한 '네가 영광을 얻지 못하리라'는 의미 그대로 전쟁의 영광이 야엘에게로 돌아가고, 바락은 시스라의 시체를 떠안게 되는 수모를 겪게 된 것이다. 바락은 송장 처리 반장으로 전락했다.

하나님의 사역을 감당하는 현장에서 조연인가? 주연인가? 열왕기하 2:7을 읽다가 웃픈 감동이 필자에게 임했던 기억이 생생하다.

> **선지자의 제자 오십 명이 가서 멀리 서서 바라보매 그 두 사람이 요단 가에 서 있더니**

엘리야의 영적 리더십이 엘리사에게 넘어갈 때 같은 선지학교 동문 50명이 엘리야와 엘리사 사이에 일어나고 있는 엄청난 광경을 멀리 서서 바라보는 관객이 되어 있음을 역사서 저자는 밝힌다. 그들의 족적은 '제자 50명'이라는 익명이었고, 철저한 조연들이었다는 것이 선지학교 동문 이력의 전부다. 반면 '하나님은 나의 구원이시다'라는 이름으로 하나님의 역사 무대에 정중앙에 올라선 엘리사는 그날 그 장소에서 주연이었다.

> 석순 1mm가 자라기도 전에 우리 생은 끝나고 동굴 밖은 지금 몇 세기일까.*

나희덕이 인간의 유한성과 짧음을 시성(詩聖)의 마음을 갖고 표현

---

* 나희덕, 『어두워진다는 것』 (창비, 2022), 82.

한 이 문장을 만나서 다짐한 것이 있다. 엑스트라와 같이 의미 없는 인생이 아닌 의미를 지닌 삶의 주연이 되자고. 엑스트라 인생, 너무 아쉽지 않은가!

시체 처리 반장으로 전락한 바락과 같은 조연이 아닌 야엘과 같은 주연으로 훗날 하나님 앞에 설 수 있도록 역사의 현장에서 믿음으로 나아가는 자가 누구인가? 나인가? 너인가? 아니면 그 사람인가? 이왕이면 하나님의 전(全) 역사라는 무대 위에서 엑스트라로 살지 말고 주연으로 살자.

이와 같이

사사기 4:23-24

새길 말씀: 이와 같이 이 날에 하나님이 가나안 왕 야빈을 이스라엘 자손 앞에 굴복하게 하신지라 이스라엘 자손의 손이 가나안 왕 야빈을 점점 더 눌러서 마침내 가나안 왕 야빈을 진멸하였더라

프랑스인들이 가장 존경하는 인물은 '엠마우스'라는 빈민 구호단체를 만들어 약한 자의 편에서 사랑을 실천한 아베 피에르 신부다. 그는 본인의 걸작인 『단순한 기쁨』에서 아주 의미 있는 말을 기록했다.

나는 하나님이 있다고 믿는 것이 아니라 하나님을 믿는다.*

많은 사람이 하나님이라는 존재에 대하여 분석하려고 하는 것이 우리가 살고 있는 시대의 영적 기상도인 것 같다. 필자는 신앙인들이 가져야 하는 상식 중에 이성을 무시하지 않으려는 태도를 중요하게 생각하며 목회를 해왔다. 그래야 신앙인이라는 이름을 가진 사람들로 이끌 수 있고 양육할 수 있으며, 천박해지지 않는다고 믿었기 때문이다. 그럼에도 불구하고 필자가 아베 피에르 신부의 이 촌철살인을 마음에

---

* 아베 피에르/백선희 역, 『단순한 기쁨』 (마음산책, 2017), 92.

담아둔 것은 신앙적인 삶이라는 것이 하나님의 유무에 대하여 분석하는 삶이 아니라, 하나님이라는 나의 주군에 대한 전 존재를 신뢰하는 것이라고 동의했기 때문이다.

신앙인들은 하나님의 무엇을 신뢰해야 할까? 이 질문은 상당히 많은 신학적 논쟁이나 토론거리를 야기할 수 있는 테제이겠지만, 필자는 그중에서도 하나님의 **성실하심**(헤세드)을 신뢰해야 한다고 생각한다. 하나님의 성실하심은 인간이 따라잡을 수 없는 논외의 영역이다. 그러기에 피조된 우리는 성실하신 그분을 믿음의 시각으로 신뢰할 수밖에 없다. 본문을 복기해보자.

> 이와 같이 이 날에 하나님이 가나안 왕 야빈을 이스라엘 자손 앞에 굴복하게 하신지라 이스라엘 자손의 손이 가나안 왕 야빈을 점점 더 눌러서 마침내 가나안 왕 야빈을 진멸하였더라

사사기 기자가 본문에서 하나님이 행하셨던 3가지의 일을 열거하고 있다.

① 가나안 왕 야빈을 굴복하게 하셨다.
② 이스라엘이 가나안 왕 야빈을 점점 더 눌러갔다.
③ 마침내 가나안 왕 야빈을 진멸하였다.

같은 일처럼 보이는 이 세 가지 일하심을 열거한 사사기 기자의 의도는 과연 무엇이었을까? 일을 행하신 주체가 하나님이심을 강조하고 싶어서였을 게다. 이 정도의 의미 파악은 사사기에 익숙한 웬만한

독자들이라면 누구든지 가늠할 수 있다. 필자는 이런 이미 익숙한 이해와 더불어 한 가지 사실에 더 주목하고 싶다. 22절과 23절을 이어주는 가교역할을 하는 단어 '이와 같이'다. 하나님께서 드보라 사사에게 약속하신 내용이 있었다. 가나안 왕 야빈의 군대 장관 시스라를 네 손에 넘겨주겠다는 약속이었다. 이 약속의 결과를 보여주는 단어가 바로 본문에 기록된 '이와 같이'다. 하나님은 선포하신 말씀 그대로 '이와 같이' 이스라엘 백성들이 승리하도록 약속을 지켜주셨다. 공수표를 남발하는 인간들의 자화상과는 달리 하나님은 하나님만의 성실하심을 토대로 그 약속을 지켜주셨다. 아주 정확하게 그리고 신실하게 지키셨다. 그 결과물이 필자에게 이렇게 적용되었다.

하나님의 성실하심이라는 속성이 나를 그분의 포로로 살게 하셨다. 필자는 금년이 목회를 시작한 지 33년이 되는 해다. 30년이 넘는 세월을 목회 현장에서 살아온 목회자들은 아마도 나와 같이 대동소이하게 의견의 일치를 보이는 것이 있다.

사람은 변하지 않는다.

아마도 이렇게 정의를 할 때 필자의 의견에 강하게 반대하는 독자들은 곧바로 그렇다면 당신은 왜 목회를 하는가라고 반문할 것이다. 인정한다. 그래서 궁색하지만 한마디 의견을 개진해야 할 것 같다.

사람을 변화시키기 위해 목회를 하는 것이 아니라, 내가 변질되지 않기 위해 목회를 한다고 말이다. 내가 목사로 사역하는 이유는 건방지게 사람을 변화시키기 위해서가 아니라 주군이신 하나님의 성실하심을 믿기 때문이요, 나 스스로부터가 변하지 않는 기질의 죄성을 가진 자이지만 그럼에도 불구하고 나를 품어주시고 안아주시는 하나님의 성실하심 때문이라고 답하고 싶다. 그러므로 사람이 변하고, 변하지 않고는 철저히 주군의 소관임을 인정하는 것이 목회다.

신앙이란 내가 주군에게로 가는 것이 아니라 주군이 나에게로 날마다 성실하심으로 다가오는 것을 믿는 것이다. 하나님은 변하지 않는 나를 괘념치 않으시고 언제나, 항상, 늘 품어주시기 위해 내 곁으로 오신다. 어느 날 요한복음 13:1을 읽다가 한 단어 때문에 울어버렸다.

유월절 전에 예수께서 자기가 세상을 떠나 아버지께로 돌아가실 때가 이른 줄 아시고 세상에 있는 자기 사람들을 사랑하시되 끝까지 사랑하시니라

'끝까지'라는 성실하심으로 나를 사랑하시는 하나님이 내 주군 되심을 선포하며 찬양한다.

노래할 이유 있네 (1)

사사기 5:1-5

새길 말씀: 이 날에 드보라와 아비노암의 아들 바락이 노래하여 이르되 이스라엘의 영솔자들이 영솔하였고 백성이 즐거이 헌신하였으니 여호와를 찬송하라 너희 왕들아 들으라 통치자들아 귀를 기울이라 나 곧 내가 여호와를 노래할 것이요 이스라엘의 하나님 여호와를 찬송하리로다 여호와여 주께서 세일에서부터 나오시고 에돔 들에서부터 진행하실 때에 땅이 진동하고 하늘이 물을 내리고 구름도 물을 내렸나이다 산들이 여호와 앞에서 진동하니 저 시내 산도 이스라엘의 하나님 여호와 앞에서 진동하였도다

4장에 주인공으로 그려진 드보라 사사시대의 글들을 통해 20년이라는 긴 세월 동안 이스라엘을 통치하던 가나안의 손에서 건지신 하나님의 일하심을 살폈다. 더불어 이 일하심이 드보라 사사와 그의 조력자 바락을 통해 이루어졌음도 알게 되었다. 도저히 이길 수 없는 상대를 이길 수 있었던 것은 두 사람의 지혜와 지략이 뛰어났기 때문이 아니라 하나님의 간섭하심 때문이었음도 나눴다. 이제 살피게 될 5장은 전적인 하나님의 은혜로 승리를 쟁취한 두 사람이 그 하나님의 일하심을 높여드리며 그분을 찬양하는 노래다. 1-3절을 살피자.

이 날에 드보라와 아비노암의 아들 바락이 노래하여 이르되 이스라엘의 영솔자들이 영솔하였고 백성이 즐거이 헌신하였으니 여호와를 찬송하라 너희 왕들아 들으

라 통치자들아 귀를 기울이라 나 곧 내가 여호와를 노래할 것이요 이스라엘의
하나님 여호와를 찬송하리로다

영광의 찬양이다. 그렇다면 이렇게 하나님을 노래한 구체적인
이유를 들여다보자. 4-5절은 이렇게 보고한다.

여호와여 주께서 세일에서부터 나오시고 에돔 들에서부터 진행하실 때에 땅이
진동하고 하늘이 물을 내리고 구름도 물을 내렸나이다 산들이 여호와 앞에서
진동하니 저 시내 산도 이스라엘의 하나님 여호와 앞에서 진동하였도다

이 구절에 대해서 필자가 학문적 기초가 튼튼한 해석을 했다고
동의한 석의(exegesis)는 트렌트 버틀러의 해석이다. 그는 4-5절을
'신현현'(Theophany)의 차원으로 접근하며 해석했다.

이 사건은 하나님께서 이스라엘을 돕기 위해 에돔(세일은 에돔의 옛 이
름)산에서부터 오시는 것에 관한 것이거나, 혹은 새롭게 단장한 변형된
형태를 제시한 것으로 보이는데, 이는 가나안 사람들의 병거 소리를 야웨
하나님의 발걸음 소리와 비교하기 위해서 그리고 비를 주시는 것은 전쟁
에서 패주하는 것과 비교하기 위해서 사용된 표현으로 여겨진다.*

버틀러의 말대로 드보라와 바락이 노래한 이유를 적용해보자.
분명 바락은 시스라 군대와의 운명을 건 접전이 벌어진 다볼산 전투에

---

* 트렌트 버틀러/조호진 역, 『WBC 주석 8, 사사기』 (솔로몬, 2011), 382.

서 중과부적의 열세를 극복하고 승리를 거머쥐었다. 그러나 바락은 월등한 군사력과 인간적인 탁월한 전술로 인해서 승리한 것이 아니라, 그 전투 장소로 직접 내려오셔서(현현하심) 전쟁을 이기게 해주신 하나님의 그 일하심 때문임을 알고 있었다. 바락이 그 감격을 회상하며 부른 승리의 노래가 본문이다. 이 주석적 근거를 토대로 본문에서 추출할 수 있는 영적인 테마는 이렇게 정의할 수 있다.

우리 그리스도인들이 내 삶의 현장에서 하나님을 노래할 이유는 나에게 오늘도 민감하게 임재하시는 현재적 성육신의 은혜 때문이라는 것이다. 필자는 목회 현장에서 30여 년 동안 함께 울고 웃으며 하나님께서 위탁해 주신 양들과 함께 동고동락했다. 목회 현장은 목회의 경험이 없는 제삼자가 볼 때 너무나 평이하게 보일 수 있다. 또 극단의 표현일지 모르겠지만 이런 이유 때문에 혹자들이 이렇게 말하는 무례를 범할 때가 있다. "목회처럼 쉬운 일이 어디 있느냐"고.

물론 필자의 철저한 개인적이며 주관적인 경험의 판단이라는 취약점이 있다는 것을 전제한 토로이지만, 백번을 양보한다손 치더라도 분명한 것은 누군가의 말처럼 목회는 그렇게 녹록한 것이 아니다.

지난 세월 동안 목회 현장에서 성도들을 품고 참 많이 울었다. 성도들이 당한 예기치 않은 고난을 보면서 그들을 부둥켜안고 울었다. 때로는 도무지 이해할 수 없는 하나님의 방식 때문에 거친 항의를 주군에게 퍼붓기도 했다. 목사라는 한 가지 이유 때문에 이론적으로 설명되지 않는 억울함에 내장을 터지게 한 비수가 수없이 심장에 박혔지만, 참음으로 인내한 고비들은 책으로 출간할 만큼 많다. 이런 인간적인 한계로 인하여 하나님께는 너무나 죄송하고 송구스럽지만 목사 로브(robe)를 벗고 그냥 목회 현장을 떠나야겠다고 다짐한 것도 여러 차례였다. 그런데도 오늘의 나를 보면 이 치열한 현장을 떠나지 않고 머물러 있다. 그것은 목회 말고는 입에 풀칠할 수 있는 것이 없어서라는 상황 때문이 아니다. 목회 현장이 인간적으로 매력적인 곳이기 때문은 더더욱 아니다. 치열한 목회 현장을 붙들고 있는 이유는 나의 현장에서 고통과 아픔이 있을 때마다 언제나 항상 늘 여전히 나에게 찾아오시는 주 예수 그리스도의 현재적 성육신의 은혜가 나를 머물게 했다. "내가 언제나 너의 곁에 있다"는 주님의 이 은혜 한 가지가 현재까지 필자로 하여금 철저한 주님의 도구로 살게 한 이유다. 더불어 이 은혜가 오늘도 내가 노래할 이유다.

이 노래할 이유이자 은혜는 필자만의 것이 아니다. 너와 나 모두의 것이기도 하다. 주군이신 예수 그리스도는 오늘도 나와 당신에게 현재적으로 성육신하셔서 함께하시는 분이다. 그분을 향한 노래가 중단되지 말아야 하는 결정적인 이유다.

하늘 문이 열리면 노래할 이유 있네 / 놀라운 일 그곳에 있으리 노래할 이유 있네 /그의 곁에 있으면 노래할 이유 있네

어린 시절 목청 높여 노래했던 이 찬양의 가사는 현재진행형이어야 한다.

노래할 이유 있네 (2)

사사기 5:6-11

새길 말씀: 아낫의 아들 삼갈의 날에 또는 야엘의 날에는 대로가 비었고 길의 행인들은 오솔길로 다녔도다 이스라엘에는 마을 사람들이 그쳤으니 나 드보라가 일어나 이스라엘의 어머니가 되기까지 그쳤도다 무리가 새 신들을 택하였으므로 그 때에 전쟁이 성문에 이르렀으나 이스라엘의 사만 명 중에 방패와 창이 보였던가 내 마음이 이스라엘의 방백을 사모함은 그들이 백성 중에서 즐거이 헌신하였음이니 여호와를 찬송하라 흰 나귀를 탄 자들, 양탄자에 앉은 자들, 길에 행하는 자들아 전파할지어다 활 쏘는 자들의 소리로부터 멀리 떨어진 물 긷는 곳에서도 여호와의 공의로우신 일을 전하라 이스라엘에서 마을 사람들을 위한 의로우신 일을 노래하라 그 때에 여호와의 백성이 성문에 내려갔도다

드보라와 바락은 철 병거로 무장한 시스라 군단과의 싸움을 하나님의 도우심으로 인해 승리하는 감격을 맛보았다. 이 승리는 하나님이 직접 드보라와 바락을 찾아와서 이루신 승리임을 알고 두 사람이 하나님의 찾아오심에 대하여 노래한 것이 1-5절이었음을 살폈다. 이어지는 6-11절을 자세히 묵상하면 두 사람의 또 다른 찬양의 이유를 알게 된다.

1. 이길 수 없는 전쟁을 이기게 해주신 하나님을 노래한 것이었다

6-8절을 읽어보자.

아낫의 아들 삼갈의 날에 또는 야엘의 날에는 대로가 비었고 길의 행인들은 오솔길로 다녔도다 이스라엘에는 마을 사람들이 그쳤으니 나 드보라가 일어나 이스라엘의 어머니가 되기까지 그쳤도다 무리가 새 신들을 택하였으므로 그 때에 전쟁이 성문에 이르렀으나 이스라엘의 사만 명 중에 방패와 창이 보였던가

드보라가 선지자로 활동할 당시 이스라엘의 상황은 정말로 어려운 시기였다. 삼갈과 야엘이 사사로 있을 때 이방의 지배를 받고 있었던 터라 큰길은 아예 다닐 수가 없어서 오솔길로 다녀야만 했다. 지배국이 었던 가나안이 철저히 이스라엘 사람들의 큰길 통과를 통제했기 때문이다. 현실이 이 지경이었는데 이스라엘은 국가적인 지도자들이 나타나지 않았다. 본문에 기록된 사사인 삼갈과 야엘이 있었지만 그들은 특별히 어떤 뛰어난 활동을 하는 리더십을 가진 자들이 아니었다. 사사기 기자는 본문 7절에서 드보라가 일어나기까지 이스라엘 신앙 공동체의 무기력함을 이렇게 말했다.

이스라엘에는 마을 사람들이 그쳤으니 나 드보라가 일어나 이스라엘의 어머니가 되기까지 그쳤도다

설상가상으로 철 병거 900대로 무장한 시스라의 군대에 비하면 이스라엘의 군사력은 오합지졸이었다. 숫자로 그려진 인원이 40,000

명이라고 명시되었지만, 그들은 방패와 창이 없는 무기력한 군대였다. 사정이 이 모양새이니 어떻게 가나안의 군사와 맞붙을 수 있었겠는가. 이미 전쟁의 결과는 보나 마나이다. 하지만 주목할 것은 이렇게 보나 마나한 전쟁에서 이스라엘이 이겼다는 것이다. 본문에서 이길 수 없는 전쟁에서 이기게 하신 하나님을 찬양하는 드보라와 바락의 노래는 그러므로 너무나 마땅하고 감격적이다.

2. 두 사람은 보편적 은혜를 주신 하나님을 노래한다

9-11절에 주목해보자.

> 내 마음이 이스라엘의 방백을 사모함은 그들이 백성 중에서 즐거이 헌신하였음이니 여호와를 찬송하라 흰 나귀를 탄 자들, 양탄자에 앉은 자들, 길에 행하는 자들아 전파할지어다 활 쏘는 자들의 소리로부터 멀리 떨어진 물 긷는 곳에서도 여호와의 공의로우신 일을 전하라 이스라엘에서 마을 사람들을 위한 의로우신 일을 노래하라 그 때에 여호와의 백성이 성문에 내려갔도다

드보라와 바락이 이기게 하신 하나님을 높이며 찬양해야 마땅하다고 독려하고 있는 대상자들을 열거해보자. 흰 나귀를 탄 자들, 양탄자에 앉은 자들, 길에 행하는 자들이다. 활 쏘는 자들의 소리가 있는 곳에 있는 자들과 그 소리로부터 멀리 떨어진 물을 긷는 곳에서 있는 자들에게 찬양할 것을 도전한다.

흰 나귀를 탄 자와 양탄자에 앉은 자는 당시 부유층이다. 길을 걷는 자들은 가난한 자들이고, 활 쏘는 자들의 소리가 있는 곳은

당연히 전쟁터다. 그곳에서 멀리 있어 물을 긷는 사람들이 있는 곳은 안전한 안식처다. 다시 말해 부자, 가난한 자, 전쟁하는 군사, 전쟁과는 상관이 없이 평화를 누리고 있는 자까지 포함하여 모두가 하나님을 노래해야 함을 여호와께서 명령하셨다는 것을 강조한다. 하나님의 이기게 하심, 하나님의 구원하심은 특권층에게만 해당하는 것이 아니라 남녀노소 모두에게 임하는 것이다. 빈부에 상관없이 임한다. 지식의 높고 낮음과 상관없이 임하며, 지위의 고하를 따지지 않는다. 하나님의 은혜는 보편적으로 임한다. 노래할 일이 많지 않은 시대에 살고 있기는 하지만, 이기게 하시는 하나님, 보편적으로 은혜를 주시는 하나님을 노래하자. 노래할 나의 대상은 이런 은혜를 주신 하나님이시다. 시인이 그래서 이렇게 노래했나 보다.

> 너희 용들과 바다여 땅에서 여호와를 찬양하라 불과 우박과 눈과 안개와 그의 말씀을 따르는 광풍이며 산들과 모든 작은 산과 과수와 모든 백향목이며 짐승과 모든 가축과 기는 것과 나는 새며 세상의 왕들과 모든 백성들과 고관들과 땅의 모든 재판관들이며 총각과 처녀와 노인과 아이들아 여호와의 이름을 찬양할지어다 그의 이름이 홀로 높으시며 그의 영광이 땅과 하늘 위에 뛰어나심이로다 그가 그의 백성의 뿔을 높이셨으니 그는 모든 성도 곧 그를 가까이 하는 백성 이스라엘 자손의 찬양 받을 이시로다 할렐루야(시 148:7-14)

아마도 드보라의 이 찬양의 진정성을 알았던 토마스 아 켐피스도 이렇게 고백하지 않았나 싶다.

그러므로 당신을 사랑하고, 당신이 주신 은총을 알고 있는 사람은 당신이

예비하신 영원한 즐거움보다 더 크고 기쁘게 여기는 일이 없습니다.[*]

　하나님은 나의 기쁨의 원류이기에 주님을 노래하는 것은 성도가
살아가야 할 당위이다.

---

[*] 토마스 아 켐피스/유재덕 역, 『그리스도를 본받아』(브니엘, 2016), 140.

하나님의 사역 라인에서 벗어나지 말자

사사기 5:12-23

새길 말씀: 깰지어다 깰지어다 드보라여 깰지어다 깰지어다 너는 노래할지어다 일어날지어다 바락이여 아비노암의 아들이여 네가 사로잡은 자를 끌고 갈지어다 그 때에 남은 귀인과 백성이 내려왔고 여호와께서 나를 위하여 용사를 치시려고 내려오셨도다 에브라임에게서 나온 자들은 아말렉에 뿌리 박힌 자들이요 베냐민은 백성들 중에서 너를 따르는 자들이요 마길에게서는 명령하는 자들이 내려왔고 스불론에게서는 대장군의 지팡이를 잡은 자들이 내려왔도다 잇사갈의 방백들이 드보라와 함께 하니 잇사갈과 같이 바락도 그의 뒤를 따라 골짜기로 달려 내려가니 르우벤 시냇가에서 큰 결심이 있었도다 네가 양의 우리 가운데에 앉아서 목자의 피리 부는 소리를 들음은 어찌 됨이냐 르우벤 시냇가에서 큰 결심이 있었도다 길르앗은 요단 강 저쪽에 거주하며 단은 배에 머무름이 어찌 됨이냐 아셀은 해변에 앉으며 자기 항만에 거주하도다 스불론은 죽음을 무릅쓰고 목숨을 아끼지 아니한 백성이요 납달리도 들의 높은 곳에서 그러하도다 왕들이 와서 싸울 때에 가나안 왕들이 므깃도 물가 다아낙에서 싸웠으나 은을 탈취하지 못하였도다 별들이 하늘에서부터 싸우되 그들이 다니는 길에서 시스라와 싸웠도다 기손 강은 그 무리를 표류시켰으니 이 기손 강은 옛 강이라 내 영혼아 네가 힘 있는 자를 밟았도다 그 때에 군마가 빨리 달리니 말굽 소리가 땅을 울리도다 여호와의 사자의 말씀에 메로스를 저주하라 너희가 거듭거듭 그 주민들을 저주할 것은 그들이 와서 여호와를 돕지 아니하며 여호와를 도와 용사를 치지 아니함이니라 하시도다

본문은 두 번에 걸쳐 살펴본바 드보라와 바락이 철 병거 900대로

무장한 시스라의 막강 군단을 물리쳐 이기게 하신 하나님을 연이어 찬양하고 있는 내용이다. 특히 눈여겨볼 대목이 있다. 드보라와 바락이 두 부류를 냉정하게 구분하고 있다는 점이다. 하나의 부류는 드보라와 바락이 시스라와 전투할 때 함께 전투에 참여한 지파이고 또 한 부류는 전혀 전투에 참여하지 않은 지파를 소개한다. 전자는 에브라임, 베냐민, 요단강 서쪽의 므낫세 반지파(마길), 스블론, 잇사갈, 납달리 지파 등인데 그중에 잇사갈 지파에서는 뛰어난 전략을 가진 지도자들과 장군들이 전쟁에 직접 참여하여 도움을 주었다고 술회한다. 더불어 스불론, 납달리의 형제들은 죽음을 무릅쓰고 생명을 다해 전투에 임하였음을 독자들에게 알린다(14-15, 18절).

반면 후자는 16-17절에 소개된 지파인 르우벤, 단, 아셀, 길르앗으로 기록된 요단 동쪽의 또 다른 므낫세 반지파와 갓 지파다. 이들은 시스라 군대와의 전투를 통해 동료 지파가 목숨을 걸고 공동체를 지키려고 하는 싸움에 방관한 자들이었다. 특히 큰형 지파인 르우벤은 처음과 마지막의 마음이 달랐다. 초기에는 전쟁에 참여하기로 마음을 먹었지만 전쟁이 진행되는 것을 보면서 생각이 바뀌었다. 초심이 변한 것이다. 또한 길르앗과 단과 아셀 지파는 아예 딴 나라였다. 전혀 상관없는 이방인과도 같은 비겁함을 보였다고 고발한다. 하나님이 참여하신 역사를 방관하는 치명적인 죄를 범한 것이다. 그 결과 이들 지파의 후대가 당해야 했던 결과들을 성경의 역사는 분명히 우리에게 알려준다. 아셀 지파는 기드온 사사 때 잠깐 역사의 무대에 선을 보일 뿐 역사에서 사라진다. 또한 단 지파는 미가가 만든 우상숭배에 몰두하는 버림받은 지파가 되고, 므낫세 반지파와 갓 지파는 반복되는 외세의 침략을 받고 그들의 말발굽에 짓밟히는 수모를 당하게 되는 역사를 맛본다.

가나안 왕 야빈의 군대 장관이었던 시스라와 벌인 기손 강가 전투는 이런 이스라엘 신앙 공동체 간의 미묘한 역사적인 배경을 갖고 있다. 불행히도 양분되어 있었던 역사를 성경은 고증한다. 그러나 초기 가나안 정착 시기의 이스라엘 신앙 공동체가 이런 우여곡절을 갖고 있었지만, 그럼에도 불구하고 분명히 기억해야 할 성경적 증언이 하나 있다. 하나님이 이스라엘을 이기게 하셨다는 증언이다. 이스라엘의 형편이 이렇게 불완전한 상태였지만 하나님이 이 전쟁을 이기게 하셨다. 바로 이 대목에서 이 글을 읽는 독자들이 기억해야 할 것이 있다. 하나님의 전(全) 역사는 하나님의 계획대로 진행된다는 점이다. 하나님은 상황에 밀리지 않으신다. 다시 말해 인간들의 정황으로 인해 실수하지 않으신다. 하나님은 시행착오를 하지 않는다. 이것을 믿고 인정한다면 우리가 반드시 결심해야 할 것이 있다.

하나님의 사역 라인에서 탈락되지 말아야 한다. 느헤미야 3장을 보면 느헤미야의 철저한 영적인 준비와 기도에 힘입어 성벽 재건이라는 위대한 사역이 이루어질 때 함께 동역한 사람들의 이름과 사역 내용이 상세히 기록되어 있다. 무려 75명의 사람과 15개의 직업을 가진 자들이 이 위대한 일을 감당한다. 특히 3장에 유독 눈에 띄는 대목이 있다. 느헤미야 3:5이다.

> 그 다음은 드고아 사람들이 중수하였으나 그 귀족들은 그들의 주인들의 공사를 분담하지 아니하였으며

드고아 출신의 귀족들은 이 일에 방관했다는 고발이 등장한다. 모두가 노력했는데 드고아의 귀족만은 열외였다. 이들은 식자층이었다. 물질적으로도 상류층에 있는 사람이었다. 그들은 하나님의 사역에 방관자였고, 낙오자들이었다. 하나님의 일보다 자기들의 물질과 지식이 우선순위였기 때문이다. 재강조하거니와 드고아의 일반 서민들은 예루살렘의 성벽을 재건하는 데 모두 함께 힘을 모았는데 귀족들은 부담에 동참하지 않았다. 하나님의 역사를 이루는 것이 자신들의 이기적 속성에 별로 영향을 주지 못한다고 여겼기 때문이다. 더 솔직한 말로 언급한다면 귀찮았다는 것이다. 그러기에 그들은 팔짱을 끼고 성벽 사역이 어떻게 진행되는가를 엿보는 방관자가 된 것이다. 불행한 인생들이 아닐 수 없다.

언젠가 어느 책에서 디트리히 본회퍼가 감옥에 수감되어 있을 때 말했던 내용의 글을 읽은 적이 있다.

"나에게 가장 큰 고통은 이렇게 무시무시한 비극이 일어나고 있음에도 감옥 창밖에서 아무런 일도 일어나지 않는 무감각이다."

하나님의 사역에 무감각하지 않기를 기대한다. 하나님의 일하심에 무반응하지 않기를 바란다. 그러기 위해서는 하나님의 사역 라인 안에 있어야 한다. 다시 질문하자. 나는 지금 하나님의 라인 안에 서 있는가, 아니면 라인 밖에 서 있는가? 하나님의 선 안에 있을 때, 하나님은 비로소 나를 위해 일하신다.

메튜 폭스는 13~14세기에 걸쳐 활동했던 영성 신비가인 마이스터 엑카르트의 말을 인용하는데 촌철살인이다.

"하느님은 피조물이 끝나는 곳에서 시작한다."*

하나님이 나를 위해서 일하시기를 기대하는가? 그렇다면 내 끝도 주군의 라인 안에 있어야 한다.

---

* 메튜 폭스/김순현 역, 『마이스터 엑카르트는 이렇게 말했다』 (분도출판사, 2006), 309.

노래할 이유 있네 (3)
사사기 5:24-31

새길 말씀: 겐 사람 헤벨의 아내 야엘은 다른 여인들보다 복을 받을 것이니 장막에 있는 여인들보다 더욱 복을 받을 것이로다 시스라가 물을 구하매 우유를 주되 곧 엉긴 우유를 귀한 그릇에 담아 주었고 손으로 장막 말뚝을 잡으며 오른손에 일꾼들의 방망이를 들고 시스라를 쳐서 그의 머리를 뚫되 곧 그의 관자놀이를 꿰뚫었도다 그가 그의 발 앞에 꾸부러지며 엎드러지고 쓰러졌고 그의 발 앞에 꾸부러져 엎드러져서 그 꾸부러진 곳에 엎드러져 죽었도다 시스라의 어머니가 창문을 통하여 바라보며 창살을 통하여 부르짖기를 그의 병거가 어찌하여 더디 오는가 그의 병거들의 걸음이 어찌하여 늦어지는가 하매 그의 지혜로운 시녀들이 대답하였겠고 그도 스스로 대답하기를 그들이 어찌 노략물을 얻지 못하였으랴 그것을 나누지 못하였으랴 사람마다 한두 처녀를 얻었으리로다 시스라는 채색 옷을 노략하였으리니 그것은 수놓은 채색 옷이리로다 곧 양쪽에 수놓은 채색 옷이리니 노략한 자의 목에 꾸미로다 하였으리라 여호와여 주의 원수들은 다 이와 같이 망하게 하시고 주를 사랑하는 자들은 해가 힘 있게 돋음 같게 하시옵소서 하니라 그 땅이 사십 년 동안 평온하였더라

이미 4장에서 살펴본 대로 간신히 목숨을 연명한 시스라는 이전부터 좋은 유대관계를 유지했던 겐 사람 헤벨의 아내인 야엘의 장막으로 도피하는 데 성공한다. 그러나 그곳에서 그는 야엘의 계획에 의해 살해되었다. 그 내용을 소상히 밝히고 이 사역을 감당한 야엘을 응원하며 드보라는 노래하고 있다. 25-27절을 나누자.

시스라가 물을 구하매 우유를 주되 곧 엉긴 우유를 귀한 그릇에 담아 주었고 손으로 장막 말뚝을 잡으며 오른손에 일꾼들의 방망이를 들고 시스라를 쳐서 그의 머리를 뚫되 곧 그의 관자놀이를 꿰뚫었도다 그가 그의 발 앞에 꾸부러지며 엎드러지고 쓰러졌고 그의 발 앞에 꾸부러져 엎드러져서 그 꾸부러진 곳에 엎드러져 죽었도다

이 노래를 부른 뒤에 드보라는 갑자기 무대를 바꾼다. 시스라의 모친을 무대의 한복판으로 초대하여 이스라엘의 승리를 상대적으로 고무시킨다. 드보라의 인용을 살펴보자. 28절이다.

시스라의 어머니가 창문을 통하여 바라보며 창살을 통하여 부르짖기를 그의 병거가 어찌하여 더디 오는가 그의 병거들의 걸음이 어찌하여 늦어지는가 하매

아들이 전쟁에서 승리하고 돌아올 때가 되었는데 돌아오지 않음을 염려하고 있다는 것을 암시한다. 벌써 승전가를 부르며 왔어야 하는데 지체되는 이유가 무엇인가를 묻고 있다. 시스라 모친의 이런 염려에 대하여 그녀의 지혜로운 시녀들이 안심을 시킨다. 30절은 압권이다.

그들이 어찌 노략물을 얻지 못하였으랴 그것을 나누지 못하였으랴 사람마다 한두 처녀를 얻었으리로다 시스라는 채색 옷을 노략하였으리니 그것은 수놓은 채색옷이리로다 곧 양쪽에 수놓은 채색 옷이리니 노략한 자의 목에 꾸미리로다 하였으리라

아마도 시스라 장군이 늦어지는 이유는 노략물을 얻은 것이 너무

많아 그것을 나누기 위해서라는 것이다. 또한 승리한 군대가 차지하는 이권의 하나인 패전국의 처녀들을 나누어 갖는 의례적인 일을 처리하기 위해 늦어질 것이라는 진단이었다. 이 얼마나 황당한 예단인가? 물론 드보라가 이렇게 노래한 것은 그녀의 상상일 것이다. 진짜로 시스라의 모친이 그렇게 했을 것이라는 확신은 없다. 동시에 그녀의 시녀들이 말하는 것도 모두 드보라의 상상의 산물로 여겨진다. 그러나 드보라가 이렇게 상상하며 노래를 한 것은 의도적으로 가나안의 야빈의 나라에 임할 타격을 간접적으로 비꼬고 있음이다. 부차적인 이익은 반대로 시스라 군대를 이긴 이스라엘이 얼마나 엄청난 일을 행한 것인지를 다시 한번 각인시켜주는 효과까지 노린 것이다. 결국 드보라의 노래는 적대국인 가나안에게 절망의 메시지를, 승전한 이스라엘에게는 엄청난 희망을 노래한 것이 된다. 드보라의 노래가 주는 마지막 의미에 접근해보자. 31절을 읽자.

여호와여 주의 원수들은 다 이와 같이 망하게 하시고 주를 사랑하는 자들은 해가 힘 있게 돋음 같게 하시옵소서 하니라 그 땅이 사십 년 동안 평온하였더라

왜 우리는 하나님을 노래해야 할까?

하나님이 나를 이기게 하시기 때문이다. 중과부적의 싸움이었다. 가나안과 이스라엘의 싸움이 그렇다. 누가 보더라도 가나안의 전적인 승리가 예측된 싸움이었다. 하지만 예측은 빗나갔다. 전혀 상상하지 못한 일이 벌어졌다. 이스라엘의 일방적인 승리였기에 말이다. 사람의 관점으로 보면 세속적인 힘이 강한 쪽이 이기는 것이 당연하다. 물리력

과 권력이 있는 자가 승리하는 것이 마땅하다. 총과 칼이 있는 자가 승리하는 것이 마땅하다. 그러나 하나님의 관점은 전혀 다르다. **하나님이 함께하시는 자가 이기는 것이 하나님의 관점이다.**

이런 면에서 본문 31절은 정답이다.

> 여호와여 주의 원수들은 다 이와 같이 망하게 하시고 주를 사랑하는 자들은 해가 힘 있게 돋음 같게 하시옵소서 하니라 그 땅이 사십 년 동안 평온하였더라

이런 면에서 시편 121:6-8도 정답이다.

> 낮의 해가 너를 상하게 하지 아니하며 밤의 달도 너를 해치지 아니하리로다 여호와께서 너를 지켜 모든 환난을 면하게 하시며 또 네 영혼을 지키시리로다 여호와께서 너의 출입을 지금부터 영원까지 지키시리로다

하나님을 노래하자. 하나님은 당신과 나를 이기게 하시는 주군이시다. 김민기 씨가 쓴 〈상록수〉의 마지막 가사에 울컥할 때가 종종 있다.

> 우리 가진 것 비록 적어도 / 손에 손 맞잡고 눈물 흘리니 / 우리 나갈 길 멀고 험해도 / 깨치고 나아가 끝내 이기리라

필자는 이 곡에 전율하지만 내가 느끼는 곡의 감동은 작곡가의 의도와는 약간의 차이가 있다. 아마도 곡을 만든 이는 우리 나갈 길 멀고 험해도 깨치고 나아가 끝내 이길 수 있도록 하는 것이 물리적

단합과 연대라고 믿을 것이다. 목사로 사는 나는 그와는 생각이 조금 다르다. 내가 끝내 이기는 것은 주님이 이기게 하시기 때문이다. 상록수라는 노래를 참 좋아하지만 이 노래가 아무리 좋다 한들 다음의 노래에 비길 수 있으랴!

나의 등 뒤에서 / 나를 도우시는 주 / 때때로 뒤돌아보면 / 여전히 계신 주*

우리나라 그리스도인들이 제일 애창한다는 복음성가 〈나의 등 뒤에서〉 3절 가사의 첫 부분이다. 부를 때마다 나는 눈물짓는다. 내가 이기는 것이 아니라 뒤돌아볼 때마다 여전히 계시는 주군이 이기게 하시기에 이기는 것임을 알기에. 이래저래 중병을 앓는다. 주님이 내게 주시는 이 사랑에 대한 사랑앓이가 나를 벅차게 한다. 그러기에 주님의 이 가르침은 적어도 내게는 벼락이다.

이것을 너희에게 이르는 것은 너희로 내 안에서 평안을 누리게 하려 함이라 세상에 서는 너희가 환난을 당하나 담대하라 내가 세상을 이기었노라(요 16:33)

---

* 최용덕의 〈나의 등 뒤에서〉 3절 가사에서

4부

처음부터 단추를
잘못 맞춘 사사

(6-8장)

JUDGES

의미 없는 땅을 파서야 되겠는가?

사사기 6:1-6

새길 말씀: 이스라엘 자손이 또 여호와의 목전에 악을 행하였으므로 여호와께서 칠 년 동안 그들을 미디안의 손에 넘겨주시니 미디안의 손이 이스라엘을 이긴지라 이스라엘 자손이 미디안으로 말미암아 산에서 웅덩이와 굴과 산성을 자기들을 위하여 만들었으며 이스라엘이 파종한 때면 미디안과 아말렉과 동방 사람들이 치러 올라와서 잔을 치고 가사에 이르도록 토지 소산을 멸하여 이스라엘 가운데에 먹을 것을 남겨 두지 아니하며 양이나 소나 나귀도 남기지 아니하니 이는 그들이 그들의 짐승과 장막을 가지고 올라와 메뚜기 떼 같이 많이 들어오니 그 사람과 낙타가 무수함이라 그들이 그 땅에 들어와 멸하려 하니 이스라엘이 미디안으로 말미암아 궁핍함이 심한지라 이에 이스라엘 자손이 여호와께 부르짖었더라

1절을 보자.

이스라엘 자손이 또 여호와의 목전에 악을 행하였으므로 여호와께서 칠 년 동안 그들을 미디안의 손에 넘겨주시니

유감스럽지만 주목할 단어 '또'는 독자들에게 뭔가 편치 않은 여운을 남긴다. 사사기 1-5장의 범주 안에서 조명해볼 때 이스라엘은 세 번에 걸친 이 사이클의 반복으로 고통당했다. 옷니엘, 에훗, 드보라 사사시대가 그랬다. 이스라엘은 하나님 앞에서 반복적으로 이 악을

행했다. 또, 또, 또 그랬다. 깊이 들여다보면 공통분모가 보인다. 모두가 평안할 때였다는 분모다. 하나님의 은혜로 평화가 이루어질 때 이스라엘은 우상을 찾았다. 그래서 그랬나 보다. 어떤 구약학자는 이스라엘에게 있어서 평온은 축복이 아니라 저주였다는 해석을 한 이유가.

사람에게 평안함이 임하면 그 자체가 은혜요 복이라고 믿고 감사해야 하는데 도리어 그것이 하나님을 떠나는 원인으로 작용한다면 분명히 평안함은 저주다. 같은 이치로 사람에게 있어서 하나님 없이 주어지는 안락한 부유함은 치명적인 독이다.

드보라 이후 무려 40년이라는 세월 동안 이스라엘은 전쟁이 없는 평화의 시대가 이어졌다. 이것이 이스라엘에게는 또다시 하나님께 죄를 짓게 되는 빌미가 되었다. 이렇게 죄를 범하며 하나님을 멀리한 결과 이스라엘에게 내려진 하나님의 징계를 사사기 저자는 본문 1절에서 밝히고 있다. 미디안의 손에 7년 동안 이스라엘이 넘겨졌다는 비극의 모드다. 2절 전반절을 보자.

미디안의 손이 이스라엘을 이긴지라

이 구절이 의미심장하지 않은가? 원래는 어떻게 되어야 정상인가? "이스라엘의 손이 미디안을 이긴지라"가 되어야 정상이다. 그러나 현실은 반대였다. 이스라엘의 손이 이긴 것이 아니라 미디안의 손이 이겼다고 사사기 역사가는 밝힌다. 21세기 교회의 민낯이 필자를 부끄럽게 한다. 세상에게 비참하게 살려달라고 애원하는 교회가 되어 있는 민낯 말이다. 세상에! 세상이 교회를 걱정하다니 이런 참담함이 또 어디에 있나 싶다.

우리 주변을 살펴보면 주군이 손들어주서서 이기는 삶을 살아야 하는데, 반대로 미디안이 손들어주어 이기는 경우가 허다하다. 이것이 한국교회의 현실이자 현대를 살고 있는 성도들의 씁쓸한 자화상이다. 하나님 면전(面前) 의식이 없으면 누구도 예외 없이 이렇게 살 가능성이 농후하다. 본문의 이스라엘이 그랬다. 3-4절은 또 하나님의 면전 의식에서 멀어져 살았던 이스라엘이 경험한 비극을 보고한다.

> 이스라엘이 파종한 때면 미디안과 아말렉과 동방 사람들이 치러 올라와서 잔을 치고 가사에 이르도록 토지 소산을 멸하여 이스라엘 가운데에 먹을 것을 남겨 두지 아니하며 양이나 소나 나귀도 남기지 아니하니 이는 그들이 그들의 짐승과 장막을 가지고 올라와 메뚜기 떼 같이 많이 들어오니 그 사람과 낙타가 무수함이라 그들이 그 땅에 들어와 멸하려 하니 이스라엘이 미디안으로 말미암아 궁핍함이 심한지라 이에 이스라엘 자손이 여호와께 부르짖었더라

하나님을 떠난 목전에서 악을 행한 이스라엘에게 임한 비극은 이상한 비극이었다. 이전의 사사 활동 시대는 이스라엘 신앙 공동체가 와해되었다. 하지만 본문의 이스라엘은 나라가 멸망당한 것이 아니라 나라는 존재한다. 문제는 존재하는 나라가 전혀 위로가 되지 못하고 있다는 데 있다. 이스라엘이 싸우면 백전백패한다. 싸우면 철저히 지는 무기력의 상태가 이스라엘이었다. 이로 인하여 이스라엘은 미디안과 연합국에 의하여 무기력하게 고통을 당했다. 농사를 마쳐서 수확할 때가 되면 미디안이 침공하여 그 수확들을 빼앗아갔다. 먹을 것을 남겨두지 않았다. 심지어 농사를 짓는 짐승들을 강탈해 가기까지

한다. 이 고통을 사사기 기자는 이렇게 표현했다. "궁핍함이 심한지라." 너무 힘든 이 상황을 피하기 위해 이스라엘 백성들이 호구지책으로 택한 방법이 있다. 조금 비참하지만 현실이었으니까 2절을 통해 살펴보자.

> **미디안의 손이 이스라엘을 이긴지라 이스라엘 자손이 미디안으로 말미암아 산에서 웅덩이와 굴과 산성을 자기들을 위하여 만들었으며**

미디안의 고통에서 벗어나기 위하여 이스라엘은 땅굴을 팠다. 그 고통이 얼마나 심했으면 땅굴을 팠을까? 나라가 멸망당한 것이 아니지만 정상적인 삶을 영위할 수가 없었던 저들이 궁여지책으로 짜낸 것이 땅굴 파기였다. 미디안 사람들의 손이 미치지 못하는 곳에 땅굴을 파서 그곳에서 은신하며 사는 길을 택한 것이다. 비참함의 극치다.

의미 없이 땅을 파는 영적 두더지 인생이 되어서야 되겠는가! 그리스도인으로 살면서 의미 없는 인생처럼 비참한 인생이 없다. 하나님의 백성이 하나님을 인식하지 않는 삶, 전혀 의미 없는 인생이다. 김기석의 말을 들어보자.

세상에서 제일 어리석은 사람은 어떤 사람일까? 자기의 유한성을 알지 못하는 사람이라고 생각한다. (중략) 이들은 신이 존재하지 않는다고 말하는 이신론적인 무신론자(theoretical atheists)가 아니라, 유신론을 자처하면서 삶으로 하나님을 부인하는 이들, 즉 실천적 무신론자

(practical atheists)로 산다.*

　가슴에 새기는 삶에 밑줄 치기가 되었으면 좋겠다. 나에게 주어진 이 땅에서의 삶, 두더지 인생이 되지 말고 의미를 찾으려고 노력하는 그리스도인이 되기를 기대한다.

---

* 김기석, 『하늘에 닿은 사랑』 (꽃자리, 2022), 259.

하나님도 어쩔 수 없는 일

사사기 6:7-10

새길 말씀: 이스라엘 자손이 미디안으로 말미암아 여호와께 부르짖었으므로 여호와께서 이스라엘 자손에게 한 선지자를 보내시니 그가 그들에게 이르되 여호와께서 이같이 말씀하시기를 이스라엘의 하나님 내가 너희를 애굽에서 인도하여 내며 너희를 그 종 되었던 집에서 나오게 하여 애굽 사람의 손과 너희를 학대하는 모든 자의 손에서 너희를 건져내고 그들을 너희 앞에서 쫓아내고 그 땅을 너희에게 주었으며 내가 또 너희에게 이르기를 나는 너희의 하나님 여호와이니 너희가 거주하는 아모리 사람의 땅의 신들을 두려워하지 말라 하였으나 너희가 내 목소리를 듣지 아니하였느니라 하셨다 하니라

앞선 사사기 연구에서 이미 살펴본 대로 가나안에 입성한 초기 이스라엘 신앙 공동체의 자화상은, 모세와 여호수아라는 리더십의 연결고리가 끊어지자 하나님과는 전혀 상관없는 자기들 소견에 좋은 대로 막살던 신(新)사사시대인 영적 랜덤의 시대였다. 하나님은 그럴 때마다 징계를 내려 이스라엘이 주변 국가들에 의해 침략당하는 고통이 임하게 했다. 이스라엘은 고통당하는 심판에서 벗어나기 위해 하나님께 회개한다. 하나님은 이렇게 돌이키는 이스라엘을 용서하셔서 그들을 구원하기 위해 들어 쓰신 도구가 바로 사사였음도 나누었다.

본문인 사사기 6장 이전까지만 하더라도 옷니엘, 에훗, 드보라 사사들은 하나님의 부름을 받고 이스라엘 신앙 공동체의 회복과 구원

을 위해 사용된 철저한 도구들이었다. 그러나 전에도 그랬던 것처럼 이스라엘이 다시 습관적으로 하나님을 버리고 죄를 짓자 이를 괘씸하게 여긴 하나님은 이번에는 미디안의 침공을 받게 했다. 미디안의 괴롭힘은 상상을 초월했다. 수확기에 모든 추수한 것들을 빼앗았고, 남은 농사의 수확물들은 짐승들이 강탈할 수 있도록 압박했다. 이런 고통을 7년 동안 어김없이 당하자 그 고통이 극에 달한 이스라엘은 땅굴을 파서 생계를 유지하며 신변의 안전을 구할 수밖에 없는 비참한 지경에 이르게 되었음을 6:2에서 살폈다. 사정이 이렇다 보니 이스라엘은 습관적으로 또다시 하나님께 구원을 요청하기에 이른다.

사사기의 흐름에 따라 이 부분을 해석하면 마땅히 이때쯤이면 하나님이 또다시 사사를 불러서 이스라엘을 구원해주는 것이 수순이다. 하지만 이번만큼은 사정이 달랐다. 사사를 부르지 않는다. 고통 중에 있는 이스라엘을 곧바로 구원하지도 않았다. 하나님은 다른 방법을 택하였다. 사사를 부른 것이 아니라 고통을 호소하는 이스라엘 신앙 공동체에 선지자를 보냈다. 8절 전반절을 보자.

여호와께서 이스라엘 자손에게 한 선지자를 보내시니

왜 이번에는 하나님이 사사를 부르지 않고 선지자를 보냈을까? 8절 후반절에서 10절까지의 말씀을 깊이 새기면 그 답을 찾을 수 있다.

그가 그들에게 이르되 여호와께서 이같이 말씀하시기를 이스라엘의 하나님 내가 너희를 애굽에서 인도하여 내며 너희를 그 종 되었던 집에서 나오게 하여 애굽 사람의 손과 너희를 학대하는 모든 자의 손에서 너희를 건져내고 그들을 너희 앞에서 쫓아내고 그 땅을 너희에게 주었으며 내가 또 너희에게 이르기를 나는 너희의 하나님 여호와이니 너희가 거주하는 아모리 사람의 땅의 신들을 두려워하지 말라 하였으나 너희가 내 목소리를 듣지 아니하였느니라 하셨다 하니라

하나님이 보낸 선지자로 하여금 미디안의 압제와 핍박 속에 있는 이스라엘 신앙 공동체에게 전해진 신탁(oracle)은 두 가지로 분석된다.

① 출애굽을 하게 하신 하나님의 은혜에 대한 망각의 죄를 지적하고 있다(8-9절 전반절).
② 약속의 땅을 거저 주신 하나님의 은혜를 배신한 죄를 지적하고 있다(9-10절).

필자는 이 구절 안에 대단히 중요한 영적 교훈이 담보되어 있음을 발견한다. 하나님도 도무지 어떻게 할 수 없는 경우가 있다는 교훈이다. 어느 때인가?

하나님의 은혜를 잊어버리는 것과 말씀을 듣지 않으려 하는 고의적 범죄가 행해질 때다. 이 두 가지의 경우 하나님도 어쩔 수 없다. 가나안 입성 초기 이스라엘 신앙 공동체가 사사시대에 자행했던 심각하고 치명적인 범죄는 출애굽의 은혜를 고의로 잊으려고 했던 것과 그 출애굽의 주체가 하나님이시라는 사실을 상기하지 않으려는 고의성이었다. 민수기 11:7-9을 만나보자.

만나는 깟씨와 같고 모양은 진주와 같은 것이라 백성이 두루 다니며 그것을

거두어 맷돌에 갈기도 하며 절구에 찧기도 하고 가마에 삶기도 하여 과자를
만들었으니 그 맛이 기름 섞은 과자 맛 같았더라 밤에 이슬이 진영에 내릴 때에
만나도 함께 내렸더라

광야에서 먹을 것이 변변치 않았던 이스라엘 공동체를 위해 하나님
이 내려주신 것이 만나였다. 이스라엘이 만나를 제일 처음 공급받았을
때 이렇게 호평했다.

이스라엘 족속이 그 이름을 만나라 하였으며 깟씨 같이 희고 맛은 꿀 섞은 과자
같았더라 (출 16:31)

그러나 시간이 흐르고 '만나(מָן)'를 먹는 것이 너무 당연한 일로 치
부되던 어느 날, 이스라엘 백성들은 만나를 이렇게 폄훼한다. 민수기
21:5의 보고다.

백성이 하나님과 모세를 향하여 원망하되 어찌하여 우리를 애굽에서 인도해 내어
이 광야에서 죽게 하는가 이 곳에는 먹을 것도 없고 물도 없도다 우리 마음이
이 하찮은 음식을 싫어하노라 하매

만나를 '기름 섞은 과자', '꿀 섞은 과자'라 했던 그들이 '하찮은
음식'으로 변질시켰다. 만나의 맛이 진짜로 그렇게 변했나? 그럴
리가. 만나의 맛이 변한 것이 아니라 이스라엘이 변질된 것이었다.
은혜를 망각한 결과였다. 신앙의 변질은 하나님도 두 손 들게 하는
치명타다. 코로나19 바이러스가 변이되어 심각한 재앙을 주고 있다.

하지만 그리스도인들에게 임하는 더 심각한 재앙은 은혜를 망각하고 고의적으로 하나님의 말씀을 변질시키는 영적인 돌연변이가 되는 것이다. 하나님도 이럴 땐 어쩌실 수 없다. 그래서 팀 켈러가 본인의 독특한 어법으로 고의적으로 하나님을 무시하려는 자들의 면면을 이렇게 표현한 것이 시의적절해 보인다.

> 현대 문화 속에서 사는 이들 역시 하나님이 존재한다는 사실을 어김없이 알고 있지만 스스로 알고 있는 바를 억누르고 있을 뿐이다.*

심정적으로, 영적으로 인정하고 싶은 하나님의 것을 고의적으로 억누르고 있는 자, 하나님도 어쩌실 수 없다.

---

* 팀 켈러/최종훈 역, 『하나님을 말하다』(두란노, 2019), 232.

기다려주시는 하나님

사사기 6:11-18

새길 말씀: 여호와의 사자가 아비에셀 사람 요아스에게 속한 오브라에 이르러 상수리나무 아래에 앉으니라 마침 요아스의 아들 기드온이 미디안 사람에게 알리지 아니하려 하여 밀을 포도주 틀에서 타작하더니 여호와의 사자가 기드온에게 나타나 이르되 큰 용사여 여호와께서 너와 함께 계시도다 하매 기드온이 그에게 대답하되 오 나의 주여 여호와께서 우리와 함께 계시면 어찌하여 이 모든 일이 우리에게 일어났나이까 또 우리 조상들이 일찍이 우리에게 이르기를 여호와께서 우리를 애굽에서 올라오게 하신 것이 아니냐 한 그 모든 이적이 어디 있나이까 이제 여호와께서 우리를 버리사 미디안의 손에 우리를 넘겨주셨나이다 하니 여호와께서 그를 향하여 이르시되 너는 가서 이 너의 힘으로 이스라엘을 미디안의 손에서 구원하라 내가 너를 보낸 것이 아니냐 하시니라 그러나 기드온이 그에게 대답하되 오 주여 내가 무엇으로 이스라엘을 구원하리이까 보소서 나의 집은 므낫세 중에 극히 약하고 나는 내 아버지 집에서 가장 작은 자니이다 하니 여호와께서 그에게 이르시되 내가 반드시 너와 함께 하리니 네가 미디안 사람 치기를 한 사람을 치듯 하리라 하시니라 기드온이 그에게 대답하되 만일 내가 주께 은혜를 얻었사오면 나와 말씀하신 이가 주되시는 표징을 내게 보이소서 내가 예물을 가지고 다시 주께로 와서 그것을 주 앞에 드리기까지 이곳을 떠나지 마시기를 원하나이다 하니 그가 이르되 내가 너 돌아올 때까지 머무르리라 하니라

여호와의 사자가 요아스의 아들인 기드온을 만나기 위해 므낫세 지파에 기업이었던 아비에셀에 속한 오브라라는 지경까지 찾아왔다.

14절을 보면 7년이라는 세월 동안 심각한 미디안 족속의 핍박 아래 땅굴을 파고 살 수밖에 없었던 고통의 이스라엘을 구원하기 위해 사람을 택하셨는데, 바로 그 사람이 오브라에 살고 있었던 기드온이다. 처음으로 기드온을 만난 하나님은 이해가 되지 않는 멘트로 기드온을 부른다.

큰 용사여, 여호와께서 너와 함께 계시도다(12절)

문제는 기드온이 큰 용사가 아니었다는 데 있다. 그는 우상 숭배자였던 요아스의 아들이었다. 어디 그뿐인가? 기드온은 미디안의 핍박이 두려워 조그마한 술틀에 들어가 곡식 낟알을 털고 있는 소인배였지 큰 용사가 아니었다. 그런데도 하나님은 그에게 큰 용사라는 호칭을 붙여주었다. 이유는 한가지다. 하나님의 의지와 뜻이 미디안의 압박하에 있는 이스라엘의 구원이었기에 그를 독려하여 사용하기 위해서다.

하나님은 이렇게 용기를 주면서까지 기드온을 불렀지만 기드온은 그 하나님의 부르심에 응답하기를 꺼리며 트집 잡는 데 집중했다. 13절을 보면 기드온이 세 가지를 하나님께 반문하며 부르심에 응답하지 않는 정황이 기록되었다.

① 하나님께서 이스라엘과 함께한다면 왜 지금 우리 이스라엘이 미디안에 의해 고통받고 있는가?
② 옛적 조상들에게 그리 흔하게 나타나던 기적이 왜 오늘 우리에게는 나타나지 않는 것인가?
③ 작금, 이스라엘의 비참함을 보면 하나님이 이스라엘을 버리신 것이 맞다.

기드온의 반론은 논리가 정연한 것처럼 보인다. 기드온의 반론 제기를 들추다보면 어디서 많이 듣거나 본 것 같은 느낌이 든다. 바로 내가 하나님께 그렇게 대들고 있는 게 사실이기에 말이다. 마음에 내키지는 않았지만 하나님은 기드온의 이 문제 제기에 대하여 시시비비를 가리지 않는다. 다만 적극적으로 자신의 뜻을 기드온에게 관철시키신다.

너를 미디안에게 보낼 터이니 이스라엘을 구원하라(14절)

네가 가면 반드시 내가 너와 함께 할 것이다 뿐만 아니라 네가 한 사람과 싸우는 것처럼 하게 해주리라(16절)

하나님이 이 정도로 물러서서 말했다면 기드온이 알아들을 만도 한데 현실은 전혀 그렇지 않았다. 기드온은 하나님과 시소게임을 벌인다. 내가 예물을 가지고 하나님께로 올 테니 그때까지 떠나지 말고 기다리고 계시다가 당신이 하나님인 징표를 보여달라고 요구한다. 이렇게 경솔한 요구를 하는 기드온에게 하나님이 말씀하신 본문의 마지막 반응이 이렇다.

내가 너 돌아올 때까지 머무르리라(18절 하반절)

쉽게 표현해보자.

"기드온, 너의 부탁을 내가 들어주겠다. 알았다. 기다려주겠다."

하나님은 누군가에 의해 만들어지거나 좌지우지되지 않는 하나님이라고 배웠다. 그는 스스로 존재하는 분이라고도 했다. 사람의 기분에 따라 움직이는 분이 아니다. 하지만 본문을 보면 하나님은 그 반대인 것처럼 보인다. 속도 배알도 다 포기한 나약하기 그지없는 하나님처럼 보이기까지 한다. 왜 이렇게 하나님은 기드온에게 당신의 존재감을 낮추었을까? 고민하며 묵상하다가 너무나 존귀하고 은혜로운 한 가지의 사실을 깨닫고 나니 하나님의 일하심이 감동으로 다가왔다. 하나님이 당신의 생각을 바꾸시는 단 한 가지의 예외 조항을 기드온이 벌이는 시소게임에서 발견했기 때문이다. 하나님이 당신의 뜻과 의지를 바꾸시는 유일한 상황이 있다.

당신의 백성을 구원하실 때다. 하나님은 기드온의 어처구니없는 요구를 수용했다. 그를 미디안의 손에서 이스라엘을 구원할 도구로 결정하셨기에 그리한 것이다. 그림으로 그려보자. '너 돌아올 때까지'의 전제를 갖고 턱 괴고 기드온을 기다리고 계신 하나님, 진짜 하나님 맞으신가? 생각이 여기까지 이르다보니 괜히 눈물이 핑 돈다. 모든 것을 다 내려놓으시고 오직 영혼 구원의 일념으로 기드온을 기다리고 있는 하나님이 바로 나의 하나님이라는 생각이 드니 울컥한다. 모든 자존심을 내려놓은 하나님, 더불어 무한 사랑으로 철없는 나를 기다려주는 하나님, 바로 그분이 나의 하나님이고, 그대들의 하나님이다. 『오래된 새 길』을 보면 이런 글이 있다.

우리는 신이 아픈 어느 날, 곧 예수께서 십자가에서 못 박히시는 그날, 태어났다. 기독교인으로 살아간다는 것은 그 '신의 상처'를 함께 아파하는 삶이다.*

주군의 아파함은 우리를 기다려줌이라는 사랑의 표현에서 절정에
다다른다. 아픔에도 불구하고 나와 그대를 기다려주는 하나님의 그
은혜로 구원받게 된 존재가 바로 우리다. 나는 주님을 얼마나 기다리고
있을까?

* 김기석, 『오래된 새 길』(포이에마, 2012), 237.

아니, 이렇게까지 하실 필요가 있었나요?

사사기 6:17-21

새길 말씀: 기드온이 그에게 대답하되 만일 내가 주께 은혜를 얻었사오면 나와 말씀하신 이가 주되시는 표징을 내게 보이소서 내가 예물을 가지고 다시 주께로 와서 그것을 주 앞에 드리기까지 이 곳을 떠나지 마시기를 원하나이다 하니 그가 이르되 내가 너 돌아올 때까지 머무르리라 하니라 기드온이 가서 염소 새끼 하나를 준비하고 가루 한 에바로 무교병을 만들고 고기를 소쿠리에 담고 국을 양푼에 담아 상수리나무 아래 그에게로 가져다가 드리매 하나님의 사자가 그에게 이르되 고기와 무교병을 가져다가 이 바위 위에 놓고 국을 부으라 하니 기드온이 그대로 하니라 여호와의 사자가 손에 잡은 지팡이 끝을 내밀어 고기와 무교병에 대니 불이 바위에서 나와 고기와 무교병을 살랐고 여호와의 사자는 떠나서 보이지 아니한지라

여호와의 사자로 대변되는 하나님께서 미디안에게 7년 동안 압제를 당하고 있었던 이스라엘을 해방시키시기 위하여 기드온을 찾아가서 자격 미달인 기드온의 어처구니없는 요구를 들어주었다. 하나님께 드릴 예물을 가지고 올 때까지 기다려달라는 기드온의 요구에 하나님이 그렇게 하겠다고 대답한다. 문제는 기드온이 가지고 온 하나님께 드릴 예물이었다. 19절을 보자.

기드온이 가서 염소 새끼 하나를 준비하고 가루 한 에바로 무교병을 만들고

고기를 소쿠리에 담고 국을 양푼에 담아 상수리나무 아래 그에게로 가져다가
드리매

트렌트 버틀러는 기드온의 종교적 상태를 그의 가족과 함께 바알을
숭배하던 자였다고 정의했다.[*] 같은 맥락으로 신학적 해석을 하는
로마대학교 근동연구소 부교수인 알베르토 소긴도 19절에 기록된
기드온이 하나님께 드리겠다고 가지고 온 예물들이 가나안 초기 이스
라엘 신앙 공동체가 하나님께 드리던 순수한 제물들이 아니라, 북쪽에
서 횡행하던 바알리즘에 빠진 자들이 바알에게 바쳤던 제물과 동일하
다고 해석한다.[**] 그렇다면 기드온이 가지고 온 제물은 하나님께는
대단히 역겨운 제물이었음에 틀림없다. 그런데도 하나님께서는 기드
온이 행한 이런 가증스러운 일련의 일들에 대하여 이해할 수 없는
반응을 보이신다.

지난 해석에서 나누었던 것처럼 하나님은 기드온이 제물을 가지고
올 때까지 기다려달라고 요구한 것에 응하셨다. 본문은 그가 가지고
온 우상에게 바칠 때 사용되던 역겨운 제물들은 물론 그것을 바치는
방법에 대하여 일언반구 노하시지 않고 그의 제물들을 수용하셨다는
점에 고개를 갸우뚱할 수밖에 없을 정도로 무덤덤하다. 점입가경은
사사기 6:17에서 기드온이 요구했던 표징, 즉 당신이 하나님이신지에
대한 표징까지도 순순히 이행한다는 점은 놀랍다. 20-21절을 보자.

* 트렌트 버틀러, 『WBC 주석 8, 사사기』, 537.
** 알베르토 소긴/학술부 역, 『국제성서주석, 판관기』(한국신학연구소, 1992), 179.

하나님의 사자가 그에게 이르되 고기와 무교병을 가져다가 이 바위 위에 놓고
국을 부으라 하니 기드온이 그대로 하니라 여호와의 사자가 손에 잡은 지팡이
끝을 내밀어 고기와 무교병에 대니 불이 바위에서 나와 고기와 무교병을 살랐고
여호와의 사자는 떠나서 보이지 아니한지라

무슨 의미일까? 앞에서 언급한 17절 말씀을 다시 한번 곱씹어보자.

기드온이 그에게 대답하되 만일 내가 주께 은혜를 얻었사오면 나와 말씀하신
이가 주되시는 표징을 내게 보이소서

기드온은 지금 자기에게 와서 말하는 하나님이 나의 주가 되는
표징을 보여달라고 요구한 것이다. 이런 기드온의 요구에 그가 드린
제물에 대한 상태와는 별개로 일체의 요구에 불로 현현한 하나님은
스스로 당신이 하나님이라는 것을 보여준 셈이다. 도대체 하나님이
이렇게까지 할 필요가 있었던 것일까? 하나님은 호렙산에서 모세에게
말씀하셨다.

"예흐에 아쉐르 예흐에"(나는 나다).

필자는 이 선언을 하나님이 밝히신 최고의 자기표현이라고 존중해
왔다. 이 표현 안에 담겨 있는 신학적 함의가 너무나 적절하다고 믿었기
때문이다. 하나님은 인간에 의해 좌지우지되지 않는 자존자시다. 결코
인간의 유익에 따라 만들어지거나 또 만들 수 있는 존재가 아니시다.
그러기에 그 어떤 경우에도 스스로 존재하심 그 자체가 하나님의

하나님 되심을 증명한다는 대단히 중요한 신학적 의미라고 이해했고 또 지금도 그렇게 이해한다. 정황이 이런데 기드온과의 만남을 통해 행하신 반응을 보면 실망스러울 정도다. 하나님이 조금 심한 것은 아닌가 싶을 정도로 하나님의 자존적 존재 권위를 내려놓는 것 같아 실은 충격적이다. 하지만 본문 정황 안으로 들어가면 이 충격은 일시적이고 한시적인 것에 불과하다. 본문을 깊이 들여다보면 전율하게 하는 하나님이 행하신 역발상의 은혜가 있다.

하나님이 집중하신 관심은 하나님의 권위가 아닌 이스라엘의 구원이었다. 세상 어떤 종교의 창시자가 인간을 위해 직접 찾아왔나? 없다. 오직 하나님만이 인간으로 육화되어 이 땅에 직접 가장 낮은 자의 모습으로 임했다. 바울의 선언은 적확하다.

> 그는 근본 하나님의 본체시나 하나님과 동등 됨을 취할 것으로 여기지 아니하시고 오히려 자기를 비워 종의 형체를 가지사 사람들과 같이 되셨고 사람의 모양으로 나타나사 자기를 낮추시고 죽기까지 복종하셨으니 곧 십자가에 죽으심이라 (빌 2:6-8)

미국 댈러스의 빌리지 교회에서 목회하는 매트 챈들러는 이렇게 갈파했다.

성경은 우리를 위한 책이지, 우리에 대한 책은 아니다. 동시에 하나님의 사람들이 하나님께 영광을 돌리도록 조명해 주시는 것이다. 그러므로 성경을 나의 일상의 지침서로 읽는 일보다 더 중요한 것은 하나님께서 나에게 무엇을 조명하시는가를 집중하며 읽는 것이다.*

성경을 통하여 우리에게 주는 조명은 당신의 백성들을 위한 구원이 하나님의 최대 관심이었음을 강력하게 시사한다. 은혜다. 샬롬의 은총을 빈다.

---

* 매트 챈들러/장혜영 역, 『완전한 복음』(새물결플러스, 2012), 48.

하나님의 인내하심으로

사사기 6:22-24

새길 말씀: 기드온이 그가 여호와의 사자인 줄을 알고 이르되 슬프도소이다 주 여호와여 내가 여호와의 사자를 대면하여 보았나이다 하니 여호와께서 그에게 이르시되 너는 안심하라 두려워하지 말라 죽지 아니하리라 하시니라 기드온이 여호와를 위하여 거기서 제단을 쌓고 그것을 1)여호와 살롬이라 하였더라 그것이 오늘까지 아비에셀 사람에게 속한 오브라에 있더라

시인 박노해가 『다른 길』이라는 사진 에세이에서 이렇게 노래한 적이 있다.

사랑은 나의 시간을 내어주는 것이다.*

동의한다. 기드온은 하나님의 부르심에 이모저모의 조건을 내걸면서 응답하지 않으려고 했다. 하나님에게 시간을 내어주지 않으려는 행태는 전형적인 기드온의 불신앙이었다. 하지만 하나님은 눈높이를 낮추고 기드온의 입장에서 참고 기다렸다. 심지어 기드온이 우상을 섬기는 방법과 똑같이 하나님의 천사를 대접하는 일들을 자행하는

---

* 박노해, 『다른 길』 (느린 걸음, 2014), 69.

불손함을 보였음에도 하나님은 그것까지도 참으며 기드온이 요구한 것에 반응해주었다. 당신의 백성들을 구원하시기 위한 도구로 기드온을 사용하기 위해서였다. 이렇게까지 큰 은혜를 부어주었건만 본문을 보면 기드온은 또 다른 그럴듯한 이유를 들어 하나님의 부름을 교묘하게 비껴가려는 얄팍한 술수를 벌이고 있는 모습을 보게 된다. 22절을 보자.

> 기드온이 그가 여호와의 사자인 줄을 알고 이르되 슬프도소이다 주 여호와여 내가 여호와의 사자를 대면하여 보았나이다 하니

기드온은 또 하나의 변(辯)을 터뜨렸다. 하나님을 보았기에 자신은 이제 죽게 되었다는 말이었다. 이 변은 우리가 이미 잘 알고 있는 것처럼 하나님께서 모세에게 말씀하셨던 출애굽기 33:18-23의 내용에 근거하고 있다. 대입해보면 하나님께서 '나를 보고 살 자가 없다'고 모세에게 말한 성서적 근거다. 하나님이 모세에게 이렇게 말씀하신 이유는 죄성을 가지고 있는 인간과 나는 구별된다는 것을 알리시고자 했기 때문이다. 모세에게 퍼포먼스까지 동반하여 행하셨던 하나님의 '다바르'는 그만한 의미가 있는 것이었다.

하지만 본문에서 기드온이 말한 메시지는 다분히 얍삽한 저의가 있어 보인다. 죽기 싫어 하나님의 부름에 응답할 수 없다는 기드온의 일갈은 하나님의 선한 의도를 호도한 질 나쁜 불신앙이었다. 사정이 이 지경이면 하나님도 포기할 만한데 놀라운 파격이 일어난다. 하나님의 얼굴을 보았기에 이제는 나는 죽게 되었다고 고백하며 두려움에 빠진 기드온에게 하나님께서 이렇게 말씀하신다. 23절을 나누자.

여호와께서 그에게 이르시되 너는 안심하라 두려워하지 말라 죽지 아니하리라
하시니라

하나님은 모세에게 하신 말씀을 기드온에게는 거두어들인다. 너는
나를 보았지만 안심하라고 말한다. 더불어 두려워하지 말라는 당부까
지 한다. 결정적으로 너는 결코 죽지 않을 것이라는 확신도 준다.
왜 하나님은 이렇게 기드온에게 파격적인 모드로 접근하는 것일까?
너무 상투적인 것 같아 조금은 위축되지만 어쩔 수 없다. 재강조하지만
기드온을 당신의 백성들을 구원할 도구로 삼기 위해서였다. 이렇게
행하신 하나님의 말씀을 들은 기드온은 비로소 하나님께 영적 반응을
보인다.

기드온이 여호와를 위하여 거기서 제단을 쌓고 그것을 여호와 샬롬이라 하였더라
그것이 오늘까지 아비에셀 사람에게 속한 오브라에 있더라(24절)

단을 쌓았다는 구약적인 표현은 하나님께 예배를 드렸다는 의미의
표현임을 안다. 그렇게 뺀질대던 기드온이 드디어 단을 쌓은 것이다.
하나님을 위한 시간을 낸 것이다. 드디어 하나님의 사랑 행함에 반응한
것이다. 24절에 주목할 단어가 있다.

'여호와를 위하여'

개역개정판에는 '여호와를 위하여'(for the Lord)라고 번역되었지
만, 히브리어 원문을 직역하면 '여호와께'(to the Lord)가 더 정확한

번역이다. 이 표현은 상당히 중요한 의미를 부여한다. 이미 살펴본 것처럼 기드온은 하나님의 명령을 피하려고 했던 사람이었다. 그는 본인이 할 수 있는 방법을 총동원하여 가능하면 하나님의 소명을 피하고 반응하지 않으려고 했던 사람이다. 다시 말해 하나님 반대쪽으로 달아나려고 했던 사람이었다. 하지만 기드온은 하나님 반대쪽에서 하나님 쪽으로 시선을 돌려 하나님께로 나아가 단을 쌓았다. 대단히 중요한 반전이다.

하나님의 인내함이라는 은혜가 불신의 한 사람을 하나님의 사람으로 바꾸는 가장 결정적인 영적 자양분 역할을 하게 되었다. 재강조하지만 기드온은 하나님 반대편에 서 있었던 사람이었다. 그랬던 그가 하나님의 참으심이라는 사랑으로 하나님 쪽의 사람으로 변화되었다. 그래서 그랬나 보다. 바울이 이렇게 말한 이유가.

사랑은 모든 것을 참으며 모든 것을 믿으며 모든 것을 바라며 모든 것을 견디느니라(고전 13:7)

더더욱 주님의 참으심과 인내하심이라는 사랑의 클라이맥스를 경험하는 독자들이 되기를 기대해본다.

야훼 샬롬

사사기 6:24

새길 말씀: 기드온이 여호와를 위하여 거기서 제단을 쌓고 그것을 여호와 샬롬이라 하였더라 그것이 오늘까지 아비에셀 사람에게 속한 오브라에 있더라

출애굽기 19:3-6을 주목해보자.

모세가 하나님 앞에 올라가니 여호와께서 산에서 그를 불러 말씀하시되 너는 이같이 야곱의 집에 말하고 이스라엘 자손들에게 말하라 내가 애굽 사람에게 어떻게 행하였음과 내가 어떻게 독수리 날개로 너희를 업어 내게로 인도하였음을 너희가 보았느라 세계가 다 내게 속하였나니 너희가 내 말을 잘 듣고 내 언약을 지키면 너희는 모든 민족 중에서 내 소유가 되겠고 너희가 내게 대하여 제사장 나라가 되며 거룩한 백성이 되리라 너는 이 말을 이스라엘 자손에게 전할지니라

성서일과로 읽은 이 구절을 읽다가 그냥 지나칠 수 없는 감동이 임했다. 하나님은 모세를 시내산으로 부르셔서 직접 십계명을 수여하기에 앞서 다음과 같이 이스라엘 공동체에게 대언할 것을 명했다.

온 세계가 다 내게 속하였다. 그러기에 내 말을 잘 듣겠느냐? 내 언약을

잘 지키겠느냐?

이것을 이스라엘 공동체에게 질문하라는 것이었다. 너무 평범해 보인 이 구절이 필자에게 감동으로 다가온 것은 이런 이유 때문이다. 430년 동안 계속해서 명령만 받았던 이스라엘 신앙 공동체 백성들은 명령에 익숙해져 있었다. 그들은 자유롭게 행동하는 것보다 명령을 듣는 것에 오히려 더 익숙한 노예들이었다. 이 사정을 아신 하나님은 십계명을 제정하시기에 앞서 모세에게 전술한 메시지를 전하라고 고지한 것이다.

430년 동안 노예근성으로 굳어져 있었던 하나님의 백성들에게 동의를 구하는 하나님은 감동의 하나님이시다. 인격적인 하나님이기 때문이다. 이렇듯 하나님은 이스라엘과 전인격적인 관계를 맺고, 교제하기를 원하는 하나님이다. 직접 만든 피조물들과 평강의 관계를 유지하기를 원하는 분이 하나님이다.

기드온은 본인이 드린 제물을 올려놓은 곳에 불로 응답한 하나님의 표징을 눈으로 직접 목격했다. 그는 그곳에서 단을 쌓았음을 사사기 기자는 증언한다. 그 단의 이름을 본문 24절 전반절에서 이렇게 밝힌다.

기드온이 여호와를 위하여 거기서 제단을 쌓고 그것을 여호와 샬롬이라 하였더라

제단의 이름을 번역하면 주지하듯이 '여호와는 평강이시다'라는 의미다. 바로 이 지점에서 주목할 여백이 있다. 적어도 신앙인들이라면 잊지 말아야 할 대목이다.

그것이 오늘까지 아비에셀 사람에게 속한 오브라에 있더라(24절 2f)

'오늘까지'라는 의미가 무엇을 말하는 것일까? 여러 주석의 도움을 얻고자 했지만 유감스럽게도 '오늘까지'의 '오늘'이 정확하게 언제인지를 밝히고 있지 못하다는 공통점을 발견했다. 다만 상식적으로 충분히 추측할 수 있는 것은 그 오늘의 시기는 이 글을 읽고 있는 후대라는 사실 정도다. 그렇다면 하나님이 기드온에게 주었던 그 평강의 메시지에 대한 감동이 이스라엘 공동체 후손들에게도 고스란히 전달되었고, 보관되었다는 사실에 직면한다. 므낫세의 작은 지파에 속한 아비에셀의 오브라 지역에 살고 있었던 기드온의 계보에게 주어진 하나님의 평강의 메시지는 아마도 그 후손들에게 적지 않은 감동과 자부심으로 여겨졌음에 틀림없다. 그러기에 야훼 샬롬의 제단이 소중히 보전된 것이지 않겠는가!

하나님이 주시는 샬롬은 이타적 관계 안에서 이어지는 것임을 명심하자. 샬롬의 하나님은 개인적 평안의 하나님을 뛰어넘는다. 하나님이 주시는 샬롬은 하나님을 주인으로 모시고 이웃을 사랑하며 살 때 가능하게 임하는 공동체의 샬롬으로 그 외연이 확대된다. 이것이 '샬롬' 신학의 중요한 담론이기도 하다. 적용한다면 이웃의 샬롬을 무시한 채로 나만의 샬롬을 추구하는 자는 이미 야훼 샬롬에서 제외된 사람이라는 말이다. 교회 공동체의 샬롬이 무시되고 있음에도 불구하고 내 가족만의 샬롬을 추구한다면 그 사람은 비성서적인 사람임을 알려준다.

지인 목사는 예일 대학교 출신인데, 하버드 대학교 교수로 재직하는 안락한 삶을 포기하고 중증 장애아 시설인 라르쉬로 들어가 한 명의 장애우를 돌보며 삶을 마감한 헨리 나우웬의 봉사처가 보고 싶어 그곳을 경유하게 되었단다. 그곳에서 만난 한 노파의 말을 잊을 수가 없다고 지인은 말했다. 그는 라르쉬에서 봉사했던 헨리 나우웬의 삶에 대해 함께 동시대를 살았던 그 노파에게 물었단다. 그러자 노파는 이렇게 답했다.

> "나우웬 형제, 우리를 위해서 수고했지. 그런데 특별하지는 않았어(He's not special)!"

"He's not special." 이 문장이 내게 격정적으로 스며든다. 세상에 머물면 각종 안락함이 즐비했던 사람이 나우웬이다. 하지만 그는 세속적 가치를 다 버리고 오직 주의 사랑으로 봉사와 섬김의 삶을 살다가 갔다. 어찌 헨리 나우웬의 삶이 특별한 삶이 아니겠는가? 적어도 동양의 가치관과 문화 이해로는 그렇다. 그러나 캐나다의 한 노파는 그가 특별하지 않다고 했다. 그를 폄훼했기 때문일까? 그럴 리가. 그녀가 이렇게 말한 것은 그렇게 사는 것이 그리스도인의 당연한 삶이니까, 너무나 평범한 일이니까 그렇게 말한 것이다.

진정으로 하나님이 주시는 샬롬을 맛보고 싶은가? 은행 통장의 잔고에 목숨 걸지 말자. 이웃과 나누자. 아파트 평수가 넓어지는 것, 집 안에 화장실 수가 많아지는 것, 자동차 배기량이 커지는 것으로 행복을 추구하지 말자. 그때 비로소 야훼 샬롬의 진정한 평강을 얻게 될 것이기에 말이다. 데이빗 플랫은 『복음이 울다』에서 이렇게 강타했다.

> 우리가 제대로 된 교회가 되면, 우리의 방식이 아닌 이념, 트렌드, 전통에

따른 교회가 아니라 하나님의 말씀에 따른 교회, 우리가 그리스도인이
되는 대가를 충분히 계산한 뒤 하나님이 원래 뜻하신 그런 교회가 되면
그러면 세상은 바뀐다.[*]

야훼 샬롬의 은혜를 이 땅에 실현하기 위해 그리스도인들이 치러야
할 대가를 회피하지 않고 지불하는 신실한 자들이 많이 일어나기를
기대해본다.

---

[*] 데이빗 플랫/정성욱 역, 『복음이 울다』 (두란노, 2020), 242.

우선순위
사사기 6:25-27

그 날 밤에 여호와께서 기드온에게 이르시되 네 아버지에게 있는 수소 곧 칠 년 된 둘째 수소를 끌어 오고 네 아버지에게 있는 바알의 제단을 헐며 그 곁의 아세라 상을 찍고 또 이 산성 꼭대기에 네 하나님 여호와를 위하여 규례대로 한 제단을 쌓고 그 둘째 수소를 잡아 네가 찍은 아세라 나무로 번제를 드릴지니라 하시니라 이에 기드온이 종 열 사람을 데리고 여호와께서 그에게 말씀하신 대로 행하되 그의 아버지의 가문과 그 성읍 사람들을 두려워하므로 이 일을 감히 낮에 행하지 못하고 밤에 행하니라

25-26절을 보자.

그 날 밤에 여호와께서 기드온에게 이르시되 네 아버지에게 있는 수소 곧 칠 년 된 둘째 수소를 끌어 오고 네 아버지에게 있는 바알의 제단을 헐며 그 곁의 아세라 상을 찍고 또 이 산성 꼭대기에 네 하나님 여호와를 위하여 규례대로 한 제단을 쌓고 그 둘째 수소를 잡아 네가 찍은 아세라 나무로 번제를 드릴지니라 하시니라

우여곡절 끝에 미디안과의 싸움에 사사로 부름받아 출정하는 기드온에게 하나님은 총 5가지의 명령을 감당할 것을 지시한다. 두 가지

정도로 요약하면, 첫째, 아버지 소유의 둘째 수소를 취하여 번제를 드리되 그 제사의 장소를 바알을 섬겼던 장소에서 하라는 명령이었다. 둘째, 번제에 쓸 재료는 나무로 만든 아세라 상을 찍어내어 그것을 땔감으로 사용하라는 명령이었다. 이 명령 안에는 신학적 성찰이 담겨 있다.

하나님은 왜 첫째 수소가 아니라 둘째 수소를 취하라고 하셨을까? 여기서 '둘째'라고 번역된 히브리어 '쉐니'(שֵׁנִי)는 통상적으로는 '두 번째'의 의미를 갖고 있지만, 더 중요한 문자적인 의미는 'excellent, predominant', 즉 '뛰어난, 탁월한'의 의미를 갖고 있다. 즉, 우상숭배자인 너의 아버지 소유물 중에 바알 신에게 바치려고 했던 가장 상태가 뛰어난 제물을 바알이 아닌 나를 위해 준비해 놓으라는 명령이었다. 또한 허물라고 명령한 바알의 단은 요아스의 사설 단이 아니었고, 아마도 오브라 사람들이 집단적으로 섬기던 공동체 소유의 단이었기에 그것을 허무는 것은 기드온에게 적지 않은 부담이었을 것이다. 동시에 단(壇) 곁에 있는 아세라 상을 찍어내 그 재료인 나무로 번제의 재료를 사용하라는 명령은 죽음을 각오하지 않으면 안 되는 명령이었다. 오브라는 바알과 아세라 숭배의 중요한 진원지였다. 이처럼 하나님의 명령은 어느 것 하나 녹록한 명령이 없었다. 하나님은 기드온에게 이 힘든 명령에 순종하라고 하신 셈이다. 기드온의 반응을 보자. 27절이다.

이에 기드온이 종 열 사람을 데리고 여호와께서 그에게 말씀하신 대로 행하되 그의 아버지의 가문과 그 성읍 사람들을 두려워하므로 이 일을 감히 낮에 행하지 못하고 밤에 행하니라 기드온은 돕는 열 사람과 하나님의 명령에 순종한다. 하지만 이 순종의 과정이 힘들었음을 암시하는 구절이 있다.

'밤에 행하니라'

알베르토 소긴은 자신의 판관기 주석에서 바알과 아세라 단이 위치해 있었던 곳을 가리켜 '요새화된 가나안 성소'*라고 정의했다. 결코 일반인의 접근이 어려웠던 그 장소에서 하나님의 명령을 수행하기 위해 밤을 택했다는 것은 충분히 이해가 되는 대목이다. 왜 하나님은 부름에 응답하기까지 결코 쉽지 않았던 기드온에게 이제 출정을 앞두고 이런 녹록지 않은 명령을 내리셨을까?

성도가 승리를 위해 해야 하는 우선순위가 하나님을 향한 추스름임을 알려주기 위함이었다. 미디안과의 싸움은 어차피 기드온과 그의 병력을 통해 이길 수 있는 싸움이 아니었다. 즉, 물리적·군사적 우세로 인한 승리의 싸움이 아니었다. 주지하다시피 기드온의 싸움은 전적인 하나님의 개입으로 인한 승리였다.

전쟁은 너희에게 속한 것이 아니요 하나님께 속한 것이니라(대하 20:15 2f)

이 말씀대로 미디안과의 전투도 하나님이 개입하였기에 이긴 싸움이다. 결국 하나님이 이미 이뤄 놓으신 승리였다고 말해도 과장이

---

* 알베르토 소긴, 『국제성서주석, 판관기』, 183.

아니다. 주목할 것은 하나님이 기드온을 도구로 삼아 이기게 하신 명분이다. 그것은 기드온의 신앙적 추스름이다. 그동안 바알에게 향했던 신앙을 하나님께로 향하도록 하기 위함이었음을 사사기 기자는 피력한 것이다. 성도가 영적인 승리를 위해 먼저 행하여야 하는 것은 내가 하나님 앞에서 어떤 모습으로 서 있는가를 성찰하는 것이다. 신앙적 출발은 바로 여기에서부터 시작된다. 크로아티아의 신학자 미로슬라브 볼프의 고언이다.

> 그리스도인이 된다는 것은 타인 앞에서 자신의 정체성에 따라 살되 타인의 신념을 존중하는 태도와 함께 자신의 신념이 진리임을 믿는 믿음 안에 합류하는 것을 의미한다.*

적어도 이 정도의 자기 성찰에 충실한 자라면 기드온을 뛰어넘는 하나님의 도구가 되지 않겠나 싶다. 자기 성찰은 성도의 우선적 삶의 내용이다.

---

* 미로슬라브 볼프/홍병룡 역, 『하나님의 말씀에 사로잡혀』(국제제자훈련원, 2010), 112.

돌아섬

사사기 6:28-32

새길 말씀: 그 성읍 사람들이 아침에 일찍이 일어나 본즉 바알의 제단이 파괴되었으며 그 곁의 아세라가 찍혔고 새로 쌓은 제단 위에 그 둘째 수소를 드렸는지라 서로 물어 이르되 이것이 누구의 소행인가 하고 그들이 캐어물은 후에 이르되 요아스의 아들 기드온이 이를 행하였도다 하고 성읍 사람들이 요아스에게 이르되 네 아들을 끌어내라 그는 당연히 죽을지니 이는 바알의 제단을 파괴하고 그 곁의 아세라를 찍었음이니라 하니 요아스가 자기를 둘러선 모든 자에게 이르되 너희가 바알을 위하여 다투느냐 너희가 바알을 구원하겠느냐 그를 위하여 다투는 자는 아침까지 죽임을 당하리라 바알이 과연 신일진대 그의 제단을 파괴하였은즉 그가 자신을 위해 다툴 것이니라 하니라 그 날에 기드온을 여룹바알이라 불렀으니 이는 그가 바알의 제단을 파괴하였으므로 바알이 그와 더불어 다툴 것이라 함이었더라

누가복음 5:5을 읽어보자.

시몬이 대답하여 이르되 선생님 우리들이 밤이 새도록 수고하였으되 잡은 것이 없지마는 말씀에 의지하여 내가 그물을 내리리이다 하고

베드로가 주님으로부터 첫 번째 부름을 받기에 앞서서 게네사렛 호숫가에서 행한 고백이다. 필자가 읽은 베드로의 이 고백에 대한

여러 번역 중에서 제일 감동적으로 담았던 문장이 하나 있다.

'말씀에 의지하여'

너무 오래된 글이라 출처를 잊어버려 밝힐 수 없어 유감이지만 영어 문장으로 이렇게 기록한 것을 읽은 대단한 감동이었다.

'under the control of the Word'

'말씀에 의지하다'를 '말씀의 통제 밑으로 들어가다'로 해석한 것이다. 이 글을 읽은 지 상당히 오래되었지만 참 의미 있게 받아들였다. 해서 심비에 새겼고, 목회를 하면서 내 스스로는 물론 섬기는 교회의 지체들에게 마르고 닳도록 상기하게 하고 또 상기시키는 촌철살인으로 삼고 있는 명구절이다. 그렇다.

말씀에 의지하는 삶을 살려면 말씀의 통제 밑으로 들어가야 한다.

하나님이 기드온에게 미디안 출정에 앞서 대단히 중요한 영적 결단을 명령했다. 기회주의적이었던 기드온은 예상외로 하나님이 명령하신 내용을 그대로 순종한다. 바알 산당의 제거였다. 바알 신앙의 본원이었던 오브라 지역의 바알 산당이 초토화된 것을 발견한 지역 사람들이 경악했다. 중범죄를 저지른 자가 누구인지를 추적한 끝에 그가 바로 기드온임을 알아냈다. 오브라 사람들은 곧바로 기드온의 아버지인 요아스를 찾아가 기드온을 공개 처형해야겠다고 협박한다.

난처한 일을 당했지만 요아스는 자기가 가지고 있었던 힘으로 아들을 살해하려는 집단적 위협을 극적으로 모면하는 장면이 읽은 본문이다. 32절에 주목하자.

> 그 날에 기드온을 여룹바알이라 불렀으니 이는 그가 바알의 제단을 파괴하였으므로 바알이 그와 더불어 다툴 것이라 함이었더라

기드온의 다른 이름을 사사기 저자가 알려준다. '여룹바알'이다. 번역하면 '바알이 그와 더불어 다툰다'는 뜻이다. 도대체 무슨 일이 있었기에 기드온이 여룹바알이 되었을까. 기드온의 아버지 요아스에게 달려들어 아들을 내놓으라고 협박하는 오브라 집단 공동체의 으름장에 요아스는 본인이 할 수 있는 여력을 다해 그 위기를 극복한다. 31절의 증언을 들어보자.

> 요아스가 자기를 둘러선 모든 자에게 이르되 너희가 바알을 위하여 다투느냐 너희가 바알을 구원하겠느냐 그를 위하여 다투는 자는 아침까지 죽음을 당하리라 바알이 과연 신일진대 그의 제단을 파괴하였은즉 그가 자신을 위해 다툴 것이니라 하니라

요아스는 아들을 죽이는 자는 내가 대신 그를 죽일 것이라고 선포했다. 부성애의 항변이다. 그러나 이 선포만 가지고는 바알 숭배자들의 분노를 잠재우기에는 역부족이다. 동시에 수면 밑에 숨어 있지만 아들을 살리려는 명분으로는 빈약해 보이는 게 사실이다. 요아스는 여기에서 멈추지 않고 조금 더 진화된 계책을 내놓는다. 만에 하나

내 아들이 바알의 단을 훼파하여 죽을 짓을 했다면 바알이 신일진대 바알이 아들을 죽이지 않겠느냐는 논리를 내세운 것이다. 바알이 참 신이라고 우리가 믿고 있는데 해결은 너희들이 하는 것이 아니라 바알 신이 할 것이니 아들을 건드리지 말라는 것이었다. 본문은 후속의 그다음 상황을 기록하지 않은 것으로 보아 요아스가 한판승을 거두었음이 분명해 보인다. 한때 바알 숭배자로 살았던 요아스가 바알을 믿는 자들의 종교적인 아킬레스건을 건드린 것이다. 어떻게 이런 반전이 가능했을까?

바알 신앙에서 하나님 신앙으로 돌아섬이 준 반전이었다. 돌이킴은 기독교 신앙의 핵심적인 엑기스다. 세속의 일체적인 가치는 하나님의 가치를 희석시키고 중성화시키려고 한다. 함께 가자고 매혹적으로 부추긴다. 이 유혹에 넘어가면 무너진다. 성도라는 이름으로 살아가는 것이 힘든 일이지만 한 가지의 영적 명제에 든든히 선다면 흔들리지 않는다. 그것은 세속적 가치에서 신앙적 가치로 돌아서는 것이다. 아브라함 죠수아 헤셸의 갈파는 곱씹어도 기막힌 통찰이다.

인간에게 가장 중요한 문제는, 존재하는 게 아니라 사는 것이다.*

필자는 이 글을 섬기는 교회에서 이렇게 패러디하여 교우들과 나눈 적이 있다.

---

* 아브라함 죠수아 헤셸/이현주 역, 『누가 사람이냐』(한국기독교연구소, 2008), 89.

"그리스도인에게 가장 중요한 것은 그리스도인으로 존재하는 것이 아니라 그리스도인으로 사는 것이다."

그리스도인으로 산다는 것은 나의 방향을 하나님의 방향으로 돌이키는 삶이다. 그러므로 역대기 사가의 이 선언은 현재진행형이다.

내 이름으로 일컫는 내 백성이 그들의 악한 길에서 떠나 스스로 낮추고 기도하여 내 얼굴을 찾으면 내가 하늘에서 듣고 그들의 죄를 사하고 그들의 땅을 고칠지라 (대하 7:14)

무슨 옷을 입었나?

사사기 6:33-35

새길 말씀: 그 때에 미디안과 아말렉과 동방 사람들이 다 함께 모여 요단 강을 건너와서 이스르엘 골짜기에 잔을 친지라 여호와의 영이 기드온에게 임하시니 기드온이 나팔을 불매 아비에셀이 그의 뒤를 따라 부름을 받으니라 기드온이 또 사자들을 온 므낫세에 두루 보내매 그들도 모여서 그를 따르고 또 사자들을 아셀과 스불론과 납달리에 보내매 그 무리도 올라와 그를 영접하더라

드디어 기드온이 우여곡절 끝에 미디안의 압제에 시달리고 있는 이스라엘을 위하여 사사로 부름받고 출정한다. 33절을 보자.

그 때에 미디안과 아말렉과 동방 사람들이 다 함께 모여 요단강을 건너와서 이스르엘 골짜기에 잔을 친지라

이스라엘은 미디안의 압제 아래서 7년이라는 세월 동안 고통을 당하고 있었다. 이스라엘은 7년 동안 두더지처럼 땅굴을 파고 살아야 하는 비참한 지경이었음을 앞서서 살폈다. 미디안은 지난 6년 동안 그렇게 해왔던 것처럼 또다시 추수하는 이스라엘의 때를 맞추어 군사들을 이끌고 접경을 넘어 이스르엘 평야로 진격해왔다. 이스르엘은 '하나님이 씨를 뿌리신다'는 뜻을 갖고 있을 정도로 유대 지역의 가장

비옥한 평야 지대였기에 추수철의 수확물을 빼앗기 위해서 다시 침략한 것이다. 매년 이 축복의 소산물들이 미디안의 손으로 넘어갔다. 이스라엘 사람들이 먹을 곡식들을 모조리 강탈한 뒤에 남아 있는 부스러기 열매들마저 미디안 군사들이 데리고 온 말들과 가축들의 먹이로 싹쓸이되었다. 지난 6년 동안 꼼짝없이 이스라엘은 이런 수모를 당한 것이었다. 설상가상으로 7년이 되는 이번 해에는 미디안만 침탈하러 온 것이 아니었다. 아말렉과 동방 사람들까지 연합해서 강탈의 강도가 더 심해졌다. 여느 해 같다면 영락없이 도적질을 당하는 수모를 또 겪어야 했을 것이다. 그런데 그해의 상황은 달랐다. 34-35절이 이를 증언한다.

> 여호와의 영이 기드온에게 임하시니 기드온이 나팔을 불매 아비에셀이 그의 뒤를 따라 부름을 받으니라 기드온이 또 사자들을 온 므낫세에 두루 보내매 그들도 모여서 그를 따르고 또 사자들을 아셀과 스불론과 납달리에 보내매 그 무리도 올라와 그를 영접하더라

기드온은 미디안과 대적하여 싸울 사람들을 소집한다. 먼저는 자기 고향인 아비에셀 지역 사람들을 불러 모으기 시작했다. 아비에셀 사람들이 기드온의 이 독려에 동참하기에 이른다. 그럼에도 불구하고 중과부적임을 알았던 기드온은 이윽고 고향 지역과 가까운 인근 지파의 사람들인 므낫세, 아셀, 스불론, 납달리 형제들에게 사자들을 보내 협조를 구한다. 그러자 뜻을 같이하겠다고 결의한 지파 공동체의 형제들이 전쟁에 기꺼이 참여하겠다고 모여들었다.

이 대목에서 주목할 것이 하나 있다. 아비에셀 지역은 기드온의

고향인 오브라를 품고 있었던 더 넓은 행정구역이었다는 점이다. 그렇다면 이 사람들은 오브라 지역의 바알 단을 훼파한 범인이 기드온임을 알고 기드온을 죽이려고 했던 그의 적대자들이라는 추론이 가능하다. 그런데도 이들이 기드온이 독려하는 전쟁에 참여하겠다고 모여들었음을 본문이 보고하고 있다. 어떻게 이런 드라마틱한 반전이 일어날 수 있었을까? 필자는 그 답을 34절 전반절에서 찾는다.

여호와의 영이 기드온에게 임하시니

'임하시니'로 단순하게 번역된 히브리어 '라바쉬'(לבשׁ)의 원뜻은 '옷을 입다'이다. 적용하여 직역하면 이런 해석이 가능하다. 기드온의 전인격이 여호와의 영으로 옷 입게 되었다고.

영적 승리를 위해서 세속적 전략의 옷을 입는 것보다 더 중요한 것은 여호와의 영으로 옷을 입는 것이다. 대적이 동역자로 서게 된 반전에서 기드온이 행한 일은 없었다. 여호와의 옷을 입은 기드온을 위해 여호와 하나님께서 일하시기 시작했기에 가능했던 역사였다.

오늘도 매일반이다. 이 땅을 살아가는 그리스도인들이 세속적인 전략에 패하지 않고 승리하는 방법은 성령이 입혀주시는 옷을 입는 것이다. 성령은 비인격적인 존재가 아니라 내 심령에 내주하기를 원하시는 철저한 인격의 영이시다. 성령은 사람들에 의해서 만들어지는 거짓의 영이 아니다. 성령 하나님의 내주하심은 사마리아에 살고 있었던 시몬이 계획했던 것처럼 돈 주고 살 수 있는 영이 아니다. 성령 하나님은 나의 나 된 것이 전적인 하나님의 은혜임을 고백하는 자에게 인격적으로 오셔서 그의 인격에 옷을 입혀주시는 보혜사이시다. 성령의 속성이 이러하기에 나 자신의 노력을 의지하던 상태에서 완전히 돌이켜서 하나님께 내 전인격을 맡길 때 비로소 성령의 옷을 입게 된 그리스도인은 승리하게 된다. 20세기의 최고의 변증학자인 C. S. 루이스는 이렇게 피력했다.

> 중요한 것은 변화의 본질 그 자체이지, 변화가 일어날 때의 느낌이 어떠했느냐가 아닙니다. 중요한 것은 자신의 노력을 의지하던 상태에서 완전히 절망하고 모든 것을 하나님께 맡기는 상태로 변화되었다는 사실 그 자체입니다.*

그렇다. 내 기분과 느낌대로 사는 자는 세속적인 사람과 별반 다름이 없는 존재다. 하나님께 맡기는 자가 성령의 옷을 입을 수 있다. 그가 그리스도인이다. 당신은 지금 어떤 옷을 입고 있는가?

---

* C. S. 루이스/장경철·이종태 공역, 『순전한 기독교』 (홍성사, 2010), 230.

나하고 일하기 원하시는 하나님

사사기 6:36-40

새길 말씀: 기드온이 하나님께 여쭈되 주께서 이미 말씀하심 같이 내 손으로 이스라엘을 구원하시려거든 보소서 내가 양털 한 뭉치를 타작마당에 두리니 만일 이슬이 양털에만 있고 주변 땅은 마르면 주께서 이미 말씀하심 같이 내 손으로 이스라엘을 구원하실 줄을 내가 알겠나이다 하였더니 그대로 된지라 이튿날 기드온이 일찍이 일어나서 양털을 가져다가 그 양털에서 이슬을 짜니 물이 그릇에 가득하더라 기드온이 또 하나님께 여쭈되 주여 내게 노하지 마옵소서 내가 이번만 말하리이다 구하옵나니 내게 이번만 양털로 시험하게 하소서 원하건대 양털만 마르고 그 주변 땅에는 다 이슬이 있게 하옵소서 하였더니 그 밤에 하나님이 그대로 행하시니 곧 양털만 마르고 그 주변 땅에는 다 이슬이 있었더라

기드온은 하나님의 은혜를 받은 자였다. 그럼에도 불구하고 기드온은 정말로 대책이 없는 형편없는 사람으로 보일 정도로 믿음이 없다는 증거들을 사사기 기자는 계속해서 보고한다. 그러나 하나님은 문제투성이의 기드온을 포기하지 않고 그를 도구로 사용하기 위해 설득 또 설득했다. 심지어 가당치도 않게 기드온을 큰 용사라고 격려까지 했다. 표징을 보여달라 떼를 쓰는 기드온의 요구에 자존감을 다 버리고 그에게 표징도 보여준다. 이후 기드온이 하나님의 얼굴을 보았기 때문에 죽을 수밖에 없는 운명이 되어 전쟁에 나가지 못하겠다는 어리광을 부리며 생떼를 쓸 때도 기드온에게 너는 죽지 않을 것이라고

달래기까지 한다.

　바알의 단을 훼파했을 때에는 아버지 요아스를 동원하여 위기에서 벗어나게 해주었다. 급기야 기드온을 살해하겠다고 위협하던 적들이었던 아비에셀의 오브라 사람들을 움직여서 그들을 미디안 전쟁에 나갈 동역자로 만들어주는 급반전의 은혜까지 덧입게 해주었다. 압권은 기드온에게 여호와의 옷을 입히시며 그를 응원하는 장면이다. 이렇게 말도 안 되는 하나님의 은혜를 기드온이 맛보았는데 그는 이제 믿음을 갖고 일어나야 하는 것이 마땅하다. 그러나 본문 37절 이하를 보면 아연실색하게 하는 기드온의 또 다른 요구가 등장한다. 그 유명한 양털 담론이다.

　양털 한 뭉치를 타작마당에 놓을 테니 만일 나를 도구로 사용하시려면 이 양털에만 이슬이 머금게 해주시고 나머지 타작마당은 마르게 해달라는 유치원 학생과도 같은 발상을 하나님께 요구한다. 이유야 어떻든 하나님은 기드온의 유치한 소원대로 해주셨다. 그러자 기드온은 한 번 더 요구하기를 이번에는 반대로 해달라고 앙탈을 부린다. 타작마당에는 이슬이 내리게 해주시고 양털은 마르게 해달라는 압박이었다. 이런 기드온의 요구에 하나님은 40절에서 다음과 같이 반응하신다.

　　그 밤에 하나님이 그대로 행하시니 곧 양털만 마르고 그 주변 땅에는 다 이슬이 있었더라

　하나님의 응답하심이 은혜로 다가왔다면 정말 인내력이 있는 자다. 미성숙했던 어린 시절 필자 역시 화가 치밀었던 기억이 있다. 도대체

하나님은 기드온에게 정말 우리가 알지 못하는 책잡힐 일이 있었나 하는 의심이 들 정도로 고분고분하게 순종하며(?) 이루어준다. 미디안과의 전쟁을 위해 쓸 만한 사람이 그렇게도 없었나 싶을 정도로 인내의 한계를 느낀다. 이런 가당치도 않은 자를 쓰는 것이 과연 옳은 것인가? 하나님은 진짜로 자존심도 없는 분인가? 하나님이 어떻게 이런 자에게 집착하셨을까? 서툰 문자적 해석에 몰입하다 보면 별의별 생각이 다 들 정도로 하나님을 향한 감정이 서늘한 게 사실이다. 그러나 텍스트를 깊이 묵상하다가 보면 화가 나는 것은 순간이다. 더 감성의 폭으로 표현하자면 곧 눈자위가 뜨거워진다.

기드온을 제삼자로 보았기에 하나님의 반응이 어처구니없었고, 우유부단하기 짝이 없는 하나님의 태도에 화도 나고 실망스러웠다. 하지만 깊이 묵상을 하다가 눈물을 글썽일 수밖에 없었던 이유는 그렇게 유아적인 발상을 하면서 하나님께 떼를 쓰며 심지어 하나님께 이렇게 안 해주시면 나는 결코 미디안에게 나가지 않을 것이라고 협박했던 기드온이 바로 '나'라는 사실을 깨달았기 때문이다. 아니 더 솔직하고 과감하게 고백하자면 나는 기드온보다도 훨씬 더한 것을 요구했던 존재라는 것을 부인할 수 없다.

기드온은 하나님께 몇 번에 걸쳐 당신이 하나님이심을 알려달라고 요구했지만, 필자는 몇 번이 아니라 수백 번을 그렇게 말도 안 되는 요구를 했던 자다. 기드온이 바로 나임을 인정하고 나니까 하나님께서 기드온에게 집착하시는 그 일련의 참으심과 인내하심이 얼마나 엄청난 은혜로 다가왔는지 모른다.

하나님은 참 속도 배알도 없는 분이다. 그렇게 집착하지 않아도 될 만한 벌레 같은 나인데 나를 그리 보지 않고 설득하고 또 설득하며 심지어는 모욕까지 당했으니 말이다. 말도 안 되는 요구를 받았음에도 불구하고 하나님은 끝까지 참았다. 왜?

나와 함께 일하고 싶어 하시기 때문이다. 언젠가 지인 목사가 세미나에서 한 말이 오롯이 기억난다.

"기독교인들은 하나님으로부터 두 가지 은혜를 받은 사람이다. 첫째, 나 같은 죄인을 당신의 백성으로 삼으시고 용서해주시기 위해 불러주신 은혜, 둘째, 나 같은 죄인과 함께하시고 같이 일하자고 요구받은 은혜이다."

선배는 계속해서 이 두 가지의 은혜를 천명한 뒤 이렇게 갈무리했던 것 같다.

"우리가 없이 우리를 창조하신 하나님은 우리와 함께 일하기를 원하신다."

재론하지만 하나님은 나와 같이 일하고 싶어 하신다. 성 아우구스티누스는 이를 지지했다.

하나님은 우리를 즐기시는 것이 아니라 사용하신다. 즐기시지도 않고, 사용하지도 않는다면 어떻게 우리를 사랑하시는지 나는 도저히 알 수 없다.*

---

* 성 아우구스티누스/김종흡 역, 『기독교 교양』 (크리스천다이제스트, 2019), 57.

하나님이 나를 사랑하시는 증거가 나를 사용하고 있다는 점이라고 갈파한 성인의 통찰이 놀랍다. 그렇다면 신자 된 '나'는 마땅히 반응해야 한다. 어떻게? 강영안의 말로 답변을 대신한다.

> 자기 주장하는 '나'가 아니라 '부름에 응답하는 나, 다시 말해 책임적인 나', '하나님의 처분에 맡기고 따르는 종으로서의 나'인 수동적 주체가 되는 것이다.*

나와 함께 일하고 싶어 하시는 하나님께는 수동적 주체가 되어 책임적으로 반응하는 것, 그리스도인으로 올곧게 서가는 나와 그대의 미션이다.

---

* 강영안, 『믿는다는 것』 (복 있는 사람, 2018), 103. 에마뉘엘 레비나스는 이것을 '수동적 주체'라고 정의했다. 자기주장과 전혀 다른 모습의 '나'이다.

숫자놀음 하지 말자

사사기 7:1-3

새길 말씀: 여룹바알이라 하는 기드온과 그를 따르는 모든 백성이 일찍이 일어나 하롯 샘 곁에 진을 쳤고 미디안의 진영은 그들의 북쪽이요 모레 산 앞 골짜기에 있었더라 여호와께서 기드온에게 이르시되 너를 따르는 백성이 너무 많은즉 내가 그들의 손에 미디안 사람을 넘겨주지 아니하리니 이는 이스라엘이 나를 거슬러 스스로 자랑하기를 내 손이 나를 구원하였다 할까 함이니라 이제 너는 백성의 귀에 외쳐 이르기를 누구든지 두려워 떠는 자는 길르앗 산을 떠나 돌아가라 하라 하시니 이에 돌아간 백성이 이만 이천 명이요 남은 자가 만 명이었더라

기드온이 미디안과의 싸움에 나간 것을 보도하는 초기 기사다. 드라마틱하게 모집된 32,000명의 군사와 함께 미디안과의 일전을 위해 출정한 상황을 1절이 이렇게 보고한다.

여룹바알이라 하는 기드온과 그를 따르는 모든 백성이 일찍이 일어나 하롯 샘 곁에 진을 쳤고 미디안의 진영은 그들의 북쪽이요 모레 산 앞 골짜기에 있었더라

'하롯'이라는 샘 곁에 32,000명이 진을 쳤다고 사사기 기자는 보고한다. 이어 3절을 읽어보자.

이제 너는 백성의 귀에 외쳐 이르기를 누구든지 두려워 떠는 자는 길르앗 산을 떠나 돌아가라 하라 하시니 이에 돌아간 백성이 이만 이천 명이요 남은 자가 만 명이었더라

구약학자들이 1절과 3절을 병행하여 해석한 설명은 귀담을 만하다. 1절에 기록한 샘 '하롯'(חֲרֹד)은 3절에서 '두려워 떠는 자'라고 번역한 히브리어인 '하레드'(חָרֵד)와 같은 어원을 갖고 있다고 설명한다.[*] 다시 말하면 미디안과의 일전을 앞둔 이스라엘 32,000명의 병력이 얼마나 심리적으로 벌써 주눅이 들어 있는지를 상징적으로 알려주는 지표다.

32,000명에서 10,000명으로, 10,000명에서 300명으로 더 병력을 줄이라는 추상같은 하나님의 명령은 이론으로 설명이 안 되는 군사 병법이다. 최종 인원 300명의 실상은 어떤가? 전성민은 그만의 특유한 풍자적 기법으로 이렇게 기드온의 300명 군사를 빗대 설명했다.

흔히 이 남은 300명을 기드온의 '삼백 용사'라고 부른다. 하지만 본문은 어디에도 이들을 용사라고 부르지 않는다. (중략) 본문은 '삼백 용사'의 이야기가 아니라 '삼백 어중이떠중이'의 이야기다.[**]

---

[*] 전성민, 『사사기 어떻게 읽을 것인가?』, 117. 하나님은 기드온과 함께하는 사람들의 수를 줄이기 원하셨다. 하나님은 먼저 기드온과 함께 있는 백성 중에 두려워하는 자들을 돌려보내신다. 백성들이 모여 있는 샘의 이름인 '하롯'은 '떨림'이라는 뜻을 갖고 있다. 이 '떨림'이라는 샘(히브리어로 '하로드')에서 두려워 '떠는'(히브리어로 '하레드') 사람들을 돌려보내자 군대의 수는 32,000명에서 10,000명으로 줄어든다.

[**] 위의 책, 115.

이런 말도 안 되는 삼백 어중이떠중이가 전투를 벌이게 될 미디안의 최정예 군사 병력이 135,000명이었다. 이 전쟁은 해보나 마나다. 머리를 굴려 비상하게 계산해보자. 미디안과 이스라엘의 군사 병력은 산술적인 계산으로 처음에는 4:1 정도였다. 줄이라는 하나님의 명령으로 인해 두 번째는 13.5:1이 되었고, 마지막으로는 300명으로 줄었으니까 135,000:300, 즉 정확하게 계산하면 450:1의 싸움이 된 것이다. 중무장한 미디안 최정예 병사 450명과 비정규 이스라엘 병사 1명과 싸운다는 것이 가히 말이나 될 법한가? 거론 자체가 어불성설이다. 하지만 사정이 이런 데도 하나님께서는 450:1을 만들라는 것이다. 이 말도 안 되는 논리적인 정황은 사회적 통념이나 과학적 분석으로 이해할 수 없다. 그러기에 한 가지 방법 말고는 접근 불가다. 하나님의 의지를 이해하는 신앙적 접근이다. 이렇게 해석해보자.

산술적인 세속의 잣대는 하나님의 뜻과는 전혀 상관이 없다는 것이다. 2절 하반절에서 하나님은 기드온에게 이렇게 선언하셨다

이는 이스라엘이 나를 거슬러 스스로 자랑하기를 내 손이 나를 구원하였다 할까 함이니라

그렇다. 숫자 개념은 도리어 하나님께서 일하시는 것을 인정하지 않게 하는 세속의 잣대다. 숫자로 싸워 이기면 기드온과 그의 병사들이 본인들의 노력으로 이겼다고 착각할 것을 방지하기 위한 하나님의 의도가 들어 있는 것이 300명이다. 다시 말하면 미디안과의 전쟁은

너희들의 숫자적인 우위로 이긴 전쟁이 아니라 하나님인 내가 이겼다는 것을 분명히 하기 위하여 숫자를 줄이게 함이다.

일반적인 세속적 성공의 잣대는 산술적 비대함이다. 돈의 숫자, 힘의 숫자, 권력의 숫자, 사람의 숫자가 바로 성공의 잣대다. 하나님은 이 세속의 방식을 뒤집는다. 묵상하다가 하나님만을 의지하고 바라보던 소년 시절의 다윗이 선포한 전율하는 은혜가 떠올랐다. 그의 선포는 100% 옳다.

> 또 여호와의 구원하심이 칼과 창에 있지 아니함을 이 무리에게 알게 하리라 전쟁은 여호와께 속한 것인즉 그가 너희를 우리 손에 넘기시리라(삼상 17:47)

한국교회의 수준이 "교인이 몇 명입니까?", "1년 예산이 얼마입니까?"에 고착된다면 한국교회의 미래는 없다. 한국교회의 성도들의 문안 인사는 이렇게 바뀌어야 한다.

"당신이 섬기고 있는 교회에 하나님의 사람이 얼마나 만들어지고 있습니까?"

이제 한국교회는 몇 명이 모이는 교회가 아니라 하나님의 사람이 만들어지고 있느냐에 초점을 맞추어야 할 때다. 제발 더 늦기 전에 숫자 놀음에서 돌아서야 한다. 그래서 그랬나 보다. 시인 고진하가 이렇게 말한 것이.

천국에는 아라비아 숫자가 없다.*

---

* 고진하, 『프란체스코의 새들』(문학과지성사, 1993), 18.

하나님의 식(式)은 은혜다

사사기 7:4-8

새길 말씀: 여호와께서 또 기드온에게 이르시되 백성이 아직도 많으니 그들을 인도하여 물 가로 내려가라 거기서 내가 너를 위하여 그들을 시험하리라 내가 누구를 가리켜 네게 이르기를 이 사람이 너와 함께 가리라 하면 그는 너와 함께 갈 것이요 내가 누구를 가리켜 네게 이르기를 이 사람은 너와 함께 가지 말 것이니라 하면 그는 가지 말 것이니라 하신지라 이에 백성을 인도하여 물 가에 내려가매 여호와께서 기드온에게 이르시되 누구든지 개가 핥는 것 같이 혀로 물을 핥는 자들을 너는 따로 세우고 또 누구든지 무릎을 꿇고 마시는 자들도 그와 같이 하라 하시더니 손으로 움켜 입에 대고 핥는 자의 수는 삼백 명이요 그 외의 백성은 다 무릎을 꿇고 물을 마신지라 여호와께서 기드온에게 이르시되 내가 이 물을 핥아 먹은 삼백 명으로 너희를 구원하며 미디안을 네 손에 넘겨주리니 남은 백성은 각각 자기의 처소로 돌아갈 것이니라 하시니 이에 백성이 양식과 나팔을 손에 든지라 기드온이 이스라엘 모든 백성을 각각 그의 장막으로 돌려보내고 그 삼백 명은 머물게 하니라 미디안 진영은 그 아래 골짜기 가운데에 있었더라

읽은 본문은 기드온의 300명이 선별되는 기사다. 하나님은 135,000명의 미디안 군대와 싸울 자원들을 모집함에 있어서 군사적인 이론으로 도무지 해석할 수 없는 방법을 택했다. 자원한 용사 32,000명 중에서 300명으로 줄이는 강수를 두었기 때문이다. 22,000명을 돌려보내게 했다. 모여든 32,000명 중 무서워 벌벌

떨고 있는 오합지졸들은 집으로 돌려보내라 명하자 22,000명이 전쟁의 두려움을 피해 전선에서 이탈했다. 하나님은 1차 커트라인에 합격한 자 10,000명을 보시고 기드온에게 뜻밖의 명령을 내린다. 더 줄이라는 하명이었다. 하나님께서 직접 미디안과의 싸움에 나갈 사람을 가려내는 시험을 내겠다고 천명한 것이다. 하나님이 내리신 미디안 출정 참가 군사를 뽑는 최종 시험은 물가 테스트였다. 물을 핥으며 먹은 자 300명은 합격, 무릎을 꿇고 먹은 자 9,700명은 불합격이었다.

하나님께서 이 테스트 후에 내리신 결정에 대해 독자인 우리는 심사숙고할 필요가 있다. 하나님의 기준에 대해 깊이 성찰해야 한다. 도대체 하나님이 정하신 합격, 불합격의 기준이 무엇인가에 대한 심사숙고는 필수적이다. 답을 내보자.

하나님 마음대로다.

필자의 이 성서 해석에 대해 말 같지 않다고 비난하는 부류가 있을 줄로 안다. 이해한다. 어디 이해뿐인가? 선뜻 동의도 한다. 그런데 어쩔 수 없다. 본문 해석에 대한 부연할 수 있는 정직한 고백이 이것이기 때문이다. 다른 답이 보이지 않는다. 아이러니하지만 바로 이 대목에서 감동과 은혜가 내게 임했다.

하나님이 일하시는 식(式)은 언제나 조건이 아니라 은혜라는 공식이다. '하나님 마음대로'라는 말은 하나님이 고집불통의 존재라는 부정적인 의미가 아니다. 도리어 우리 그리스도인들에게는 감사의 조건이다. 이런 공식으로 일하시는 하나님의 식은 언제나 답이었기 때문이다.

사람이 일하는 방식은 언제나 기승전결, 그리고 서론, 본론, 결론의 분명한 형식이 있다. 이 형식에서 벗어나는 것은 무식함이라는 정의로 공격받는다. 반대로 이 형식에 걸맞게 행동하는 것은 지성적 신앙이요, 21세기를 살아가는 현대적 그리스도인들이 택해야 할 식(式)이라고 종용받는다. 비이성적이고, 비상식적인 신앙의 방향과 행태에 대해서 필자는 동의하지 않는다. 목회 현장에서 극단적 열광주의, 편파적 신비주의, 인위적 은사주의 등등에 대하여 주목하며 경계한다. 하지만 반대편도 긴장하며 주의한다. 하나님을 인간의 이성으로 제한하려는 지적 우선주의, 주지주의, 이성주의가 그렇다. 경계하는 고삐를 늦추지 않는다.

노벨 평화상 수상자 엘리위젤이 쓴 『팔티엘의 비망록』을 보면 아들 그리샤가 아버지 팔티엘 거쇼노비치에게 어려서 배운 일을 독백하는 장면이 등장한다.

"나는 그들(공산주의자들)에게서 볼셰비즘 및 멘셰비즘, 사회주의, 무정부주의란 세 단어를 배웠습니다. 나는 아버지에게 '주의'(…ism)라는 것이 정확하게 무엇이냐고 여쭤보았습니다. 그러자 아버지께서 이렇게 답하셨습니다. 그건 혼인할 준비를 하고 있는 변덕스러운 여자 같은 거란다. 앞의 단어에 따라가는 거야."[*]

기막힌 성찰이다. 여지없이 아멘 했다. 하나님의 일하심은 지적 · 감정적 · 의지적인 완벽한 조건이나 '이즘'(…ism)이 아니라 하나님의

---

* 엘리 위젤/배현나 역, 『팔티엘의 비망록』 (주우, 1981), 63.

식으로 주어지는 은혜다. 필자는 바울의 고백을 큰 울림으로 항상 복기한다.

> 그러나 내가 나 된 것은 하나님의 은혜로 된 것이니 내게 주신 그의 은혜가 헛되지 아니하여 내가 모든 사도보다 더 많이 수고하였으나 내가 한 것이 아니요 오직 나와 함께 하신 하나님의 은혜로라(고전 15:10)

어디 이뿐인가? 바울은 교회에 편지하는 서신마다 빼놓지 않고 이 형식으로 인사하며 글을 시작한다.

> 하나님의 뜻으로 말미암아 그리스도 예수의 사도 된 바울은 에베소에 있는 성도들과 그리스도 예수 안에 있는 신실한 자들에게 편지하노니 하나님 우리 아버지와 주 예수 그리스도로부터 은혜와 평강이 너희에게 있을지어다(엡 1:1-2)

은혜가 평강보다 먼저다. 세상의 식은 평강이 먼저라고 말할 수 있지만 하나님의 식은 언제나 은혜가 먼저고 평강이 그 뒤를 잇는다. 순서를 바꾸지 말자. 영성신학자인 헨리 나우웬의 말이 크게 들렸던 적이 있었다.

> 영적인 어른이 된다는 것은 두려울 만큼 비어 있는 공간을 갖고 있다는 말이다. 그 공간은 더 이상 잃을 것이 없는 곳이며, 아무런 조건이 붙지 않는 지점이자, 참다운 영적 능력을 찾을 수 있는 장소다.[*]

---

* 헨리 나우웬/최종훈 역, 『탕자의 귀향』 (포이에마, 2019), 209-210.

나우웬의 이 말이 큰 울림이 되었던 것은, 필자는 이 공간이 은혜라는 공간으로 들렸기 때문이다. 하나님께서는 이 공간으로 나를 초청하셨다. 무슨 말이 더 필요한가!

듣고 봄

사사기 7:9-14

새길 말씀: 그 밤에 여호와께서 기드온에게 이르시되 일어나 진영으로 내려가라 내가 그것을 네 손에 넘겨 주었느니라 만일 네가 내려가기를 두려워하거든 네 부하 부라와 함께 그 진영으로 내려가서 그들이 하는 말을 들으라 그후에 네 손이 강하여져서 그 진영으로 내려가리라 하시니 기드온이 이에 그의 부하 부라와 함께 군대가 있는 진영 근처로 내려간즉 미디안과 아말렉과 동방의 모든 사람들이 골짜기에 누웠는데 메뚜기의 많은 수와 같고 그들의 낙타의 수가 많아 해변의 모래가 많음 같은지라 기드온이 그 곳에 이른즉 어떤 사람이 그의 친구에게 꿈을 말하여 이르기를 보라 내가 한 꿈을 꾸었는데 꿈에 보리떡한 덩어리가 미디안 진영으로 굴러 들어와 한 장막에 이르러 그것을 쳐서 무너뜨려 위쪽으로 엎으니 그 장막이 쓰러지더라 그의 친구가 대답하여 이르되 이는 다른 것이 아니라 이스라엘 사람 요아스의 아들 기드온의 칼이라 하나님이 미디안과 그 모든 진영을 그의 손에 넘겨주셨느니라 하더라

기드온의 군사로 미디안과의 싸움에 나갈 하나님이 선정하신 300명이 정해졌다. 하롯 샘 쪽에 300명은 진을 쳤다. 반면 모레산 쪽에 진을 치고 있는 미디안 연합군 135,000명은 이제 전투만을 남겨두게 되었다.

어떤 의미로 보면 이미 이 전쟁은 해보나 마나 하다는 생각이 들 정도로 산술적으로 말이 안 되는 전쟁이었다. 1:450의 싸움이었기

때문이다.

바로 이 말도 안 되는 전쟁을 앞둔 전날로 추측되는 시간에 하나님께서 기드온에게 오셨다. 그리고 기드온에게 다음과 같은 명령을 내린다. 9-11절에 기록된 하나님의 명령을 요약하면 이렇다. '적의 진영으로 내려가 정탐하라'는 명령이었다. 주목할 것은 혼자 내려가기가 두려우면 부하 '부라'와 동행하라는 점이었다. 기드온의 심리적인 허점을 보신 하나님의 배려였다. 바로 이 지점에서 잘못하면 쉽게 지나칠 수 있는 하나님의 은혜를 찾아낼 수 있다.

하나님은 기드온의 300명 중에 기드온을 도와 하나님이 계획하신 미디안과의 대전투에 참여한 '부라'를 알고 있었다는 점이다. '부라'는 성서에서 바로 이곳에만 등장하는 말 그대로 엑스트라, 즉 조연이다. 이렇게 조연으로 등장하는 사람이었던 '부라'를 하나님이 알고 계셨다. 억지 춘향인지는 모르겠지만 이런 추측이 가능하다. 모르긴 몰라도 하나님은 기드온과 함께 하나님의 구속사에 참여한 300명의 이름을 다 알고 계셨다는 행복한 상상 말이다.

하나님의 일하심을 듣고 보고 있는가? 엑스트라 조연 '부라'의 이름을 알고 계셨던 주님은 나와 그대의 이름도 세밀히 기억하며 돌보신다. 기드온과 부라를 격려하셨던 것처럼 우리의 이름 하나하나를 기억하시고 인격적으로 세밀하게 응원하고 계신다. 이것을 일찍이 알았던 시인도 이렇게 노래했던 것이다.

하나님이 이르시되 그가 나를 사랑한즉 내가 그를 건지리라 그가 내 이름을 안즉 내가 그를 높이리라(시 91:14)

이렇듯 세밀하신 하나님께서 미디안을 이길 수 있도록 다음과 같이 계획하셨다.

'내가 그것을 네 손에 넘겨주리라'

본문 9절과 14절에 두 번에 걸쳐 말씀하신 약속이다. '그것'이 무엇일까? 대다수의 독자들이 보고 있는 개역개정판에는 '그것'이라는 단어를 3인칭 목적격 비인칭 대명사를 써서 번역했기에 그 의미가 분명하게 들어오지 않는다. 그러나 표준새번역을 보면 이해가 쉽도록 친절하게 번역했다.

그 날 밤 주님께서 기드온에게 말씀하셨다. 너는 일어나서 적진으로 쳐 내려가거라. 내가 그들을 너의 손에 넘겨주겠다.

그렇다. 하나님이 기드온에게 넘겨주기로 한 분명한 대상은 '그들', 즉 미디안 군사들이었다. 기드온은 하나님이 이렇게 응원하심을 믿고 적의 진영에 내려간다.

그곳에 도착하자 기드온은 엄청난 이야기를 듣고 보게 된다. 13-14절이 증언하듯 미디안 군사 한 명이 꿈을 꾼 이야기를 친구인 또 다른 군사에게 들려주는 에피소드다. 보리떡 한 덩어리가 미디안의 진영으로 굴러 들어오는 꿈이었다. 꿈을 꾼 자가 그 보리떡 덩어리가 미디안의 장막 위쪽으로 엎어져 장막을 무너뜨리는 것을 보았는데 아마도 그 보리떡은 기드온의 무력일 것이라는 결론을 내린다. 심리적으로 이 전쟁에서 우리가 질 것이라고 확신하며 자중지란에 빠져 있는 적들의 이야기를 보고 듣게 된 셈이다. 기드온의 입장에서는 정말로 예상치 못한 용기백배하게 하는 말을 청각과 시각으로 확인한 것이다. 이 꿈 이야기는 기드온에게 은혜로 작용한다. 과연 이 전쟁을 내가 감당할 수 있을까? 과연 300명이라는 말도 안 되는 인원으로 내가 이 어마어마한 전쟁을 이길 수 있을까? 끊임없이 의심하고 두려워하던 기드온에게 하나님께서 이미 약속하신바 내가 저들을 너의 손에 넘겨줄 것이라는 약속의 말씀이 분명함을 보게 된 은혜였다.

누가 이 강력한 미디안 군대를 이 지경으로 만들어 놓았나? 하나님이다. 이미 싸워서 이겨 놓으신 하나님의 은혜였다. 하나님이 일하면 된다. 하나님은 실수하지 않으시며 우리를 세밀히 돌보시는 하나님이시다. 이것이 오늘도, 내일도, 모레도 일하시는 하나님을 믿고 담대히 삶의 현장에서 그리스도인으로서 부끄럽지 않게 승리하는 주인공들이 되어야 할 이유이자 당위다. 기드온은 부라와 함께 하나님이 일하시는 것을 들은 것만이 아니라 보았다. 청각과 시각으로 하나님이 먼저 일하시는 것을 듣고 보았던 기드온이 말년에 하나님을 무시한 것은 이해 불가다. 너무도 확실한 하나님의 일하심을 보고도 말이다. 필자는 금년 초 비교종교학자인 찰스 킴볼의 의미 있는 문장을 새겨 놓았다. 기드온의 유감 때문에….

맹목(blindness)의 반대말은 보기(sight)이다. 모든 감각 중에서 시각은 지식과 가장 밀접하게 관련되어 있다. 어떤 사람이 뭔가를 '본다'는 것은 그것에 대해 '지식'을 얻는 강렬한 방법이다.*

---

* 찰스 킴볼/김승욱 역, 『종교가 사악해질 때』 (현암사, 2020), 169.

야훼께만 만세를

사사기 7:15-18

새길 말씀: 기드온이 그 꿈과 해몽하는 말을 듣고 경배하며 이스라엘 진영으로 돌아와 이르되 일어나라 여호와께서 미디안과 그 모든 진영을 너희 손에 넘겨주셨느니라 하고 삼백 명을 세 대로 나누어 각 손에 나팔과 빈 항아리를 들리고 항아리 안에는 횃불을 감추게 하고 그들에게 이르되 너희는 나만 보고 내가 하는 대로 하되 내가 그 진영 근처에 이르러서 내가 하는 대로 너희도 그리하여 나와 나를 따르는 자가 다 나팔을 불거든 너희도 모든 진영 주위에서 나팔을 불며 이르기를 여호와를 위하라, 기드온을 위하라 하라 하니라

기드온은 찜찜한 순종의 자세로 미디안 적진에 내려갔다. 그곳에서 미디안 군사들이 나누는 대화를 듣고 진영으로 돌아와 하나님께 경배했다. 예상하지 못한 심리적 싸움에 이미 사기가 떨어진 미디안 군사들의 상태를 하나님이 만드셨다고 인정했기 때문이다. 이윽고 300명의 군사에게 미디안 진영에서 본인이 들었던 이야기를 전언하면서 이 전쟁은 하나님이 이기게 하실 것이라고 선포한 뒤에 전열을 정비한다. 16-17절을 요약하면 이렇다.

기드온은 용사들에게 한 손에는 나팔을 들게 하였고, 또 다른 한 손으로는 항아리를 들게 하였는데 그 항아리 안에는 횃불을 담게 하였다는 보고다. 문자적으로 이 구절을 이해하려면 손 하나가 더

필요한 것으로 보이기에 해석이 요구된다. 학자들의 이해는 이렇다. 이스라엘 목동들이 흔히 가지고 다니는 나팔은 어깨에 메고 다니는 나팔이었기에 양들이 위기에 몰렸을 때 나팔을 불어 사람들을 모으고 그 소리로 짐승들의 공격을 막는 도구로 사용했다는 것이다. 이것을 감안했을 때 기드온의 삼백 용사가 무장했던 나팔도 당연히 멜 수 있는 나팔이었다고 해석한다. 그렇다면 결국 기드온의 삼백 용사는 항아리를 부순 뒤 왼손으로는 횃불을 들고 오른손으로 나팔을 잡고 불었다고 해석할 수 있다는 것이다.[*]

본문에 등장하는 전쟁 장비가 칼과 창이 아니라는 점에 주목하기 위해 300명이 가지고 있던 것들을 소개했지만 실은 그리 중요한 것은 아니기에 이 정도로 하자. 실제로 중요한 구절은 18절이다.

나와 나를 따르는 자가 다 나팔을 불거든 너희도 모든 진영 주위에서 나팔을 불며 이르기를 여호와를 위하라, 기드온을 위하라 하라 하니라

기드온은 이 명령을 부하들에게 내렸다. 내가 나팔을 불면 너희들도 나팔을 불라는 하명이었다. 단 나팔을 불며 이렇게 외칠 것을 명한다.

여호와를 위하여, 기드온을 위하여

이 구절을 공동번역은 더욱 극적으로 번역했다.

---

[*] 송병현,『엑스포지멘터리 주석, 사사기』, 222.

내가 거느린 부대가 나와 함께 나팔을 불면 너희도 적진을 둘러싸고 있다가
나팔을 불며 "야훼 만세! 기드온 만세!" 하고 외쳐라.

긴장하고 들어야 하는 대목이다. 기드온은 부하들에게 나팔을
불고 항아리를 깨뜨릴 때 이렇게 외치라고 의도적으로 명령하였다.
'여호와 하나님을 위하여'라고. 하지만 기드온이 요구한 외침은 여기에
서 멈추지 않았다는 점에 주목해야 한다. 동등한 위치에서 '기드온을
위하여'라고 외치라고 명령한 점이다. 중요한 것은 이 단어를 이어주는
접속사가 등위접속사라는 점이다. 이 싸움의 주체가 하나님과 기드온
의 동등한 합작품이라는 은연중 암시다. 정말로 그런가? 천부당만부
당이다. 이 전쟁은 하나님만의 작품이었다. 전쟁의 주체는 오직 하나님
한 분이셨다. 여기에 첨가되어야 할 인간의 이름은 존재하지 않는다.
아니, 존재해서도 안 된다. 이 교훈을 가슴에 담아야 한다.

내 신앙의 여정을 인도하는 분은 오직 하나님 한 분뿐이시다. 수차례 살핀
것처럼 기드온은 사사로 부름받기에 앞서 정말 마지못해 질질 끌려왔
다. 끝까지 하나님을 신뢰하지 않은 비겁한 자였다. 그랬던 자가
마지막에는 자기의 이름을 하나님의 반열에 동등하게 세우는 부정적
의도를 드러냈다. 교만함의 극치요 비신앙적인 태도의 극치를 보여주
는 단면이다. 신앙의 출발은 '하나님' 앞에서 '나'라는 개인을 내려놓는
것에서부터 시작해야 한다. 신앙의 여정에 있는 그리스도인이라면
천로역정의 길에서 나와 그대가 고백할 유일한 선언은 이것뿐이어야
한다. "야훼께만 만세!"
  이 선언 뒤에 그 어떤 사족도 붙이지 않기를 바란다.

들고 있는 무기는 무엇인가?

사사기 7:19-23

새길 말씀: 기드온과 그와 함께 한 백 명이 이경 초에 진영 근처에 이른즉 바로 파수꾼들을 교대한 때라 그들이 나팔을 불며 손에 가졌던 항아리를 부수니라 세 대가 나팔을 불며 항아리를 부수고 왼손에 횃불을 들고 오른손에 나팔을 들어 불며 외쳐 이르되 여호와와 기드온의 칼이다 하고 각기 제자리에 서서 그 진영을 에워싸매 그 온 진영의 군사들이 뛰고 부르짖으며 도망하였는데 삼백 명이 나팔을 불 때에 여호와께서 그 온 진영에서 친구끼리 칼로 치게 하시므로 적군이 도망하여 스레라의 벧 싯다에 이르고 또 답밧에 가까운 아벨므홀라의 경계에 이르렀으며 이스라엘 사람들은 납달리와 아셀과 온 므낫세에서부터 부름을 받고 미디안을 추격하였더라

기드온은 300명을 데리고 미디안 적진으로 들어갔다. 인간적인 계책 하나를 동원하고 들어갔다. 한 조를 이룬 기드온의 부하 100명이 밤 이경(二更)에 준비했던 나팔, 항아리, 횃불을 가지고 미디안 지경으로 침투했다. 이경은 새벽이 되기 전 한밤중인 약 10시 즈음을 말한다.* 마침 그 시각은 보초들이 교대하는 시간이었다. 보초들이 교대를 한다는 것은 잠에서 깬 보초를 위탁받은 병사들이 아직은 온전한 정신을 차리기가 쉽지 않은 시간임을 암시한다. 바로 그 시간, 기드온

---

* 전성민, 『사사기 어떻게 읽을 것인가?』, 127.

의 100명의 군사는 나팔을 불기 시작했다. 더불어 가지고 간 항아리를 깨면서 감추어져 있던 횃불을 들었다. 횃불을 든 동시에 그들은 "야훼 만세", "기드온 만세"를 외치기 시작했다. 얼떨결에 잠에서 막 깬 미디안의 파수꾼들은 깜깜한 오밤중 여기저기에서 흔들리는 횃불을 보았다. 동시에 소리가 들리는데 "야훼 만세"와 "기드온 만세"라는 소리가 들렸다. 설상가상으로 이번에는 나머지 200명도 합세하여 횃불을 흔들고 나팔을 불며 기드온의 칼이 여기에 이르렀다고 소리를 쳤다. 21절에서 미디안 적들의 반응과 당시의 긴박한 상태를 사사기 기자는 그대로 증언한다.

> 각기 제자리에 서서 그 진영을 에워싸매 그 온 진영의 군사들이 뛰고 부르짖으며 도망하였는데

곧이곧대로 기드온이 계획한 전략이 먹혀들어 기드온의 군사들은 대승을 거두게 되었고, 기드온의 탁월한 리더십으로 인하여 이 전쟁에서 승리한 것으로 이 구절이 읽혀졌다면 유감이다. 본문 21절까지의 기록을 통해서는 450:1의 싸움에서 1이 승리를 일구어낸 결정적인 근거를 찾을 수 없다. 기드온의 명령과 전략으로는 450:1의 싸움에서 이겼다는 것을 믿으라는 것은 말도 안 되는 억측일 뿐이다. 주목할 것은 22절이다.

> 삼백 명이 나팔을 불 때에 여호와께서 그 온 진영에서 친구끼리 칼로 치게 하시므로 적군이 도망하여 스레라의 벧 싯다에 이르고 또 답밧에 가까운 아벨므홀라의 경계에 이르렀으며

기드온의 300명 용사가 나팔을 불자 엄청난 일이 벌어졌다. 미디안 적진에 있었던 미디안 군사들, 아말렉 군사들, 동방의 군사들이 서로 칼을 빼 싸우는 난장(亂場)이 일어났다. 그들은 동맹군들이며 연합군들이었다. 이해타산은 달랐지만 유다를 차지하여 자국의 이익을 도모하려는 한 가지의 목적을 달성하기 위해 힘을 합친 야욕의 연합군이었다. 사정이 이런데 어떻게 서로에게 칼을 겨누고 싸우기를 시작한 것일까? 질문에 대한 답을 22절 중반절이 준다.

'여호와께서'

단순하지만 은혜의 엑기스가 농축된 주어에서 찾을 수 있다. 여호와께서 미디안 연합군을 갈팡질팡 뛰게 했다. 여호와께서 미디안 연합군을 부르짖고 아우성치게 했다. 만군의 여호와께서 연합군을 허겁지겁 도망하게 했다. 주어는 '여호와께서'다. 이 지명이 정확하게 어디인지는 모르겠지만 그들이 유다를 침공하여 넘어온 경계인 요단 강 근처까지 퇴각하게 한 듯하다. 퇴각만 하게 한 것이 아니다. 23절은 그다음을 증언한다.

이스라엘 사람들은 납달리와 아셀과 온 므낫세에서부터 부름을 받고 미디안을 추격하였더라

이제는 기드온의 300명만이 아니라 이스라엘의 나머지 사람들까지 신이 나서 전쟁에 참여하여 미디안을 물리쳤음을 보고한다. 완전한 승리다.

우리의 무기는 여호와 하나님이어야 한다. 팀 켈러는 『왕의 십자가』에서 이렇게 갈파했다.

> 홀로코스트 이후 진보철학은 인간이 야만적이고 원시적인 상태에서 벗어났다고 가르쳐왔다. 그러나 야만성은 인간의 내적인 깊은 곳에 그대로 여전히 남아 있다.[*]

그리스도교 공동체에서 인간의 지성과 이성은 존중되어야 하지만, 그것을 무기로 삼으면 재앙이 된다. 도리어 각인할 것은 신앙인의 유일한 무기는 여호와 하나님이어야 한다는 점이다. 지혜로운 그리스도인들이 '나'라는 '나'를 믿지 못한다는 것은 불편함이 아니라 무기다. '나'처럼 믿지 못할 존재가 또 어디에 있는가! 그런 '나'를 자신하는 자들은 언제든지 내가 하나님의 자리를 꿰차고 앉을 수 있는 나약함과 동시에 하나님 반대편에 설 수 있는 가능성이 있는 자들임을 잊지 말아야 한다. 오직 하나님만이 나의 무기임을 인정하고 고백함으로 가만히 나를 위해 싸우고 이기게 하는 하나님을 날마다 경험하는 마하나임(하나님의 군대)이 되기를 소망한다.

---

* 팀 켈러/정성묵 역, 『왕의 십자가』(두란노, 2013), 129.

승리한 패배

사사기 7:23-25

새길 말씀: 이스라엘 사람들은 납달리와 아셀과 온 므낫세에서부터 부름을 받고 미디안을 추격하였더라 기드온이 사자들을 보내서 에브라임 온 산지로 두루 다니게 하여 이르기를 내려와서 미디안을 치고 그들을 앞질러 벧 바라와 요단강에 이르는 수로를 점령하라 하매 이에 에브라임 사람들이 다 모여 벧 바라와 요단강에 이르는 수로를 점령하고 또 미디안의 두 방백 오렙과 스엡을 사로잡아 오렙은 오렙 바위에서 죽이고 스엡은 스엡 포도주 틀에서 죽이고 미디안을 추격하였고 오렙과 스엡의 머리를 요단 강 건너편에서 기드온에게 가져왔더라

하나님의 전적인 개입하심으로 450:1의 확률을 적용할 때 1의 입장이었기에 절대로 이길 수 없었던 미디안과의 전투에서 기드온은 대승을 거두었다. 하지만 승리를 마무리하는 과정에서 하나님을 실망시키는 일을 자행함으로 기드온은 결국 승리한 패배자가 되는 찝찝한 주인공이 되었음을 보고하는 장면이 본문이다. 23절은 이렇게 보고한다.

이스라엘 사람들은 납달리와 아셀과 온 므낫세에서부터 부름을 받고 미디안을 추격하였더라

퇴각하는 미디안 잔병들의 퇴각로 동선(動線)이 이스르엘 평야에서 요단강 지역으로 정해졌다. 기드온은 퇴각하는 미디안의 잔병들을 멸절시키기 위해 이스르엘 평야를 중심으로 서쪽 지역에 살고 있었던 아셀 지파와 평야 북쪽에 거주하던 납달리 지파 그리고 남쪽 지역에 거주하던 므낫세 지파의 사람들을 불러들여 전쟁에 가입하게 했다는 증언이다. 이것만이 아니었다. 본문은 기드온이 에브라임 지파에 전령을 보내 전쟁으로 불러들인다. 적들의 퇴각로인 요단강의 수로를 점령하여 미디안의 퇴각로 차단을 에브라임에게 맡긴 것이다. 요단 나루턱을 점령하게 한 셈이다. 그 결과 25절에서 미디안 잔병들의 장군이었던 오렙과 스엡의 목을 베고 그 머리를 기드온에게 가져왔다고 사사기 역사가가 기록함으로 이 전쟁이 완벽한 이스라엘의 승리로 끝났음을 분명히 보고해준다. 이 내용을 아무런 느낌이 없이 그냥 물에 물 탄 듯, 술에 술 탄 듯 넘어가면 대다수의 독자들은 이렇게 결론을 맺는 것으로 그친다. 하나님이 약속하신 대로 기드온과 그의 부하들에게 도무지 이기지 못할 것 같은 전쟁에서 완벽한 승리를 거두게 하셨다고 마무리하는 것으로.

필자는 이런 해석으로 기드온과 미디안의 전쟁사를 종결짓는 것에 대해 천만 유감을 표한다. 미디안과의 전쟁을 마무리하는 기드온의 마지막 행보는 대단히 실망스럽다. 기드온의 태도를 고발해보자. 처음 시작도 매우 불쾌하게 시작한 기드온은 끝까지 하나님을 실망시킨다.

전쟁은 하나님의 뜻대로 이루어졌다. 전쟁에 임하기까지 기드온의 행태가 별로 마음에 들지는 않으셨지만 그래도 하나님은 약속하신 대로 미디안의 싸움에 개입하셔서 기드온을 이기게 하셨다. 하나님은 이렇게 간섭하셨는데 기드온이 택한 퇴각하는 잔병 처리의 방법은 하나님의 뜻과는 전혀 상관없는 방법으로 진행되었다는 점에서 아연 실색한다. 이 전쟁에서 하나님으로부터 부름받은 자는 300명뿐이었다. 그렇다면 전쟁의 마무리도 300명으로 충분하다는 것을 믿어야 했다. 그러나 기드온은 하나님이 지명하신 300명이 아닌 자기의 의지와 머리 굴림으로 다른 지파들을 끌어들여 숫자와 전쟁의 범위를 확산했다. 31,700명을 돌려보내신 주님의 의도를 정면으로 무시한 불신앙의 행태를 기드온이 하나님 앞에서 자행한 것이다. 기드온의 이런 행태에서 느껴야 하는 신앙인의 자세는 분명해 보인다.

하나님과 관계가 없는 승리는 승리가 아니라 패배다. 트렌트 버틀러는 본인의 주석서에서 클라인의 글을 인용하고 있는데 바로 오늘 본문에 대한 석의로 기막힌 통찰을 필자에게 주었다.

> 그러나 삼백 용사와 더불어 하나님의 계획을 성취한 이후에 기드온은 하나님께서 왜 군대의 숫자를 그렇게 축소하고 줄이셨는지 그 요점을 망각해 버린 모습을 보였다. 그는 인간적인 힘을 의지했고, 납달리, 아셀 그리고 므낫세 지파를 동원했다.[*]

버틀러의 문제 제기를 읽다가 문득 한 교훈이 떠올랐다.

하나님과 관계가 없는 승리는 곧 패배다.

---

[*] 트렌트 버틀러, 『WBC 주석 8, 사사기』, 558.

철저한 무신론 작가인 마루야마 겐지는 『나는 길들지 않는다』에서 이런 독설을 남겼다.

목적이 없는 자는 목적이 있는 자에게 죽임을 당한다.[*]

치열한 무신론자도 이 정도의 사유함의 정신을 갖고 산다. 하물며 그리스도인이 나는 지금 잘 걸어가고 있는지조차도 질문하지 않는 둔감한 삶을 산다면 어찌 그리스도인이라고 할 수 있겠는가 싶다. 그리스도인의 승리는 하나님과 관계있는 승리가 되어야 한다. 이것이 그리스도인의 영적 목적이어야 한다.

---

[*] 마루야마 겐지/김난주 역, 『나는 길들지 않는다』 (바다출판사, 2014), 134.

하나님을 탈락시키지 말라

사사기 8:1-3

새길 말씀: 에브라임 사람들이 기드온에게 이르되 네가 미디안과 싸우러 갈 때에 우리를 부르지 아니하였으니 우리를 이같이 대접함은 어찌 됨이냐 하고 그와 크게 다투는지라 기드온이 그들에게 이르되 내가 이제 행한 일이 너희가 한 것에 비교되겠느냐 에브라임의 끌물 포도가 아비에셀의 맏물 포도보다 낫지 아니하냐 하나님이 미디안의 방백 오렙과 스엡을 너희 손에 넘겨 주셨으니 내가 한 일이 어찌 능히 너희가 한 것에 비교되겠느냐 하니라 기드온이 이 말을 하매 그 때에 그들의 노여움이 풀리나라

위르겐 몰트만은 『십자가에 달리신 하나님』에서 그 유명한 어록을 남겼다.

homo incurbatus in se.[*]

직역하면 '자기 자신 안으로 들어가버린 사람'이라는 의미다. 즉, 미래에 대하여 폐쇄되어 있고 희망이 없는 사람들을 통칭하는 상용구다. 몰트만이 왜 이 문장을 도입했을까? 적어도 십자가에 달린 분이

---

[*] J. 몰트만/김균진 역, 『십자가에 달리신 하나님』(1990), 193.

하나님이라고 믿는 신자들의 영적 성찰 수준이 지독하리만큼 이기적인 상태임을 지적하기 위함이었다. 필자는 대학원 석사 과정 시절에 이 글을 만났다. 천둥이요 번개였다. 한국교회를 구성하고 있는 한 사람으로서 적나라한 자화상과 민낯이 까발려지는 듯한 부끄러움에 몸서리를 쳤다. 이런 수치스러움이 어디 오늘만의 일이랴. 기드온 시대의 민낯과 너무 닮았다.

미디안과의 전투에서 하나님의 전적인 개입하심으로 승리를 거둔 기드온 세력은 기쁨도 잠시 내홍에 휩싸인다. 에브라임 지파의 이기적인 훼방 때문이었다. 전쟁의 막판에 가세하여 이미 전투력을 상실한 미디안의 두 방백인 오렙과 스엡을 체포하여 그들의 머리를 잘라 기세등등하게 기드온에게 가지고 온 에브라임 지파 사람들은 기드온에게 강하게 항의한다. 1절을 읽어보자.

> 에브라임 사람들이 기드온에게 이르되 네가 미디안과 싸우러 갈 때에 우리를 부르지 아니하였으니 우리를 이같이 대접함은 어찌 됨이냐 하고 그와 크게 다투는지라

미디안 전투에 우리 에브라임 지파를 늦게 불러 승리의 전과를 평가 절하함으로 본인들을 소외시키려고 했다는 것이 불만 제기의 이유였다. 이런 불만을 제기하는 에브라임 지파의 공격은 전형적인 트집 잡기이자 딴지 걸기였다. 자칫하다가는 선조로부터 획득해온 기득권의 혜택들을 상실할 것에 대한 두려움 때문에 선수를 친 것이다. 7년 동안이나 미디안이 이스라엘을 괴롭히던 시기에 에브라임은 잠잠했다. 사사기 역사의 귀퉁이 어느 한 곳에서라도 에브라임이

미디안에 항거했고 저항했다는 보고는 등장하지 않는다. 이미 전세가 기울고 전의를 상실한 패잔병 그룹의 오렙과 스엡을 손쉽게 거머쥐고 그들을 죽였다는 것을 빌미로 생색내기에 정신이 팔려 있는 에브라임 지파를 보면서 실망을 넘어 안타까웠다. 이런 에브라임 지파의 딴지 걸기가 못내 불편한 것은 이것이야말로 "homo incurbatus in se"의 전형이라고 진단했기 때문이다.

십자가에 달리신 예수 그리스도의 고난에 집중하고 동참하고 따라감으로써 진정한 그리스도인으로의 삶을 살아내는 자들의 공통분모는 이타적 삶이다. 그 반대에 서 있는 자들은 철저히 이기적이다. 십자가에 달리신 하나님의 희생적 사랑이 아닌 그 영광의 부스러기만을 챙기려는 로버트 슐러 식의 '적극적 사고방식'이나 조엘 오스틴 식의 '긍정의 힘'과 같은 십자가 없는 신학으로 교회를 약화시키는 비(非)십자가 신학의 부류가 바로 에브라임 지파의 행태다. 점입가경의 일을 마저 보자. 이런 말도 되지 않는 에브라임의 겁박에 기드온이 반응한 2-3절의 내용은 에브라임의 딴지 걸기에 굴복한 전형적인 인본주의적 타협을 보여준다.

> 기드온이 그들에게 이르되 내가 이제 행한 일이 너희가 한 것에 비교되겠느냐 에브라임의 끝물 포도가 아비에셀의 맏물 포도보다 낫지 아니하냐 하나님이 미디안의 방백 오렙과 스엡을 너희 손에 넘겨 주셨으니 내가 한 일이 어찌 능히 너희가 한 것에 비교되겠느냐 하니라 기드온이 이 말을 하매 그 때에 그들의 노여움이 풀리니라

기드온은 전쟁의 공로를 에브라임에게 돌렸다. 하나님께서 이

공을 세우도록 당신들을 세웠다고 추켜올렸다. 에브라임의 끝물 포도가 아비에셀의 만물 포도보다도 훨씬 더 훌륭하다고 비유하면서 에브라임의 불만을 누러뜨렸다. 므낫세보다 에브라임이 훨씬 위대하다는 겉치레로 급한 불을 껐다. 그러자 에브라임은 화를 풀었다.

'그들의 노여움이 풀리니라'

하나님과 전혀 상관없는 기드온과 에브라임의 내레이션은 저들만의 해피엔딩 리그로 끝났다. 분명히 해피엔딩인데 필자는 도리어 아팠다. 왜냐하면 이들의 한복판에 계셔야 할 하나님이 탈락되었기 때문이다. 오늘날 한국교회가 다시 회복하는 데 정말로 필요한 정신이 있다.

탈락된 하나님을 교회와 그리스도인들의 무대 정중앙으로 다시 모시는 것이다. 20세기 최고의 기독교 변증론자라고 불리는 C. S. 루이스는 『피고석의 하나님』에서 이렇게 갈파했다.

고대인은 피고인이 재판장에게 가듯이 하나님께(또는 신들에게) 나아갔습니다. 현대인의 경우에는 그 역할이 뒤바뀌었습니다. 인간이 재판장이고, 하나님은 피고석에 계십니다. (중략) 재판은 하나님의 무죄 방면으로 끝날 수 있습니다. 그러나 중요한 것은 인간이 판사석에 앉아 있고, 하나님은 피고석에 계시다는 겁니다.*

---

* C. S. 루이스/홍종락 역, 『피고석의 하나님』 (홍성사, 2013), 329.

필자는 한국교회를 너무나 사랑한다. 그러기에 교회의 정중앙에 하나님의 자리를 다시 내어드리기를 바란다. 주님이 서 계실 자리는 인간들이 내몬 피고석이 아니라 재판장석이어야 한다.

하나님이 사라지면
사사기 8:4-17

새길 말씀: 기드온과 그와 함께 한 자 삼백 명이 요단강에 이르러 건너고 비록 피곤하나 추격하며 그가 숙곳 사람들에게 이르되 나를 따르는 백성이 피곤하니 청하건대 그들에게 떡덩이를 주라 나는 미디안의 왕들인 세바와 살문나의 뒤를 추격하고 있노라 하니 숙곳의 방백들이 이르되 세바와 살문나의 손이 지금 네 손 안에 있다는거냐 어찌 우리가 네 군대에게 떡을 주겠느냐 하는지라 기드온이 이르되 그러면 여호와께서 세바와 살문나를 내 손에 넘겨주신 후에 내가 들 가시와 찔레로 너희 살을 찢으리라 하고 거기서 브누엘로 올라가서 그들에게도 그같이 구한즉 브누엘 사람들의 대답도 숙곳 사람들의 대답과 같은지라 기드온이 또 브누엘 사람들에게 말하여 이르되 내가 평안히 돌아올 때에 이 망대를 헐리라 하니라 이 때에 세바와 살문나가 갈골에 있는데 동방 사람의 모든 군대 중에 칼 든 자 십이만 명이 죽었고 그 남은 만 오천 명 가량은 그들을 따라와서 거기에 있더라 적군이 안심하고 있는 중에 기드온이 노바와 욕브하 동쪽 장막에 거주하는 자의 길로 올라가서 그 적진을 치니 세바와 살문나가 도망하는지라 기드온이 그들의 뒤를 추격하여 미디안의 두 왕 세바와 살문나를 사로잡고 그 온 진영을 격파하니라 요아스의 아들 기드온이 헤레스 비탈 전장에서 돌아오다가 숙곳 사람 중 한 소년을 잡아 그를 심문하매 그가 숙곳의 방백들과 장로들 칠십칠 명을 그에게 적어 준지라 기드온이 숙곳 사람들에게 이르러 말하되 너희가 전에 나를 화통하여 이르기를 세바와 살문나의 손이 지금 네 손 안에 있다는거냐 어찌 우리가 네 피곤한 사람들에게 떡을 주겠느냐 한 그 세바와 살문나를 보라 하고 그 성읍의 장로들을 붙잡아 들 가시와 찔레로 숙곳 사람들을 징벌하고 브누엘 망대를 헐며 그 성읍 사람들을 죽이니라

기드온에 관련한 사사기 연구를 하면서 발견한 놀라운 점이 있다. 하나님은 미디안 7년 동안의 폭정에서 이스라엘 백성을 구원하기 위해 기드온을 부르셨다. 문제는 사사가 될 만한 자격이 전혀 보이지 않는 기드온을 사용할 요량으로 그를 만들어가는 과정이 결코 녹록지 않았다는 점이다. 하나님은 깜냥도 안 되는 기드온을 어르고 달래서 그를 부르셨다. 어디 그뿐인가? 그의 비위에 맞춰주기 위해서 노력했고, 말도 안 된다고 생각하는 호칭(큰 용사)도 붙여주었고, 투정 부리는 기드온을 향해 오래 참기까지 한 장면은 눈물겨웠다.

이렇게 적극적으로 구애(?)하셨던 하나님은 기드온으로 하여금 미디안 대군을 이기게 한 주체이셨지만, 사사기 7:9 이후로부터 기드온의 남은 행적과 그의 사악했던 아들 아비멜렉의 기사가 끝나는 9장까지 단 한 차례도 등장하지 않는다는 보고는 충격이다. 신명기 역사가의 의도적인 방법으로 여겨지는 '하나님의 사라짐'이라는 메타포에서 발견되는 기드온의 후기 여정은 말 그대로 세상 사람들보다 더 못한 불신앙인의 극치를 보여주는 비극의 기록들이기에 아연실색하게 한다.

전쟁에서 패한 미디안의 패잔병의 수는 15,000명이었다. 그들은 섬기던 두 명의 왕인 세바와 살문나를 호위하며 요단강을 건너 가나안 북쪽으로 후퇴하였다. 하지만 기드온의 부하들은 도망가던 15,000명을 끝까지 추격한다. 기드온의 300명이 120,000명의 미디안과 아말렉의 연합군을 대파하였지만, 아직은 완전히 전쟁이 끝난 것이 아니기에, 기드온의 입장에서 볼 때 1:50에 해당하는 또 다른 힘에 겨운 패잔병 15,000명과의 전쟁에서 승리해야 하는 적지 않은 부담감은 인지상정으로 이해가 된다. 설상가상으로 이 병사들의 정체성은 아마도 살아남은 미디안의 왕들인 세바와 살문나를 목숨 걸고 지키는 호위 병사들이었기에 정예병들이었을 가능성이 농후하다.

기드온은 이들을 추격하는 것 자체가 많이 힘들고 지쳐 있던 차에 잔병들을 추격하면서 숙곳이라는 땅에 도착했다. 숙곳은 가나안 분배 시 갓 지파에게 할당되었기에 동족이 기거하고 있는 땅이었다. 그곳에 도착한 기드온은 지친 병사들을 위해 숙곳 사람들에게 먹을 수 있는 양식을 요청하지만 사태를 파악하지 못한 숙곳 사람들은 미디안의 보복이 두려워 기드온의 청을 거절했다. 이렇게 거절당한 기드온은 남은 전쟁에서 이기면 숙곳 사람들을 용서하지 않을 것이라는 서늘한 메시지를 남긴다. 이후 숙곳에서 문전박대를 당한 기드온은 이번에는 추격하는 길목에 있는 브누엘로 나아가서 똑같은 청을 한다. 하지만 결과는 매일반이었다. 부아가 치민 기드온은 브누엘에게도 수모를 당한 원수를 갚겠다고 선포한 뒤, 오기인지는 모르겠지만 결국은 남은 전쟁에서도 승리를 거두고 그들에게로 돌아온다. 기드온은 돌아와 자기에게 수모를 준 숙곳과 브누엘을 잔인하게 초토화시키고 그곳 거민들을 집단적으로 살해하는 만행을 저질렀음을 본문이 보고한다.

바로 이 지점에서 사사기를 연구하는 독자들은 냉정하게 기드온을 향하여 이렇게 질문해야 한다. 하나님이 왜 기드온을 불렀을까? 미디안에게 7년 동안이나 고통을 당하던 자기 백성들을 구원하는 도구로 사용하시기 위해서였다. 하나님의 목적은 완성을 향하여 달려가고 있다. 이런 시급한 과정에 있었지만 사사기 7:9를 끝으로 하나님은 기드온의 사역에서 나타나시지 않는다. 다시 말해 하나님이 시작하신 것처럼 여겨지는 이 전쟁에서 하나님은 손을 떼신 것이 오늘 본문을 포함하여 7:9 이후에 여실히 나타난다.

하나님이 역사하시던 무대에서 하나님이 사라지자 기드온은 그때부터 하나님과 전혀 관계없는 사람의 모습으로 돌변하여 사사가 아닌 동족을 죽이는 살인자로 변질된다. 엎친 데 덮친 격으로 사람들에 의해 상처받고, 사람들에게 휘둘리다가 기드온은 본인 스스로 비극적인 말년을 보낸 것은 물론 그의 아들 대(代)에서는 더 어처구니없는 가계의 참극을 경험해야 했던 비운의 주인공으로 역사에 남게 되었다.

하나님이 우리 무대에서 사라지면 우리의 삶은 랜덤의 삶으로 추락한다. 사사기가 보여주는 영적인 단면은 단지 기드온뿐만 아니라 일체의 사사들의 행적을 통하여 이 점을 알려준다. 하나님이 우리의 무대 정중앙에 계시지 않고 사라지게 되면 그때부터 우리의 삶은 막사는 인생으로 추락한다는 점을 결코 망각해서는 안 된다. 하나님은 신앙인의 삶의 정중앙에 항상 계셔야 한다. 교회를 사유화하는 땅을 칠 일들이 백주에 버젓이 일어나고 있는 사랑하는 한국교회에 큰 울림을 주고 아름다운 퇴장을 한 이재철 목사께서 쓰신 『사명자반』을 읽었을 때 가슴을 때렸던 사자후가 있다.

주일 예배가 끝나고 예배당 문을 나서는 순간부터 우리는 주님을 과거형으로 잊어버린다. (중략) 한국 그리스도인들이 간증을 좋아하면서도 삶이 성숙해지지 않는 것은 결국 주님을 과거형으로만 기억하기 때문이다.[*]

그리스도인은 예배당은 물론 예배당 문을 열고 나가는 내 삶의

---

[*] 이재철, 『사명자반』(홍성사, 2013), 131.

현장 정중앙에 주께서 언제나, 항상, 늘 계실 때만 진짜 그리스도인이 된다. 하나님이 사라지면 나도 사라진다는 것을 잊지 않는 신실한 그리스도인이 보고 싶다.

여호와의 이름을 부르려면

사사기 8:18-21

새길 말씀: 이에 그가 세바와 살문나에게 말하되 너희가 다볼에서 죽인 자들은 어떠한 사람들이더냐 하니 대답하되 그들이 너와 같아서 하나 같이 왕자들의 모습과 같더라 하니라 그가 이르되 그들은 내 형제들이며 내 어머니의 아들들이니라 여호와께서 살아 계심을 두고 맹세하노니 너희가 만일 그들을 살렸더라면 나도 너희를 죽이지 아니하였으리라 하고 그의 맏아들 여델에게 이르되 일어나 그들을 죽이라 하였으나 그 소년이 그의 칼을 빼지 못하였으니 이는 아직 어려서 두려워함이 었더라 세바와 살문나가 이르되 네가 일어나 우리를 치라 사람이 어떠하면 그의 힘도 그러하니라 하니 기드온이 일어나 세바와 살문나를 죽이고 그들의 낙타 목에 있던 초승달 장식들을 떼어서 가지니라

본문은 도망치던 미디안의 패잔병들의 수장이라고 볼 수 있는 세바와 살문나를 심문하는 기드온의 이야기다. 기드온은 과거 7년 동안 미디안이 이스라엘을 압제할 때 고통을 주었던 일들을 상기시키면서 세바와 살문나에게 다볼이라는 상징어를 등장시켜 이렇게 심문한다.

너희가 다볼에서 죽인 자들은 어떠한 사람들이더냐(18절)

이 질문에 대하여 두 왕은 이렇게 답을 한다.

대답하되 그들이 너와 같아서 하나 같이 왕자들의 모습과 같더라 하니라

두 가지의 의미로 해석이 가능하다.

① 사로잡힌 왕들이 자기들의 생명을 부지하기 위해 왕으로서의 정체성을 갖지 못하고 있는 기드온을 왕자라는 호칭으로 불렀다는 해석이다. 분명히 기드온을 왕족으로 치켜세우는 발언으로 보는 해석이다.
② 기드온을 향해 하는 비아냥으로 보는 해석이다. 당신이 지금 아무리 왕처럼 폼을 잡고 있지만 왕자 정도의 신분을 벗어나지 못하는 풋내기라는 도전적인 해석이다.

분명한 것은 이 두 가지는 모두 기드온을 왕으로 인정하지 않고 무시하는 발언이기에 그의 감정을 건드리는 도전이라는 점이다. 이에 격분한 기드온은 두 왕의 목을 치기로 결정한다. 아연실색할 일은 바로 이 대목에서 경악할 만한 일을 기드온이 저질렀다는 것이다. 20절이 보고하기를 두 명의 목을 베는 것을 그의 큰아들 여델에게 하라고 명한 점이다. 여델은 아직 어린 아들이었다는 점에서 기드온의 행위는 비난받아 마땅하다. 그럼에도 불구하고 긍정적으로 본문을 해석하려는 사람들은 아들에게 큰 용사의 아들로서 담대함을 키우기 위한 배려라고 말한다. 궁색해 보인다. 기드온은 왕으로 인정하지 않는 두 명에게 자존심이 상했다. 기드온이 자신의 입지를 분명히 하기 위해 그의 큰아들에게 왕과 같은 강력한 리더십이 있음을 보여주고 싶었다. 그러기에 아직 칼을 칼집에서 빼지도 못하는 아들에게

사람 둘의 목을 치라고 명령한 것이다.

여델이 어려서 아버지의 명대로 하지 못하자 기드온은 개인적인 복수의 칼을 뽑았다. 21절에서 기드온이 그들의 목을 쳤다고 사사기기자는 증언하고 있다. 송병현은 이 부분을 자신의 주석서에서 이렇게 갈파했다.

> 어느새 기드온은 피에 굶주린 늑대로 변해 있었다. (중략) 기드온은 이 두 명의 왕들을 여호와를 위해 처형한 것이 아니라 자신의 개인적 복수심에 불타 죽인 것이다.[*]

필자는 이 기사의 내용을 추스르다가 19절에서 너무나 부끄러웠다.

> 그가 이르되 그들은 내 형제들이며 내 어머니의 아들들이니라 여호와께서 살아 계심을 두고 맹세하노니 너희가 만일 그들을 살렸더라면 나도 너희를 죽이지 아니하였으리라 하고

개인적인 복수심으로 두 왕의 목을 치는 데 동원된 단어가 7:24 이후 단 한 번도 등장하지 않는 여호와 하나님의 이름이었다는 것이 소름 끼치게 부끄러웠다. 기드온이 가장 비신앙적 행위를 자행하면서 그 일의 정당성을 확보하기 위해 여호와 하나님의 이름을 들먹인 셈이다.

하나님에 대해 1도 관심 없는 자가 여호와 하나님의 이름을 거듭먹

---

[*] 송병현, 『엑스포지멘터리 주석, 사사기』, 233.

거리다니! 수치스럽기 짝이 없다. 우리나라 대다수의 한글 성경은 히브리어 '하야 예호바'(חַי יְהוָה)를 '내가 여호와의 사심으로'라고 번역하지만, 가톨릭 학자들과 선교 100주년을 맞이하여 번역한 공동번역은 여타 다른 한글 번역과는 전혀 다른 번역을 해놓았다는 점에서 의미심장하다. 사사기 8:19의 공동번역이다.

> 기드온이 말하였다. 그들은 한 어머니에게서 난 내 형제들이다. 너희가 그들을 죽이지 않았더라면, 나 또한 절대로 너희의 목숨을 건드리지 않았을 것이다.

개신교에서 번역한 한글 번역과 어떤 차이가 있는가? '여호와 하나님의 이름'이 생략된 채로 번역했다는 점이 다르다. 필자는 이 번역이 아주 잘된 번역이라는 점에 동의한다. 하나님의 이름을 욕되게 하는 기드온에게 하나님의 이름을 거론할 자격이 없음을 의미한 번역이기 때문이다. 적어도 하나님의 이름을 드높이는 현장이라면 사람을 살리는 역사가 나타나야 한다. 기본이다. 적어도 여호와 하나님의 이름을 부르려면 죽이기 위해서가 아니라 살리기 위해서 불러야 한다. 이 점을 감안할 때 박준서 박사의 제3계명 해석은 탁월한 해석이 아닐 수 없다.

> 제3계명의 신학은 하나님의 이름을 예배와 찬양의 대상이 아니라 인간적인 이익을 구하는 데 잘못 사용해서는 안 된다는 의미이다.[*]

---

[*] 종교교재편찬위원회편, 『성서와 기독교』(연세대학교 출판부, 1988), 62.

내가 사랑하는 한국교회 현장에서 여호와 하나님의 이름을 불렀다면 사람을 살리는 선한 역사가 반드시 뒤따르기를 기도해본다.

올무를 만들지 말라

사사기 8:22-27

새길 말씀: 그 때에 이스라엘 사람들이 기드온에게 이르되 당신이 우리를 미디안의 손에서 구원하셨으니 당신과 당신의 아들과 당신의 손자가 우리를 다스리소서 하는지라 기드온이 그들에게 이르되 내가 너희를 다스리지 아니하겠고 나의 아들도 너희를 다스리지 아니할 것이요 여호와께서 너희를 다스리시리라 하니라 기드온이 또 그들에게 이르되 내가 너희에게 요청할 일이 있으니 너희는 각기 탈취한 귀고리를 내게 줄지니라 하였으니 이는 그들이 이스마엘 사람들이므로 금 귀고리가 있었음이라 무리가 대답하되 우리가 즐거이 드리리이다 하고 겉옷을 펴고 각기 탈취한 귀고리를 그 가운데에 던지니 기드온이 요청한 금귀고리의 무게가 금 천칠백 세겔이요 그 외에 또 초승달 장식들과 패물과 미디안 왕들이 입었던 자색 의복과 또 그 외에 그들의 낙타 목에 둘렸던 사슬이 있었더라 기드온이 그 금으로 에봇 하나를 만들어 자기의 성읍 오브라에 두었더니 온 이스라엘이 그것을 음란하게 위하므로 그것이 기드온과 그의 집에 올무가 되니라

총 21장으로 구성되어 있는 사사기에는 12명의 사사들(쇼페트)이 등장한다. 그렇게 길지 않은 장들에 걸쳐 12명의 사사들을 배열하다 보니 돌라, 야일, 입산, 엘론, 압돈 등 5명의 소(小)사사는 아주 짤막한 소개로 대신하고, 나머지 7명의 사사들의 행적을 비교적 소상히 기록하고 있다. 사정이 이렇다 보니 6-8장에 걸쳐 기록한 기드온의 행적은 소위 말하는 대(大)사사 반열에서도 결코 적지 않은 분량으로 신명기

사가가 성서에 적시했다고 해도 틀린 해석이 아니다. 문제는 기드온에
대한 전통적인 해석이 너무 일률적이고 긍정적이라는 데 있다.

그 때에 이스라엘 사람들이 기드온에게 이르되 당신이 우리를 미디안의 손에서
구원하셨으니 당신과 당신의 아들과 당신의 손자가 우리를 다스리소서 하는지라
(22절)

이스라엘 신앙 공동체가 기드온에게 이런 파격적인 제안을 하게
된 배경을 김지찬 교수가 『오직 여호와만이 우리의 사사』에서 내린
긍정적 평가를 읽었다.

① 목숨을 걸고 아버지의 집에 있는 바알의 단을 헐었다.
② 300명을 데리고 135,000명을 공격하는 부대를 지휘하는 능력
이 그에게 있었다.
③ 에브라임의 불평을 유화책으로 잠재운 외교적 수완이 있었다.
④ 피곤한 군대에 떡을 제공해달라는 요청을 거부한 숙곳과 브누엘
과 같은 도시를 보복하는 단호함이 있었다.
⑤ 피곤한 병사들을 이끌고 끝까지 적을 섬멸하는 집중력이 있었다.
⑥ 적의 왕들의 목을 치는 담대함도 있었다.*

필자는 김 교수의 이런 해석에 전혀 동의하지 않는다. 그 반대다.
기드온의 행적들의 총체는 하나님이 주신 담대함이 아니라 하나님을

---

* 김지찬, 『오직 여호와만이 우리의 사사』(생명의말씀사, 2019), 223-224.

무시한 무자비함이다. 다시 말해 하나님을 향한 불신앙과 마지못함의 마중물이라고 보는 것이 맞다. 전술한 22절의 본문도 김 교수의 해석과는 정반대로 필자는 접근한다.

본문 24-27절 전반절을 보면 기드온은 왕이 되지 않을 것이라는 선포를 한 뒤에 대신 백성들에게 다른 조건을 제시했다. 귀고리를 달라는 것이었다. 그냥 귀고리가 아니라 금귀고리였다. 미디안과의 싸움에서 승리한 이스라엘 신앙 공동체는 승전국의 몫으로 패전국의 기물들을 탈취하였는데 그중 하나가 금귀고리였다. 바로 이것을 기드온이 백성들에게 요구한 것이다. 기드온의 이 요청에 백성들이 흔쾌히 수락하고 기드온에게 바친 금귀고리의 숫자가 본문에 등장한다. 1,700세겔, 즉 무게로 계산하면 약 20Kg에 해당하는 많은 양이다. 기드온은 이것을 도구로 금 에봇을 제작한다. 기드온은 그렇게 완성된 에봇을 자기의 성읍 오브라로 가지고 갔다. 오브라는 당시 이스라엘 공동체가 하나님을 배반하고 섬기던 가나안의 주신인 바알과 아세라 산당의 잔재가 있는 곳이기에 하나님이 허물라고 명령하신 곳이었다. 자기 손으로 하나님의 명령에 순종하여 훼파했던 이방신전의 터로 금 에봇을 가지고 간 기드온은 그것을 그곳에 안치했는데 바로 그것이 기드온의 집에 올무가 되었다. 사람들이 그것을 우상 숭배의 대상으로 삼아 섬기는 영적 음란함의 대명사로 삼았기 때문이다. 기드온은 자신이 왕이 되지 않겠다고 했지만, 그의 후속 행동들은 왕이 하는 것만 행했다는 점에 주목해야 한다.

① 기드온이 왕이 되지 않는 조건으로 백성들에게 금귀고리를 요구했다는 것은 도리어 내가 왕의 권위를 갖고 있는데 그 권위에

순종을 하겠는가에 대한 완곡한 압박이었다.

② 기드온은 미디안의 왕들이 갖고 있었던 초승달 모양의 장식, 그들이 입었던 자색 옷을 취함으로 말로는 왕이 되지 않겠다고 한 것과는 달리 왕의 자세를 취했다.

③ 이어지는 사사기 9장에 등장하는 악의 화신이라고 보아도 무방한 기드온의 아들 '아비멜렉'의 의미는 '나의 아버지는 왕이시다'라는 뜻이다.

세속적 가치를 붙드는 것은 그것이 나에게 영적 올무가 되게 한다는 점을 인지해야 한다. 『인생은 살만한가』라는 김기석 목사의 글에 담긴 전율하는 감동이다.

삶의 중심이 하나이면 '충'(忠)의 삶을 살게 되지만, 중심이 여러 개이면 '환'(患)이 된다.*

존 스토트도 그의 걸작인 『기독교의 기본진리』 말미에 대단히 의미심장한 말을 남겨 놓았다.

'그리스도인이 되는 것'(to be)과 '그리스도인으로 사는 것'(to do)은 전혀 다른 별개의 문제이다.**

---

* 김기석, 『인생은 살만한가』(꽃자리, 2018), 55.
** 존 스토트/황홀호 역, 『기독교의 기본진리』(생명의말씀사, 2010), 208.

내 삶의 중심에 세속적 가치를 올려놓지 말자. 만에 하나 그렇게 무늬만 성도인 그리스도인이 되면 그것은 자신에게 충(忠)이 아닌 환(患)을 만드는 올무가 되게 한다. 하나님의 가치로 무장한 그리스도인이 되어(to be) 세속적 가치를 올무로 만들지 않는 그리스도인의 삶을 살아내자(to do). 하나님께서는 우리가 그렇게 살고 있는지를 보고 있다(to watch).

흔적

사사기 8:28-32

새길 말씀: 미디안이 이스라엘 자손 앞에 복종하여 다시는 그 머리를 들지 못하였으므로 기드온이 사는 사십 년 동안 그 땅이 평온하였더라 요아스의 아들 여룹바알이 돌아가서 자기 집에 거주하였는데 기드온이 아내가 많으므로 그의 몸에서 낳은 아들이 칠십 명이었고 세겜에 있는 그의 첩도 아들을 낳았으므로 그 이름을 아비멜렉이라 하였더라 요아스의 아들 기드온이 나이가 많아 죽으매 아비에셀 사람의 오브라에 있는 그의 아버지 요아스의 묘실에 장사되었더라

남침례교회의 순회 설교자인 폴 워셔는 그의 걸작인 『복음』에서 이런 사자후를 남겼다.

복음은 필요한 것의 핵심이나 일부분이 아니라 전부다. 복음이 사람들에게 영향력을 행사하게 하는 방법은 오직 한 가지, 선포뿐이다.*

사사 기드온은 결코 하나님의 도구로 사용될 수 없는 수많은 결함이 있는 자였다. 그럼에도 불구하고 하나님께서 그에게 은혜를 주시면서 그를 사용했다는 점은 아이러니다. 기드온의 삶을 마감하는 본문은

---

* 폴 워셔/조계광 역, 『복음』(생명의말씀사, 2013), 83.

기드온의 말년의 행적과 죽음에 대한 보고다. 28-29절을 보자.

미디안이 이스라엘 자손 앞에 복종하여 다시는 그 머리를 들지 못하였으므로 기드온이 사는 사십 년 동안 그 땅이 평온하였더라 요아스의 아들 여룹바알이 돌아가서 자기 집에 거주하였는데

기드온은 미디안과의 전쟁을 하나님의 은혜로 승리로 이끈 뒤 40년이라는 평화 기간 동안 자기가 원했던 것을 얻고 살았다. 그는 고향으로 돌아갔다. 본문 29절은 의미심장하다. 사사기 기자가 기드온의 말년 이름을 기드온이라고 호칭하지 않고 '여룹바알', 즉 '바알과 대면하여 싸웠다'라는 뜻의 별명으로 호칭했다. 왜 그랬을까? 필자는 저자의 의도적인 기록에 무릎을 쳤다. 기드온은 분명 바알의 단을 헐고 바알 숭배의 근원을 허물었던 '여룹바알'이었지만 그의 말년에 오브라에 금 에봇을 설치해 놓고 자기의 치솟은 권세를 경배하게 한 또 다른 우상 숭배의 틀을 마련했던 자다. 그런 그가 정녕 '바알의 단을 허물었던 여룹바알'이라는 이름으로 사는 것이 마땅한 자인가를 고발하고 싶었기 때문이라고 필자는 해석한다.

'여룹바알'이 기드온인데 그는 말년에 도리어 바알과의 쟁투에서 멀어졌다. 오히려 그는 오브라에서 생의 말년을 보내면서 그가 장담했던 왕이 되지 않겠다던 선언과는 정반대로 철저한 왕의 권력을 휘두르며 살았던 것이 오늘 본문의 정황으로 볼 때 여기저기에서 발견된다. 30-31절을 보자.

기드온이 아내가 많으므로 그의 몸에서 낳은 아들이 칠십 명이었고 세겜에 있는

그의 첩도 아들을 낳았으므로 그 이름을 아비멜렉이라 하였더라

문자 그대로 해석하면 그는 고향에서 살면서 많은 아내를 두었다는 것이다. 그 아내들 사이에서 70명의 아들을 두었음도 사사기 기자는 알려준다. 만에 하나 아들이 70명이라면 여성의 이름을 배제한 당시의 상황으로 볼 때 딸까지 계수하면 그의 자식들의 수는 엄청난 수였을 것이 분명하다. 알베르토 소긴은 70명이라는 숫자를 수로 해석하지 않고 많다는 것의 대략적인 수치로 이해한다고 주해했다.* 이 해석은 도리어 필자에게는 기드온의 말년이 주목받을 만한 사사가 아니라는 부정적인 영적 기상도를 알게 해주었기에 밑줄을 그었다.

그는 왕이 되지 않겠다고 여론 플레이를 했지만, 숫자로 셀 수 없을 정도로 많은 자녀를 두었다. 사사시대에 이런 가계도를 형성할 수 있는 유일한 직분은 왕뿐이다. 철저히 왕의 행세를 하는 권력자로 살았다는 증거다. 어디 이뿐인가? 기드온은 고향 오브라가 아닌 세겜에서 첩을 두었다. 첩으로 번역된 히브리어 '피레게쉬'(פִילֶגֶשׁ)는 문자적으로 '정부'(情婦)를 의미하는 단어다. 다시 말해 남자의 성적인 욕구를 채워주는 여자를 의미하는 단어다. 기드온은 본인의 성적인 욕구를 채우기 위해 당시 가나안 땅에 속하는 이방의 여인을 첩으로 두었다는 말이다. 이 또한 왕의 권력을 갖지 않고서는 감히 생각할 수 없는 행위의 소산물이었다. 그렇다면 기드온이 사사로 남긴 총 흔적이 무엇이었을까? 유명한 주석학자 햄린은 기드온의 삶을 단 한 마디로 이렇게 평가했다.

---

* J. 알베르토 소긴, 『국제성서주석, 판관기』, 233.

심각한 결함을 가진 사사

우리가 발을 딛고 사는 이 땅에서 사람들에게 어떤 평가를 받고 생을 마감하는가에 대한 답변은 그리스도인의 포기할 수 없는 흔적이어야 한다. 누가가 평한 다윗의 흔적은 이렇다. 사도행전 13:36을 보자.

> 다윗은 당시에 하나님의 뜻을 따라 섬기다가 잠들어 그 조상들과 함께 묻혀 썩음을 당하였으되

'하나님의 뜻을 따라 섬기다가 잠들어'가 후세가 평가한 다윗의 영적 흔적이다. 이재철 목사가 말했던 일갈이 아직도 필자에게는 따뜻한 도전으로 가슴에 있다.

> 믿음은 점이 아니라 선이다.[*]

곱씹고 또 곱씹어도 가슴을 울리는 교훈이다. 누가 감히 이렇게 말할 수 있는 자일까? 바울 같은 삶을 산 자다.

> 이 후로는 누구든지 나를 괴롭게 하지 말라 내가 내 몸에 예수의 흔적을 지니고 있노라(갈 6:17)

---

[*] 이재철, 『사도행전 속으로 8』 (홍성사, 2013), 44.

한 가지 분명한 사실은 기드온과 같은 심각한 결함이 있는 사사는 결코 남기지 못하는 스티그마(stigma)라는 점이다. 그대와 나는 예수 그리스도가 기뻐하는 흔적을 남기는 하나님의 사람인가?

속편이 아름다우려면 (1)

사사기 8:33-35

새길 말씀: 기드온이 이미 죽으매 이스라엘 자손이 돌아서서 바알들을 따라가 음행하였으며 또 바알브릿을 자기들의 신으로 삼고 이스라엘 자손이 주위의 모든 원수들의 손에서 자기들을 건져내신 여호와 자기들의 하나님을 기억하지 아니하며 또 여룹바알이라 하는 기드온이 이스라엘에 베푼 모든 은혜를 따라 그의 집을 후대하지도 아니하였더라

본문 32-33절을 읽어보자.

요아스의 아들 기드온이 나이가 많아 죽으매 아비에셀 사람의 오브라에 있는 그의 아버지 요아스의 묘실에 장사되었더라 기드온이 이미 죽으매 이스라엘 자손 이 돌아서서 바알들을 따라가 음행하였으며 또 바알브릿을 자기들의 신으로 삼고

기드온은 파란만장한 삶을 마치고 아버지 요아스의 묘실에 장사되 었음이 기록되어 있다. 이어지는 33절은 기드온이 죽자마자 이스라엘 신앙 공동체는 기다렸다는 듯이 기드온의 아버지 요아스의 시대로 돌아갔음을 사사기 기자가 보고한 내용이다. 왜 후퇴했을까?

살아생전 기드온이 영적 영향력을 남기지 못했기 때문이다. 35절을 보면 기드온이 죽자마자 이스라엘 후손들은 기드온의 집을 무시한다. 기드온이 실권을 갖고 있었을 때 이스라엘 공동체가 기드온에게 했던 8:22을 복기해보자.

> 그 때에 이스라엘 사람들이 기드온에게 이르되 당신이 우리를 미디안의 손에서 구원하셨으니 당신과 당신의 아들과 당신의 손자가 우리를 다스리소서 하는지라

되새김질하면 이스라엘 공동체는 기드온에게 당신이 우리를 미디안의 손에서 구원했으니 당신과 당신의 아들과 당신의 손자가 우리를 다스리도록 해달라는 아부에 가까운 발언이다. 그러나 기드온이 죽자 이스라엘 신앙 공동체는 자기들이 종용했던 약속은 없애버리고 기드온의 집을 천대하는 집단으로 돌변했다. 어떻게 이렇게 급반전의 변심이 이스라엘에게 임했을까? 다시 반복하며 복기한다. 기드온이 살아 있는 동안 세속적 권세에 붙들려 살면서 전혀 영적인 지도자로서의 선한 영향력을 행하지 못했기 때문이다. 기드온은 미디안과의 죽음을 건 싸움 뒤에 승리를 거머쥐었음에도 불구하고 이윽고 하나님의 말씀과 뜻대로 살았다는 증거가 그의 전기 안에 단 한 번도 등장하지 않았음을 이미 살폈다. 그는 속편을 쓸 만한 인생이 못 되었다.

반면교사로 삼도록 하자. 그리스도인이 이 땅에 살면서 본인의 삶이라는 지경에서 아름다운 속편을 쓰려면 사는 동안 영적으로 선한 영향력을 많이 남기는 삶을 살아야 한다. 영적인 영향을 끼친 자는 그렇게 하지 못한 자에 비해 반드시 하나님께서 그의 삶의 족적들을 빛나게 하기 때문에 속편을 쓰게 한다. 두 구절을 소개해본다. 먼저는

사도행전 7:58이다.

> 성 밖으로 내치고 돌로 칠새 증인들이 옷을 벗어 사울이라 하는 청년의 발 앞에 두니라

이어서 나오는 8:1을 읽어보자.

> 사울은 그가 죽임 당함을 마땅히 여기더라

필자는 이 구절을 읽을 때마다 전율하는 감동을 받는다. 누가는 스데반이 돌에 맞아 순교를 당할 때 그 돌 던지는 자들의 옷을 관리하던 열혈 유대 청년 사울은 스데반이 죽는 것을 마땅히 여겼다는 아주 의미 있는 보고를 여운으로 남긴다. 생뚱맞게 등장한 사울, 왜 누가가 그를 이 드라마틱한 사건에 등장시켰을까? 단언컨대 바울이 생을 로마에서 마칠 때까지 그를 돌보아주었던 주치의, 누가 자신의 영적인 멘토가 바울이었다. 바울을 변화하게 만들었던 첫 번째 신앙적 충격으로 누가는 스데반의 순교 장면을 뽑았기 때문이다. 죽음 앞에서도 도리어 돌을 던지는 자들을 용서하는 스데반을 통해 받았던 영적 영향력이 사울을 정서적으로 뒤흔들었기에 의사 누가는 두 구절을 사도행전에 삽입한 것이다.

필자는 책을 읽고 나면 항상 목회의 길을 함께 걷고 있는 아들에게 유산으로 남겨줄 책에 반드시 사족을 남긴다. 언젠가 읽었던 정용섭의 『주기도란 무엇인가?』(홍성사)와 제임스 패커의 『하나님께 진지하라』(디모데) 독서를 마치고 이렇게 썼다.

아들, 이 책은 인문학적 통찰로 본 주기도문 해설서이다. 이 책을 완독하면 폭이 넓은 주기도문에 대한 이해의 기쁨을 경험하게 될 것이다. 정독해 보거라(『주기도란 무엇인가?』 후기 사족).

아들, 제임스 패커는 이 책에서 원리(교리)를 중요시한다. 교리에 대한 이해의 천박함이 오늘의 기독교를 약화시켰다. 무엇보다도 이성과 지성을 담보한 이해를 통해 하나님의 교회를 이루고 있는 벽돌들을 건강하게 세워나가도록 패커는 독자들에게 도움을 준단다. 아버지는 우리 아들이 하나님 말씀에 대한 기초석이 든든한 사역자로 서기 위해 이 책을 도구 삼기를 기대한다(『하나님께 진지하라』 후기 사족).

필자는 이런 종류(類)의 사족 기록이 또 하나의 사역이라고 생각하고 최선을 다한다. 이렇게 하는 가장 중요한 이유는 아들에게 선한 영적 영향력을 남겨주기 위해서다. 기드온은 속편까지 아름답지 못한 역사의 평가를 받았다. 고발한 이유는 반면교사로 삼기 위함이다. 속편 삶을 준비하자. 아름다운 속편 말이다.

교회는 타자를 위해서 현존할 때만 진정한 교회다.[*]

39세의 나이로 순교한 디트리히 본회퍼 목사가 말한 교회의 존재 목적이자 대명제다. 그가 간 지 77년이 되었지만 그가 남긴 이 선한

---

[*] Dietrich Bonhoeffer, *Die Kirche ist nur Kirche, wenn sie für andere da ist* (DBW8) 560; 김성호, 『디트리히 본회퍼의 타자를 위한 교회』 (동연, 2019), 20 재인용.

영향력이 필자가 섬기는 세인(世認)교회를 이 땅에 있게 했다. 하나님의 사람으로 살았던 한 사람의 속편이 2023년 대한민국에서 연이어 기록되고 있다. 그날이 오기 전 아름다운 속편 인생을 쓰며 선한 영적 영향력을 남기는 그대들이 되기를 소망한다.

속편이 아름다우려면 (2)

사사기 8:33-35

새길 말씀: 기드온이 이미 죽으매 이스라엘 자손이 돌아서서 바알들을 따라가 음행하였으며 또 바알브릿을 자기들의 신으로 삼고 이스라엘 자손이 주위의 모든 원수들의 손에서 자기들을 건져내신 여호와 자기들의 하나님을 기억하지 아니하며 또 여룹바알이라 하는 기드온이 이스라엘에 베푼 모든 은혜를 따라 그의 집을 후대하지도 아니하였더라

기드온이 죽은 뒤에 이스라엘 공동체는 또 영적으로 무너지는 공동체가 되었다. 그 이유를 기드온이 살아생전 영적인 지도자로서 선한 영향력을 미치지 못했기 때문이라고 진단했다. 이것과는 별도로 이스라엘의 급격한 무너짐의 이유를 또 다른 관점에서 살펴보자.

이스라엘 신앙 공동체가 하나님의 은혜를 의도적으로 기억하지 않았기 때문이다. 본문 34절이다.

이스라엘 자손이 주위의 모든 원수들의 손에서 자기들을 건져내신 여호와 자기들의 하나님을 기억하지 아니하며

이것이 이스라엘이 무너진 또 다른 이유다. 주목할 단어가 연이어

나오는데, 기억할 필요가 있다. '자기'라는 단어다. 이스라엘은 하나님의 '자기 백성'이었다. 하나님의 것이라는 말이다. 이스라엘의 소유권이 주님에게 있다는 말이다. 10가지 재앙 기사를 읽을 때 절절히 다가오는 구절이 있었다. 대표적인 구절을 하나 소개한다. 일곱 번째 재앙인 우박이 전 애굽을 강타했다. 출애굽기 기자는 이렇게 보고한다.

이스라엘 자손들이 있는 그 곳 고센 땅에는 우박이 없었더라(출 9:26)

아주 단순한 표현이지만 고센에 있었던 이스라엘 신앙 공동체의 지체들에게는 한량없는 은혜였다. 왜 이런 눈물 나는 은혜를 주었을까? 이스라엘이 하나님의 것이기 때문이다. 그렇다면 하나님의 것인 이스라엘은 당연히 소유권을 갖고 계신 하나님의 은혜를 기억하며 그분의 뜻에 합당한 삶을 살아야 한다. 하지만 본문 24절은 유감이다.

이스라엘 자손이 주위의 모든 원수들의 손에서 자기들을 건져내신 여호와 자기들의 하나님을 기억하지 아니하며

'기억하다'로 번역한 히브리어 '자카르'(זכר)는 어원적인 의미가 그냥 기억하는 정도가 아니라 '확실한 기억을 위해 표를 남길 정도의 액션을 하는 행위'를 의미하는 단어다. 그러기에 마치 갈라디아서에서 바울이 고백했던 '흔적', 즉 불에 달군 인두로 지진 흔적인 '스티그마'(stigma)와 같은 그런 표를 남길 정도의 인상 깊은 기억을 할 때 사용하는 단어가 '자카르'다.

하나님의 은혜를 기억하지 않는 세태야말로 가장 무서운 절망의 시대다. 하나님의 은혜를 기억하지 않았던 기드온 시대의 이스라엘은 사상누각이었다. 그러니 곧바로 무너질 수밖에 없었다. 제임스 패커는 이렇게 말했다.

> 최근에 어느 신학교에서 "포스트모던 시대에 예수 그리스도는 어떤 의미가 있는가?"라는 다소 도발적인 시험 문제를 냈는데 한 학생이 A 학점을 받았습니다. 그 학생의 답은 아주 짤막했습니다. "우리가 의미를 부여하기 나름이다."[*]

우리가 의미를 부여하기 나름이라는 시대는 신(新)사사시대의 도래를 선포하는 전주곡이다. 우리가 살고 있는 시대가 이렇다. 나의 입맛에 맞는 하나님 상을 만들어내는 시대, 바로 신(新)사사시대다. 바로 오늘이 신(新)사사시대다. 내가 나에게 유익되도록 구상하여 하나님을 만들면 그렇게 하나님이 만들어지는 무시무시한 시대가 오늘이다. 필자는 이렇게 말하는 데 주저하지 않는다.

> 적어도 내가 사는 이 시대에 객관의 하나님은 소멸되었고 주관의 하나님만이 살아서 움직인다.

하나님을 의도적으로 기억하지 않겠다는 것은 단지 하나님은 존재하지 않는 분이라고 정의하고 싶은 유치한 발상이 아니다. 하나님을 의도적으로 기억하지 않는다는 말은 하나님의 하나님 되심을 인정하

---

[*] 제임스 패커/윤종석 역, 『하나님께 진지하라』 (디모데, 2013), 32.

지 않겠다는 아주 사악하고 질 나쁜 시도를 말하는 것이다. 그러다 보니 도스토옙스키의 말대로 "하나님이 없는 곳에서는 모든 것이 가하다"는 말은 실로 정답이다.

속편이 아름다우려면 하나님을 하나님으로 믿어야 한다. 그리스도인의 승리의 스타트 라인은 하나님을 하나님으로 믿는 바로 그 선이다. 그 선 뒤로 물러서면 우리는 실패한다. 이 선 뒤로 물러서는 순간 우리는 우는 사자와 같은 마귀 권세에 농락당한다. 이 선 뒤로 물러서는 순간 영적인 침륜에 빠진다. 이 선 뒤로 물러서는 순간 세속과 타협하게 된다. 오늘 나와 그대가 살고 있는 시대가 바로 신(新)사사시대임을 잊지 말고 하나님을 하나님으로 믿는 마지노선에서 물러서지 않기를 기대한다.

5부

차라리 없는 게
나을 뻔했던 사사

(9장)

J U D G E S

싸워야 하는 것들

사사기 9:1-6

새길 말씀: 여룹바알의 아들 아비멜렉이 세겜에 가서 그의 어머니의 형제에게 이르러 그들과 그의 외조부의 집의 온 가족에게 말하여 이르되 청하노니 너희는 세겜의 모든 사람들의 귀에 말하라 여룹바알의 아들 칠십 명이 다 너희를 다스림과 한 사람이 너희를 다스림이 어느 것이 너희에게 나으냐 또 나는 너희와 골육임을 기억하라 하니 그의 어머니의 형제들이 그를 위하여 이 모든 말을 세겜의 모든 사람들의 귀에 말하매 그들의 마음이 아비멜렉에게로 기울어서 이르기를 그는 우리 형제라 하고 바알브릿 신전에서 은 칠십 개를 내어 그에게 주매 아비멜렉이 그것으로 방탕하고 경박한 사람들을 사서 자기를 따르게 하고 오브라에 있는 그의 아버지의 집으로 가서 여룹바알의 아들 곧 자기 형제 칠십 명을 한 바위 위에서 죽였으되 다만 여룹바알의 막내 아들 요담은 스스로 숨었으므로 남으니라 세겜의 모든 사람과 밀로 모든 족속이 모여서 세겜에 있는 상수리나무 기둥 곁에서 아비멜렉을 왕으로 삼으니라

그리스도인들에게 고전과도 같은 책인 『돈, 섹스, 권력』에서 영성 신학자 리처드 포스터는 이 세 가지가 가지고 있는 치명적인 악마성을 이렇게 진단했는데 주목할 만하다.

돈에 있어서의 악마는 탐욕이다. 성에 있어서의 악마는 육욕이다. 권력에 있어서의 악마는 오만(pride)이다.*

리디머 신학교의 폴 트립은 돈에 대해 이렇게 갈파했다.

성경은 돈 문제로 관련해서 편안한 중립성의 여지를 남겨두지 않는다.*

월터 브루그만은 권력에 대해 냉소적으로 평가했다.

권력이란 기술공학의 노골적인 힘과 무자비하고 뻔뻔스러운 이데올로기의 압력을 포함하는 사회적 힘의 흐름을 말한다.**

예수께서는 말고의 귀를 자른 베드로에게 "칼을 가지는 자는 다 칼로 망한다"(마 26:52)고 말씀하셨다. 환언하자면 예수께서 권력을 통한 폭력에 대해 경고하신 것은 그만큼 권력에 대하여 곱지 않은 평가를 내리신 것임에 틀림이 없다는 반증이다.

사사기 9장은 시작부터 벌써 이 두 가지 대상(돈과 권력)에 대하여 신명기 사가에 의해서 아주 싸늘하게 기록되고 있음에 주목해야 한다. 9장의 주인공은 기드온의 아들인 아비멜렉이다. 그의 이름은 '나의 아버지는 왕이시다'라는 의미다. 얼마나 기드온이 왕이라는 직책에 집착했는지 알려주는 증거다. 하지만 권력에 대한 애착을 세습이라는 무리수를 통해 자행했던 기드온은 실상 9장에 등장하는 아비멜렉을 통해 얼마나 그의 가문의 끝이 치욕적이고 불행한 비극사를 써 내려갔는지를 여지없이 사사기 저자에 의해 고발당한다.

---

* 리처드 포스터/김영호 역, 『돈, 섹스, 권력』(두란노서원, 1989), 21.
* 폴 트립/이지혜 역, 『돈과 섹스』(아바서원, 2014), 205.
** 월터 브루그만/류의근 역, 『하나님 나라의 권력 투쟁』(CLC, 2013), 32.

아비멜렉은 서자 출신이라는 태생적 한계가 있어 항상 적자들에게 상대적인 박탈감을 갖고 있었던 자다. 아버지 기드온이 죽자 오브라와 세겜 사이에서 적지 않은 권력 투쟁이 있었던 것으로 짐작된다. 오브라 는 아비멜렉의 친가였고, 세겜은 외가였다. 이 두 지역 간의 묘한 긴장 관계를 이용한 아비멜렉은 적자라는 신분을 이용하여 외가 지역 이었던 세겜 거민들을 선동하는 데 성공하여 권력 투쟁에서 승기를 잡는다. 아비멜렉은 세겜 지역에 살고 있었던 거민들에게도, 우리에게 도 너무 익숙한 모습이다. '경상민국', '전라민국'을 연상하게 하는 지역주의를 조장하여 세겜 지역에서 태어난 내가 정권을 잡아야 이 지역이 주류가 되지 않겠는가를 반문하는 천박한 포퓰리즘 정책을 동원했는데 유감스럽게 성공하여 권력을 차지한다. 이로 인해 세겜 지역의 거민들은 아비멜렉에게 열광한다. 그에게 바알 우상에게 바쳤 던 오염된 물질까지 상납한다. 아비멜렉은 그 물질로 세겜에 살고 있었던 방탕하고 경박한 사람들(삿 9:4), 즉 불량배, 깡패들을 고용하여 오브라에서 태어난 이복형제 70명의 살인을 교사하는 만행을 저질렀 다. 결국 이후 아비멜렉이 이런 추악한 과정을 거쳐 왕이 되었다는 권력 쟁취의 보고서다. 하지만 왠지 불길한 서막 같다. 본문을 통해 무엇을 배워야 할까?

하나님과 전혀 관계없는 권력과 맘몬과는 물러서지 말고 싸워야 한다. 아우구스티누스의 말대로 죄란 "인간의 자아가 자신을 향해 굽어 있는 상태"(homo incurvatus in se)다. 동의한다. 인간을 이타적인 삶의 형태가 아닌 극단의 이기성으로 몰고가는 그래서 언제나 자아를 자신 안으로 굽어 있도록 종용하는 신앙의 치명적인 암세포는 권력욕과 맘몬이라는 영적 실체다. 아비멜렉이 동시에 추구했던 것이 맘몬과 권력이었던 것과 일맥상통한다.

　　오늘날 교회를 교회답지 못하게 하며, 성도를 성도답지 못하게 하는 영적인 원흉은 돈과 권력이다. 이런 차원은 아비멜렉이 통치하는 사사시대가 모델이지 않나 싶다. 그러기에 21세기는 신(新)사사시대를 방불한다. 사사시대나 우리가 지금 호흡하고 있는 시대나 이현령비현령이고, 도긴개긴이다. 아비멜렉은 권력과 맘몬을 이용하여 사람을 죽이는 데 사용했다. 권력과 물질은 사람을 살리는 데 사용해야 그것이 선한 것이다. 아비멜렉은 그 반대에 서 있는 불쌍한 자였다.

　　특별히 물질에 관한 성도의 시각은 매우 엄격하고 또 엄격해야 한다. 내가 필요 이상으로 쇼핑에 몰두하는 것은 그것을 생산하기 위해 학교도 가지 못하고 노동 지옥에서 빠져나오지 못하는 제3세계 어린 노동자들을 학대하는 것과 별반 다름이 없다. 내가 필요 이상으로 많이 마시는 커피는 그 커피를 생산하기 위해 커피 생산지에 살고 있는 청소년들의 노동력을 착취하는 일이다. 내가 향락과 쾌락을 위해 소비하는 물질은 물질적인 빈곤함에 허덕이고 있는 가난한 나라의 이웃들에게 삶의 의지를 꺾으며 돌멩이를 던지는 일과 같다. 내가 명품에 눈을 돌리는 것은 지구 반대편 아프리카에서 한 끼 식량이 없어 죽어가는 아이들을 그냥 방치하며 방관하는 죄악을 저지르는 것이다. 그리스도인은 하나님과 관계없는 물질과 권력과 치열하게 싸워야 한다. 선용할 수 있도록 투쟁해야 한다. 하나님과 관계없는 물질과 권력은 하나님을 괴롭게 하는 카운터파트너다. 유념하자.

똑바로 보고 싶어요

사사기 9:7-15

새길 말씀: 사람들이 요담에게 그 일을 알리매 요담이 그리심 산 꼭대기로 가서 서서 그의 목소리를 높여 그들에게 외쳐 이르되 세겜 사람들아 내 말을 들으라 그리하여야 하나님이 너희의 말을 들으시리라 하루는 나무들이 나가서 기름을 부어 자신들 위에 왕으로 삼으려 하여 감람나무에게 이르되 너는 우리 위에 왕이 되라 하매 감람나무가 그들에게 이르되 내게 있는 나의 기름은 하나님과 사람을 영화롭게 하나니 내가 어찌 그것을 버리고 가서 나무들 위에 우쭐대리요 한지라 나무들이 또 무화과나무에게 이르되 너는 와서 우리 위에 왕이 되라 하매 무화과나무가 그들에게 이르되 나의 단 것과 나의 아름다운 열매를 내가 어찌 버리고 가서 나무들 위에 우쭐대리요 한지라 나무들이 또 포도나무에게 이르되 너는 와서 우리 위에 왕이 되라 하매 포도나무가 그들에게 이르되 하나님과 사람을 기쁘게 하는 내 포도주를 내가 어찌 버리고 가서 나무들 위에 우쭐대리요 한지라 이에 모든 나무가 가시나무에게 이르되 너는 와서 우리 위에 왕이 되라 하매 가시나무가 나무들에게 이르되 만일 너희가 참으로 내게 기름을 부어 너희 위에 왕으로 삼겠거든 와서 내 그늘에 피하라 그리하지 아니하면 불이 가시나무에서 나와서 레바논의 백향목을 사를 것이니라 하였느니라

필자가 주일학교에 다녔을 때 연극 대본으로 많이 사용될 정도로 익숙하게 알려진 스토리가 본문이다. 아비멜렉이 이복형제 70여 명을 무참히 살해하고 스스로 왕이 된 비극을 비꼰 가시나무 우화다. 아비멜렉이 그렇게 잔인하게 형제들을 살해할 때 막내 요담은 기적적으로

숨어 생명을 유지했다. 이윽고 이복형의 만행을 세상에 알리기 위해 그리심산에 올라가 아비멜렉을 왕으로 만드는 데 협조한 세겜 사람들에게 이 유명한 가시나무 예를 공포하며 그들의 실수를 비꼰다. 등장시킨 나무의 종류는 감람나무, 무화과나무, 포도나무 그리고 아비멜렉을 상징하는 가시나무다.

나무의 나라에 살고 있는 나무들이 앞에 언급한 세 나무들에게 찾아가 나무들의 왕이 되어줄 것을 요청했지만 모두 다 거절한다. 그 나무들이 거절한 공통점은 각기 자기가 해야 하는 사명을 포기할 수 없었기 때문이라고 말한다. 좋은 기름을 내는 것, 아름다운 열매를 내는 것 그리고 맛있는 포도주를 만들어내는 것 등이었다.

이 나무들이 이렇게 자기들이 해야 할 사명에 천착하기로 마음먹고 나무들의 간청을 정중하게 거절하면서 이구동성으로 사용한 단어가 히브리어 '누아'(נוע)다.

개역개정판은 이 단어를 '우쭐대지 않겠다'(9, 11, 13절)로 번역했다. 하지만 이전 버전인 개역판이 '요동하지 않겠다'로 번역했는데, 개인적인 소회지만 후자가 더 의미 있는 번역처럼 여겨진다. 아비멜렉을 상징하는 가시나무와 같이 우쭐대는 모습이 아니라 나에게 주어진 일을 하며 묵묵하고 성실하게 달려가는 평범한 사람들의 흔들리지 않으려는 모습이 내게는 귀하게 여겨졌다. 가시나무 외에 다른 선한 나무들은 어떻게 이런 소박한 믿음을 견지할 수 있었을까?

자기를 바로 보는 올바른 믿음이 있었기 때문이다. 가시나무가 내가 왕이 되어줄 테니 내 그늘로 와서 피하라고 말하며 우쭐대는 장면이 15절이다. 가시나무는 가시가 많고 바늘이 있는 초목이다. 가시나무는 작은 잎사귀가 3-5개 정도 달려 있는데 아주 날카로워서 그늘이 생기지 않는다. 더불어 가시나무는 봄에는 꽃이 피지만 그 열매는 식용으로는 쓸 수 없는 열매다. 환언하면 별로 쓸모가 없는 나무라는 말이 된다. 그런데도 가시나무는 내가 왕이 되어야 한다고 온 나무들 앞에서 우쭐댄다. 어처구니없이 요동했다.

인간은 자기에게는 후한 점수를 주고 싶어 하는 본능이 있다. 왜 그럴까? 자기를 올바르게 보지 않기 때문이다. 필자는 목회를 하면서 흔들리지 않고 달려가기 위해 나름의 원칙을 세웠다.

"해석은 신중하게, 나에 대한 평가는 냉정하게, 타인에 대해서는 너그럽게."

소설가 조정래는 본인이 글을 쓰면서 항상 가슴의 벽에 새긴 구절이 있다고 했다.

돌은 단 두 개. 뒷돌을 앞으로 옮겨 놓아가며 스스로, 혼자의 힘으로 강을 건너가야 한다. 그게 문학의 징검다리이다.*

얼마나 무시무시하고 엄격한 잣대인가, 얼마나 아름다운 신중함인가! 조정래가 조정래인 이유가 바로 이것이었다. 위대한 소설가와 소설은 그냥 만들어지는 것이 결코 아니다. 위대한 소설이 탄생하려면 소설가 자신의 피나는 노력과 자기를 쳐서 복종하는 냉정함을 토대로 본인이 살았던 삶의 진한 향기들이 체득된 이후에나 가능하다. 이

---

* 조정래, 『황홀한 글감옥』 (시사IN북, 2010), 46.

정도는 되어야 자신을 똑바로 보기 때문이다.

필자는 한국교회를 너무나 사랑한다. 그래서 그런지 작금에 벌어지고 있는 교회에 대한 아픈 공격을 만날 때마다 심장이 터져나가는 통증을 느낀다. 그러나 그런 고통을 겪지만, 고통을 겪는 것으로 끝나지 않기 위해 이런 동통(同痛)의 느낌으로 사랑하는 교회들을 위해 이렇게 화살기도를 드릴 때가 한두 번이 아니다.

"하나님, 부족한 사람과 내 사랑하는 교회와 그 안에 있는 당신의 백성들이 스스로를 똑바로 보는 은혜를 주옵소서."

바울의 고백이 오늘따라 크게 공명되어 필자에게 들린다.

내가 내 몸을 쳐 복종하게 함은 내가 남에게 전파한 후에 자신이 도리어 버림을 당할까 두려워함이로다(고전 9:27)

그대는 신앙의 여백에 무엇을 쓰고 있는가?

사사기 9:16-21

새길 말씀: 이제 너희가 아비멜렉을 세워 왕으로 삼았으니 너희가 행한 것이 과연 진실하고 의로우냐 이것이 여룹바알과 그의 집을 선대함이냐 이것이 그의 손이 행한 대로 그에게 보답함이냐 우리 아버지가 전에 죽음을 무릅쓰고 너희를 위하여 싸워 미디안의 손에서 너희를 건져냈거늘 너희가 오늘 일어나 우리 아버지의 집을 쳐서 그의 아들 칠십 명을 한 바위 위에서 죽이고 그의 여종의 아들 아비멜렉이 너희 형제가 된다고 그를 세워 세겜 사람들 위에 왕으로 삼았도다 만일 너희가 오늘 여룹바알과 그의 집을 대접한 것이 진실하고 의로운 일이면 너희가 아비멜렉으로 말미암아 기뻐할 것이요 아비멜렉도 너희로 말미암아 기뻐하려니와 그렇지 아니하면 아비멜렉에게서 불이 나와서 세겜 사람들과 밀로의 집을 사를 것이요 세겜 사람들과 밀로의 집에서도 불이 나와 아비멜렉을 사를 것이니라 하고 요담이 그의 형제 아비멜렉 앞에서 도망하여 피해서 브엘로 가서 거기에 거주하니라

아비멜렉의 왕위 찬탈 과정에서 극적으로 살아남은 요담은 나무 비유를 통해 아비멜렉을 왕으로 세운 세겜 사람들의 그릇된 행위가 얼마나 엄청난 실수였는지를 경고하는 메시지가 본문이다. 본문 16-18절을 보자.

이제 너희가 아비멜렉을 세워 왕으로 삼았으니 너희가 행한 것이 과연 진실하고

의로우냐 이것이 여룹바알과 그의 집을 선대함이냐 이것이 그의 손이 행한 대로 그에게 보답함이냐 우리 아버지가 전에 죽음을 무릅쓰고 너희를 위하여 싸워 미디안의 손에서 너희를 건져냈거늘 너희가 오늘 일어나 우리 아버지의 집을 쳐서 그의 아들 칠십 명을 한 바위 위에서 죽이고 그의 여종의 아들 아비멜렉이 너희 형제가 된다고 그를 세워 세겜 사람들 위에 왕으로 삼았도다

요담은 3개의 수사의문문으로 세겜이 저지른 악행에 격분하며 본인의 분노를 전한다. 첫째, 아비멜렉을 왕으로 세운 행위가 아버지 기드온에게 행한 선하고 의로운 보답인가, 둘째, 약속한 대로 아버지의 집을 선대한 일인가, 셋째, 아버지의 은혜에 보답한 일인가를 직격한 셈이다. 수사의문문이라는 것은 질문자의 질문에 대한 명쾌한 답을 요구하는 것이 아니다. 도리어 질문자의 뜻을 강하게 피력할 때 쓰는 수사법이다. 이것을 감안할 때 요담은 이미 질문에 대한 답을 본인이 제시하겠다는 의지를 세겜에게 강력히 천명한 셈이다. 이어지는 19-20절을 살펴보자.

만일 너희가 오늘 여룹바알과 그의 집을 대접한 것이 진실하고 의로운 일이면 너희가 아비멜렉으로 말미암아 기뻐할 것이요 아비멜렉도 너희로 말미암아 기뻐하려니와 그렇지 아니하면 아비멜렉에게서 불이 나와서 세겜 사람들과 밀로의 집을 사를 것이요 세겜 사람들과 밀로의 집에서도 불이 나와 아비멜렉을 사를 것이니라 하고

요담의 주장은 이렇다. 만에 하나 세겜 사람들이 아비멜렉을 왕으로 세운 것이 옳은 일이고 정당한 일이라면 너희들에게 기쁨이 되고

별문제가 없겠지만, 그것이 그릇된 일이고 의롭지 않은 일이라면 너희들이 선택한 그 일로 말미암아 반드시 너희들에게 화가 임할 것이라는 경고성 메시지를 주저 없이 선포한 것이다. 요담의 이 경고는 소름 끼치게 할 정도로 정확하게 실현된다.

9장 후반부에 요담의 선견적인 선포가 그대로 맞아떨어진다. 아비멜렉이 왕위에 오른 지 3년이 지나자 세겜 사람들이 외부인 가알의 선동으로 인해 아비멜렉과의 허니문을 끝내고 급기야 아비멜렉을 배반하고 반란을 일으킨다. 아비멜렉은 자신에게 반역을 일으킨 가알과 세겜을 물리력을 동원하여 무차별적인 학살을 가한다. 요담의 저주가 그대로 성취된 것이다. 흔히 하는 말이 있다. '뿌린 대로 거둔다.' 세겜 사람들은 자신들의 유익이라는 이기적인 근거를 토대로 아비멜렉을 왕으로 세웠다. 하지만 그 이기적 유익이 세겜에게는 도리어 화근이 되어버리고 말았다. 뿌린 대로 거둔 셈이다. 점검하자.

그대는 신앙의 여백에 무엇을 쓰고 있는가? 재론하지만 세겜 사람들은 지역적 이기주의로 자격도 안 되는 아비멜렉을 왕으로 추대했다. 반면 아비멜렉은 권력에 눈이 멀어서 하지 말아야 하는 혈육 살해를 저질렀다. 양쪽 다 선한 것이 아닌 악한 것을 뿌린 셈이다. 악을 자행한 자들의 삶의 여백은 언제나 또 다른 악을 행함으로 자신을 보호하려는 악순환의 궤도를 돌게 되어 있다. 그 결과 악은 또 다른 악을 잉태하게 되는 비극적 삶을 낳게 된다. 참된 신앙인은 결코 이런 악으로 신앙의 여정을 진행하지 않는다. 내 삶의 여백에 악을 뿌리거나 쓰지 않는다. 선의 씨앗들을 뿌려 언제나 삶의 여백을 풍요롭게 한다. 그래서 이 은혜를 일찍 알았던 바울은 로마서 16:19에서 이렇게 선언하고 있다.

너희의 순종함이 모든 사람에게 들리는지라 그러므로 내가 너희로 말미암아 기뻐하노니 너희가 선한 데 지혜롭고 악한 데 미련하기를 원하노라

필자가 존경하여 멘토로 삼고 있는 이재철 목사는 『사명자반』에서 목회 여정 중에 남겨 놓은 대단히 중요한 성찰을 소개했다.

믿음은 하나님 앞에서 그대의 전 존재를 한 번 멈추고 비워 채움받는 것으로 그치는 단발성 이벤트가 아니다. 믿음은 부활하신 주님께서 그대 삶의 모든 영역에 걸쳐 마음껏 역사하시게끔 그대의 일평생을 주님께 계속 '여백'으로 내어드리는 것이다. 그때 주님께서 그 '여백'에 그대가 상상할 수도 없던 주님의 섭리를 펼치신다.*

전율하게 하는 감동이다. 내 삶의 카이로스의 날을 보내고 있는 지금, 한 번쯤 그대의 신앙의 여백에는 무엇이 있는지 확인해보는 것도 괜찮은 일이다. 조심스럽게 묻는다. 혹시 나 외에 그 어떤 존재도 침범할 수 없도록 만든 욕심이라는 철옹성을 그대의 여백에 구축하고 있는가?

필자가 생각하는 기적이 하나 있다. 예수를 믿는다고 하면서 내 신앙의 여백에 그분이 계시지 않고 신앙생활을 하는 기적이다. 그리스도인이라는 이름을 갖고 살면서 아비멜렉이나 세겜 사람들과 같은 여백을 갖고 살아서야 되겠는가? 되새김질하는 그리스도인으로 살아내기를 중보한다.

---

* 이재철, 『사명자반』, 21-22.

공평하게
사사기 9:22-25

새길 말씀: 아비멜렉이 이스라엘을 다스린 지 삼 년에 하나님이 아비멜렉과 세겜 사람들 사이에 악한 영을 보내시매 세겜 사람들이 아비멜렉을 배반하였으니 이는 여룹바알의 아들 칠십 명에게 저지른 포학한 일을 갚되 그들을 죽여 피 흘린 죄를 그들의 형제 아비멜렉과 아비멜렉의 손을 도와 그의 형제들을 죽이게 한 세겜 사람들에게로 돌아가게 하심이라 세겜 사람들이 산들의 꼭대기에 사람을 매복시켜 아비멜렉을 엿보게 하고 그 길로 지나는 모든 자를 다 강탈하게 하니 어떤 사람이 그것을 아비멜렉에게 알리니라

재일학자인 강상중은 시대의 악에 대해 너무나도 관대해짐을 염려하며 이렇게 에둘러 표현했다.

해도 되는 것과 하면 안 되는 것, 혹은 아닌 것은 절대로 아니라는 지금까지의 사회가 지지하던 객관적 가치 기준이 흔들리는 가운데 이제는 무엇이든지 다 괜찮다는 식으로 변하고 있는 듯하다.*

필자는 '이제는 무엇이든지 괜찮다'는 논리가 악의 정체일 수 있다

---

* 강상중/노수경 역, 『악의 시대를 건너는 힘』 (사계절, 2017), 52.

는 강 교수의 부침에 전적으로 동의한다. 본문은 무엇이든지 괜찮다고
동의해준 결과, 결코 세워서는 안 될 부랑자 아비멜렉을 왕으로 추대했
던 세겜 사람들이 불과 3년 정도의 허니문 관계를 끝내고 그에게서
돌아서는 행보를 감행했음을 알려주는 보고서다. 본문 23절 후반절을
보자.

> 세겜 사람들이 아비멜렉을 배반하였으니

이어지는 25절에서 배반의 내용을 알려준다.

> 세겜 사람들이 산들의 꼭대기에 사람을 매복시켜 아비멜렉을 엿보게 하고 그
> 길로 지나는 모든 자를 다 강탈하게 하니 어떤 사람이 그것을 아비멜렉에게
> 알리니라

세겜에 사는 사람들이 강도가 되어 무역상으로 혹은 방문객으로
세겜 지역을 통과하는 모든 사람의 물건과 소유를 강탈하는 강도질을
했다는 말이다. 역으로 말하면 누구든지 세겜을 지나는 사람은 강도를
당했다는 의미다. 이것은 세겜을 기반으로 전 이스라엘을 다스리는
맹주가 되고자 했던 아비멜렉에게는 치명적인 흠을 입히는 꼴이 되었
다. 그 결과 아비멜렉의 리더십에 적지 않은 상처를 주는 치명타가
되었다. 아비멜렉에게는 치욕이었다. 이 두 구절을 묵상으로 접근하면
여기까지의 내용이 주는 교훈은 마치 '뿌린 대로 거둔다'는 격언에
합당해 보인다. 그러나 본문에서 가장 주목할 구절은 23절이다.

하나님이 아비멜렉과 세겜 사람들 사이에 악한 영을 보내시매 세겜 사람들이
아비멜렉을 배반하였으니

'악한 영(רוח רעה)을 보내시매'를 히브리어 원문대로 번역하면 '여
호와께로부터 온 악령으로'가 정확한 번역이다. 사정이 이렇다 보니
한국 그리스도인들의 정서적인 바탕을 전제할 때 조심스럽게 해석해
야 한다. 하나님의 도덕성과 윤리성이 심각하게 훼손될 수 있는 어떤
표현도 허용하지 않는 분위기가 한국교회이기에 말이다. 경우에 따라
히브리어 원문대로 해석하면 하나님이 세겜 사람들을 부화뇌동하여
폭력을 동원해서 강도질을 하게 한 장본인으로 지명될 수 있는 것으로
비쳐져서 위험하다. 이런 점에서 한국교회는 성서해석의 수용성이
아직은 농익지 않았다고 보아도 괜찮다. 그러므로 해석자는 해석에
위험성을 안고 23절을 해석해야 하는 부담감이 있다. 자칫 잘못하면
해석이 부메랑이 되어 돌아오는 곤란에 처할 수도 있기에 말이다.
그럼에도 조금은 진보적인 학자의 해석에 기대서 필자도 용기를 내기
로 했다. 전성민은 이렇게 본문을 해석했다.

> 선하시고 참된 하나님이 악과 거짓을 사용하신다는, 하나님의 성품과
> 모순되는 듯한 진술들은 이차적인 원인을 건너뛴 채 모든 것의 원인을
> 하나님의 주권으로 돌리는 성경 기자들의 이해로 인한 것이다. (중략)
> 거칠게 말하면 하나님의 의도 바깥에서 벌어지는 일이 없기 때문에 세상
> 에 있는 악은 하나님의 도구로 사용되기도 한다는 진술이다. 그러나 동시
> 에 하나님의 '도구'가 된 악한 존재나 악한 행동의 책임이 면제되는 것은
> 아니다.*

전 교수는 은혜로운 해석이 아니라 성서신학적인 해석을 택했다. '악한 영을 보내시매'를 옹졸하게 해석하지 않기로 한 것 같다. 구약학자가 용기를 낸 근저는 하나님의 일하심에 대한 편파적 해석에 대한 경계가 있다. 그분의 사역하심을 교리화하려는 시도에 경종을 보내려는 의도도 보인다. 하나님의 주권적인 일하심에 대해 은혜 일변도의 해석이 아니라 이해할 수 없는 방법까지도 동원하시는 일하심에 낯설어하지 말아야 하는 용기를 글벗들에게 권한 셈이다. 나 또한 이 방법이 옳다고 동의한다. 하나님의 일하심은 은혜롭지만 않다. 더 중요한 하나님의 일하심은 공의를 전제한 균형적 일하심이다.

하나님이 악한 영을 보내신 이유는 아비멜렉과 세겜 사람들의 동시적인 악행에 대한 심판을 위해서다. 한쪽으로 기울어진 운동장에서 일하시지 않는 분이 하나님이시다. 하나님은 공평하게 일하신다.

하나님은 평등(equality)의 하나님이 아니라 공평(equal justice)의 하나님으로 일하신다. 하나님께서 세겜 사람들에게 보내신 것이 악한 영이라는 데 주목하고 하나님을 비난하는 자들이 많다. 그러나 그런 태도는 신앙인의 좌표가 아니다. 신앙인의 좌표는 하나님의 일하심의 결과에 주목해야 하기 때문이다. 만에 하나 하나님이 이론적인 접근을 통해 기승전결의 논리로 해석되고, 철저한 이성을 중심으로 평가되는 분이었다면 필자는 결코 그리스도인이 되지 않았을 것이다. 나의 경우 하나님에 관한 한 이해가 되지 않는 부분이 약간 있는 것이 아니라 거의 전부 이해가 되지 않을 때가 더 많다. 그러나 필자는

---

* 전성민, 『사사기 어떻게 읽을 것인가』, 155.

하나님을 하나님으로 인정하는 데 0.1%도 의심하거나 부인하지 않는다. 무지해서가 아니다. 하나님을 이론으로 해석하지 않고, 하나님의 일하심의 방법과 결과에 주목하기 때문이다. 가령 하나님은 불법을 행하고 편법을 저지르는 자에 대하여 관대하지 않다는 점, 그들에게는 사랑이라는 속성이 아니라 공의(righteousness)라는 속성으로 접근하신다는 점 등등이다. 이 일하심은 신자의 입맛에 맞는 판단에 따른 것이 아니다. 그 일하심이 공평하다고 믿는 믿음 때문이다. 내게는 하나님이 악한 영을 보낸 것에 대한 이유(why)가 중요하지 않다. 보내실 수밖에 없었던 하나님의 당위(perfect reason)가 더 중요하다. 하나님의 일하심을 내게 유리하게 해석하지 말자. 아주 질이 안 좋은 행위다.

> '죄'를 '죄'라고 지적하지 못하고 '정치적 올바름'(political correctness)이라는 괴물과 같은 단어로 부를 것을 종용하는 이 시대, 혹은 죄는 죄가 아니라 '기호'이자 '선택사항'이라고 말하라고 압박하는 시대가 오늘이다.[*]

달라스 월라드는 이런 시도를 그의 독특한 용어로 정의했다.

> 오늘의 복음은 죄 관리의 복음이다.[**]

살벌한 시대라 무엇이든지 다 괜찮다, 평등의 하나님이 이해하실

---

[*] 김영봉, 『가장 위험한 기도, 주기도』(IVP, 2013), 163.
[**] 달라스 월라드/윤종석 역, 『하나님의 모략』(IVP, 2012), 84.

것이다 하며 더욱 노골적으로 성서를 유린하고 있는 이때다. 한 가지만 천착하자. 하나님은 공평하게 일하신다.

로드십(Lord-ship)이 있는가?

사사기 9:26-49

새길 말씀: 에벳의 아들 가알이 그의 형제와 더불어 세겜에 이르니 세겜 사람들이 그를 신뢰하나라 그들이 밭에 가서 포도를 거두어다가 밟아 짜서 연회를 베풀고 그들의 신당에 들어가서 먹고 마시며 아비멜렉을 저주하니 에벳의 아들 가알이 이르되 아비멜렉은 누구며 세겜은 누구기에 우리가 아비멜렉을 섬기리요 그가 여룹바알의 아들이 아니냐 그의 신복은 스불이 아니냐 차라리 세겜의 아버지 하몰의 후손을 섬길 것이라 우리가 어찌 아비멜렉을 섬기리요 이 백성이 내 수하에 있었더라면 내가 아비멜렉을 제거하였으리라 하고 아비멜렉에게 이르되 네 군대를 증원해서 나오라 하나라 그 성읍의 방백 스불이 에벳의 아들 가알의 말을 듣고 노하여 사자들을 아비멜렉에게 가만히 보내어 이르되 보소서 에벳의 아들 가알과 그의 형제들이 세겜에 이르러 그 성읍이 당신을 대적하게 하니 당신은 당신과 함께 있는 백성과 더불어 밤에 일어나 밭에 매복하였다가 아침 해 뜰 때에 당신이 일찍 일어나 이 성읍을 엄습하면 가알 및 그와 함께 있는 백성이 나와서 당신을 대적하리니 당신은 기회를 보아 그에게 행하소서 하니 아비멜렉과 그와 함께 있는 모든 백성이 밤에 일어나 네 떼로 나누어 세겜에 맞서 매복하였더니 에벳의 아들 가알이 나와서 성읍 문 입구에 설 때에 아비멜렉과 그와 함께 있는 백성이 매복하였던 곳에서 일어난지라 가알이 그 백성을 보고 스불에게 이르되 보라 백성이 산꼭대기에서부터 내려오는도다 하니 스불이 그에게 이르되 네가 산 그림자를 사람으로 보았느니라 하는지라 가알이 다시 말하여 이르되 보라 백성이 밭 가운데를 따라 내려오고 또 한 떼는 므오느님 상수리나무 길을 따라 오는도다 하니 스불이 그에게 이르되 네가 전에 말하기를 아비멜렉이 누구이기에 우리가 그를 섬기리요 하던 그 입이 이제 어디 있느냐 이들이 네가 업신여기던 그 백성이 아니냐 청하노니 이제 나가서 그들과 싸우라 하니 가알이 세겜 사람들보다 앞에 서서 나가 아비멜렉과 싸우다가 아비멜렉이 그를 추격하니 그 앞에서 도망하였고 부상하여 엎드러진 자가 많아 성문 입구까지

이르렀더라 아비멜렉은 아루마에 거주하고 스불은 가알과 그의 형제들을 쫓아내어 세겜에 거주하지 못하게 하더니 이튿날 백성이 밭으로 나오매 사람들이 그것을 아비멜렉에게 알리니라 아비멜렉이 자기 백성을 세 무리로 나누어 밭에 매복시켰더니 백성이 성에서 나오는 것을 보고 일어나 그들을 치되 아비멜렉과 그 떼는 돌격하여 성문 입구에 서고 두 무리는 밭에 있는 자들에게 돌격하여 그들을 죽이니 아비멜렉이 그 날 종일토록 그 성을 쳐서 마침내는 점령하고 거기 있는 백성을 죽이며 그 성을 헐고 소금을 뿌리니라 세겜 망대의 모든 사람들이 이를 듣고 엘브릿 신전의 보루로 들어갔더니 세겜 망대의 모든 사람들이 모인 것이 아비멜렉에게 알려지매 아비멜렉 및 그와 함께 있는 모든 백성이 살몬 산에 오르고 아비멜렉이 손에 도끼를 들고 나뭇가지를 찍어 그것을 들어올려 자기 어깨에 메고 그와 함께 있는 백성에게 이르되 너희는 내가 행하는 것을 보나니 빨리 나와 같이 행하라 하니 모든 백성들도 각각 나뭇가지를 찍어서 아비멜렉을 따라 보루 위에 놓고 그것들이 얹혀 있는 보루에 불을 놓으매 세겜 망대에 있는 사람들이 다 죽었으니 남녀가 약 천 명이었더라

일본계 작가인 시오미 나나미는 『로마인 이야기』에서 고대 도시 중에 명멸했던 다른 나라와는 달리 로마라는 나라가 장구한 세월 동안 견고한 나라를 유지하면서도 엄청난 지역을 점령하고 패권을 유지할 수 있었던 비결을 이렇게 갈파했다.

그것은 독특한 통치 체제였다. 이 체제의 유지를 훗날 아놀드 토인비는 정치건축의 걸작이라고까지 평가했다.*

_____

* 시오미 나나미/김석희 역, 『로마인 이야기(1)』 (한길사, 2003), 226.

놀라운 사실은 로마의 정치체제를 토인비가 극찬한 이유가 집단 리더십의 견고함으로 보았다는 점이다. 한 공동체의 운명이 그 공동체를 이끌고 있는 지도자의 지도력에 달려 있다는 것은 재론할 필요조차 없는 본질적인 키워드다. 이런 점에서 본문이 던져주는 영적 의미는 중요하다. 본문은 얽히고설켜 대단히 복잡한 것처럼 보이지만 깊이 들여다보면 아주 단순하다. 악을 지닌 자들의 순환적 악순환이 주제다.

세겜 사람들이 아비멜렉에게 반기를 들었고, 설상가상으로 내적인 분란이 발생했는데 하몰의 후손이었던 에벳의 아들 가알이 반역의 모드를 갖고 아비멜렉에게 반기를 들었다. 이렇게 내분이 일어나자 아비멜렉의 수하인 스불이 가알의 반역을 아비멜렉에게 알렸고, 분노한 아비멜렉이 가알을 치는 장면이 본문 정황이다. 사사기 역사가는 이 내분, 즉 반역을 진압하는 과정에서 가알을 따르던 세겜 사람들까지 엘브릿 신전에 몰아넣은 채 불에 태워 죽이는 잔인함을 곧이곧대로 기록했다. 주목할 구절 하나만 나누어보자. 45절이다.

아비멜렉이 그 날 종일토록 그 성을 쳐서 마침내는 점령하고 거기 있는 백성을 죽이며 그 성을 헐고 소금을 뿌리니라

이런 생각에 젖어보자. 세겜 사람들에게 아비멜렉은 어떤 존재였나? 필요악이었다. 세겜 사람들은 당시 씨족의 이해타산으로 아비멜렉이 필요했기에 결코 세워져서는 안 되는 비인간적인 인물을 지도자로 세웠다. 시간이 가면서 그의 공포 치세가 이미 자리를 잡았을 때 세겜이 후회하여 그를 토사구팽하는 집단적인 행동을 보였다. 하지만 자기들의 욕심에 의해 세워진 자에 의해서 몰살당하는 비극적인 말로를 경험하게 된 집단이 세겜 사람들이다. 적어도 세겜 사람들에게 있어서 아비멜렉은 최악의 선택이 된 셈이다. 여기까지 전제하여 본문의 의도를 정리해본다면 지도자를 잘 세워야 한다는 아주 단순한 교훈 정도다. 이 교훈적인 내용에 토를 달 사람은 아마 아무도 없을 것이다. 그러나 한 발만 더 나아가보자. 교회 공동체나 하나님을 향한 신앙의 내용으로 뭉쳐 있는 소그룹이 잘 세워져야 한다는 지도자의 덕목 점검이다.

로드-십이다. '로드십'(Lord-ship)이라는 단어를 너무 거창하게 생각하지 말자. '로드십'을 가장 적절하게 풀어 정의한다면 '하나님에게 붙들림'이다. 교회 공동체를 이끄는 리더에게 이 테제는 부분적인 요건이 아니라 전부다. 지력, 재능, 재력, 인품, 외모, 인간관계, 체력 등등에서 흠잡을 데가 없는 완벽한 리더가 있다고 치자. 그 리더는 수많은 사람에게 부러움의 대상이다. 그렇게 완벽한 그가 세속 공동체에 속한 리더라면 그 공동체는 분명히 복을 받은 공동체일 것이다. 그러나 그가 만에 하나 교회 공동체의 리더일 경우에는 사정이 다르다. 그렇게 완벽한 외형적인 구비 조건을 갖추고 있는 자라도 그가 날마다 하나님과의 관계를 통하여 하나님의 뜻을 전수받지 못하는 리더라면 의미 제로다. 하나님과의 관계가 단절되고, 하나님께 붙들리는 것과는 전혀 상관없는 리더가 수장으로 있는 교회 공동체는 그 자체가 곧 재앙이다. 반대로 교회 공동체를 이끌고 있는 지도자가 하나님께 철저히 붙들려 있다면 그 공동체는 최고의 복을 받은 공동체다. 교회 리더에게 리더십은 그 사람에게서 나오지 않는다. 하나님께 붙들릴 때 나온다. 오스왈드 샌더스의 말을 들어보자.

가장 성공적인 지도자는 자기를 따르는 자들의 애착을 자기 자신에게
두게 하기보다는 그리스도에게 두도록 하는 사람이다.*

이 글을 읽는 그대가 교회 공동체의 지도자인가? 로드십을 재점검
하자. 혹시 팔로워인가? 지도자를 위해 기도하자. 내가 속한 공동체의
리더가 하나님께 철저히 붙들린 지도자가 되도록.

---

* 오스왈드 샌더스/이동원 역, 『영적 지도력』 (요단, 2009), 250.

부메랑

사사기 9:50-57

새길 말씀: **아비멜렉이** 데베스에 가서 데베스에 맞서 진 치고 그것을 점령하였더니 성읍 중에 견고한 망대가 있으므로 그 성읍 백성의 남녀가 모두 그리로 도망하여 들어가서 문을 잠그고 망대 꼭대기로 올라간지라 아비멜렉이 망대 앞에 이르러 공격하며 망대의 문에 가까이 나아가서 그것을 불사르려 하더니 한 여인이 맷돌 위짝을 아비멜렉의 머리 위에 내려 던져 그의 두개골을 깨뜨리니 아비멜렉이 자기의 무기를 든 청년을 급히 불러 그에게 이르되 **너는** 칼을 빼어 나를 죽이라 사람들이 나를 가리켜 이르기를 여자가 그를 죽였다 할까 하노라 하니 그 청년이 그를 찌르매 그가 죽은지라 이스라엘 사람들이 아비멜렉이 죽은 것을 보고 각각 자기 처소로 떠나갔더라 아비멜렉이 그의 형제 칠십 명을 죽여 자기 아버지에게 행한 악행을 하나님이 이같이 갚으셨고 또 세겜 사람들의 모든 악행을 하나님이 그들의 머리에 갚으셨으니 여룹바알의 아들 요담의 저주가 그들에게 응하니라

아비멜렉은 자신에게 반역한 세겜 지역의 사람들을 잔인하게 몰살시켰음에도 불구하고 그의 악행은 중단되지 않았다. 그는 이 기세를 몰아 세겜에서 북동쪽으로 약 20km 정도 떨어진 데베스로 이동하여 아비멜렉의 복수 전쟁과는 전혀 관련이 없는 지역을 무력으로 점령하기 위해 침공한다. 잔악한 아비멜렉의 소문을 들은 데베스 사람들은 그와의 전쟁을 치르기 위해 망대로 피신한다. 이 소식을 들은 아비멜렉

은 세겜의 엘브릿 망대에서 자행했던 방법 그대로 데베스 사람들을
도륙하기 위해 본인이 직접 망대를 불태우는 전략을 진두지휘하기
위해 망대의 대문 가까이 접근한다. 바로 그때 데베스 망대 위에
있었던 무명의 한 여인이 망대 위에서 돌을 던졌는데 그 돌이 아비멜렉
의 머리를 쳤다. 그 결과 아비멜렉의 두개골이 깨졌다고 본문 53절이
증언한다.*

   아비멜렉을 되돌아보자. 그는 세겜 지역의 맹주였다. 왕권을 차지
하기 위해 70여 명의 형제를 무참히 죽인 잔인한 자다. 세겜 지역
사람들의 반역을 제압하기 위해 군사력을 동원하여 피의 잔혹함을
보여주었던 인물이다. 당시 그 누구도 반역할 수 없는 최고의 독재자가
아비멜렉이었다. 나는 새도 떨어뜨리는 권력을 누렸던 자가 아비멜렉
이다. 이제 기막힌 역설을 나누어보자. 무소불위의 권력을 누리던
아비멜렉, 그의 최후는 잘 훈련된 정예병의 칼에 맞아 사망한 것이
아니었다. 아비멜렉에게 걸맞은 장수의 칼에 맞서다가 죽은 것도
아니었다. 그냥 무명의 한 여인이 얼떨결에 던진 돌에 맞아 두개골이
쪼개지는 바람에 죽음을 당했다고 사사기 기자는 기록했다. 이 장면을
해석한 송병현 교수가 대단히 적절한 수사를 동원하여 주석했다.

---

* 전성민, 『사사기 어떻게 읽을 것인가』, 164. 한국의 맷돌은 꽤 무겁고 작지 않은 두꺼
  운 원반 모양의 돌 두 개로 만들어져 있기에 맷돌 위짝을 여인이 던졌다는 진술을 읽
  을 때면 의문이 생긴다. 그 무거운 맷돌 위짝을 여인이 어떻게 망대 꼭대기까지 가지
  고 올라갈 수 있었을까?(53절) 이런 의문은 당시 이스라엘에서 사용하던 맷돌이 지금
  우리가 사용하는 맷돌과 다르다는 것을 알 때 풀린다. 당시 이스라엘의 맷돌은 큰 넓
  은 판으로 된 아래짝과 밀대 비슷한 방망이 모양의 위짝으로 이루어져 있었다. 곡식
  을 아래짝 위에 올려놓은 다음, 밀대 비슷한 위짝을 그 위에서 굴려 곡식을 빻았다.
  그러니 여인이 들고 올라갔던 맷돌 위짝은 우리가 생각하는 맷돌보다 작고 가볍고 작
  았다.

전쟁에서 어떤 무기를 써야 하는지를 전혀 모르는 한 어처구니없는 여인이 어처구니없는 돌을 던졌더니 적장이 그 어처구니없는 돌에 맞아 죽는 어처구니없는 일이 벌어졌다.*

아비멜렉은 어떻게 이런 어처구니없는 죽음을 당했을까? 하나님께서 뿌린 대로 거두게 한 것이다. 부메랑이 되어 돌아온 자업자득이었다. 사사기 9:2에서 아비멜렉은 왕이 되기 위해 세겜 사람들을 이렇게 설득했었다.

'한 사람'이 다스리는 것이 칠십 명이 다스리는 것보다 훨씬 좋으냐

'한 사람'의 당위성을 강조한 셈이다. 그 한 사람이었던 아비멜렉은 본문에서 또 다른 '한 사람'인 여인이 던진 돌에 맞아 죽는다. 아비멜렉은 자기의 이복형제 70명을 죽일 때 '한 바위'에서 죽였다. 본문에서 아비멜렉은 한 여인이 던진 '한 돌'에 맞아 죽는다. 9:20 후반절은 이렇게 보고한다.

세겜 사람들과 밀로의 집에서도 불이 나와 아비멜렉을 사를 것이니라

세겜 사람들과 밀로의 집과 연관된 또 다른 지역은 데베스다. 바로 그 데베스의 망대에서 망대를 불태우기 위해 직접 망대 가까이

---

* 송병현, 『엑스포지멘터리 주석, 사사기』, 259. 아비멜렉은 70형제들의 생명을 귀하게 여기지 않았다. 하나님께서는 그를 여인의 손에 '값싼 죽음'을 당하게 하셨다.

갔던 아비멜렉은 불이 타오르는 바로 그곳에서 돌에 맞아 죽게 되었다. '불'로 번역된 히브리어 '에쉬'(אש)와 '여인'으로 번역된 '잇샤'(אשה)는 발음이 비슷하다. 사사기 기자의 대구(對句)는 다분히 의도적으로 보인다. 자신이 행했던 폭력의 화살들이 자신에게로 그대로 부메랑이 되어 돌아오고 있음을 강조하고 싶었던 것이다.

아비멜렉은 자기가 던진 악의 화살들이 고스란히 자기에게 부메랑이 되어 돌아와 자기의 목숨을 빼앗긴 비극의 주인공이다. 그는 두개골이 깨진 죽음의 순간에 모욕을 당하고 싶지 않았다. 그의 최소한의 자존심이었다. 자기의 칼을 들고 있었던 청년에게 자기를 찌르라고 명령하여 최후를 맞는다. 아비멜렉의 최후를 소상히 기록한 사사기 기자는 아비멜렉의 보고를 증언하는 마지막 부분에 어찌 보면 가장 중요한 교훈을 이런 글로 남겼다. 본문 56절을 눈여겨보자.

> 아비멜렉이 그의 형제 칠십 명을 죽여 자기 아버지에게 행한 악행을 하나님이 이같이 갚으셨고

'하나님이 이같이 갚으셨다'고 번역한 부분을 영어 성경 NIV는 이렇게 기록해 놓았다.

> Thus God repaid the wickedness that Abimelech had done to his father by murdering his seventy brothers(그러므로 하나님께서 아비멜렉이 70명의 형제를 살해함으로써 자기의 아버지에게 행한 그 사악함을 그에게 되갚으셨다).'

무서운 부메랑이다. 아비멜렉이 행한 자기의 모든 죄로 인한 씨앗들을 그대로 그에게 되돌려 거두게 하셨다는 말은, 하나님께서 악의 열매를 아비멜렉에게 부메랑이 되게 했다는 사사기 기자의 선명한 고발이다. 왜? 후대의 독자들에게 교훈하기 위함이다. 사사기 9장을 마무리하면서 바울이 남긴 의미 있는 권고를 적시하고 싶다.

자기의 육체를 위하여 심는 자는 육체로부터 썩어질 것을 거두고 성령을 위하여 심는 자는 성령으로부터 영생을 거두리라 우리가 선을 행하되 낙심하지 말지니 포기하지 아니하면 때가 이르매 거두리라 (갈 6:8-9)

---

* 저자 사역(私譯).

6부

있으나 마나 한
사사들

(10장)

J U D G E S

어떤 이력서를 쓰고 있는가? (1)

사사기 10:1-2

새길 말씀: 아비멜렉의 뒤를 이어서 잇사갈 사람 도도의 손자 부아의 아들 돌라가 일어나서 이스라엘을 구원하니라 그가 에브라임 산지 사밀에 거주하면서 이스라엘의 사사가 된 지 이십삼 년 만에 죽으매 사밀에 장사되었더라

내 인생의 봄은 갔어도 / 네게 있으니 / 나는 여전히 봄의 사람*

나태주 시인의 이 문장을 읽고 나서 너무 따뜻했다. 지인들이 나를 보고 봄을 느낄 수 있도록 해준 누군가로 기억해준다면 나름 그럭저럭 선방한 삶을 산 셈이다. 그래서 그랬나 보다. 호흡이 있는 동안 그렇게 살겠다는 오기에 발동을 건 것이. 후대의 사람들이 나를 어떻게 기억할까, 내 장례식장에서 사람들은 나를 어떻게 평가해줄까 등등이 이제는 이순(耳順)을 훌쩍 넘긴 나이다 보니 관심이 간다. 삶의 이력서 쓰기가 그런가 보다.

본문을 보면 아주 짧은 이력이지만, 그 내용만 보더라도 대단히 귀한 삶의 이력서를 쓴 사사 돌라를 만나게 된다. 그의 이력은 언뜻 보면 너무 보잘것없는 이력처럼 여겨진다. 하지만 조금만 관심을

---

* 나태주, 『너와 함께라면 인생도 여행이다』 (열림원, 2021), 80.

갖고 깊이 들여다보면 7개의 놀라운 정보가 기록되어 있다.

① 아비멜렉의 뒤를 이은 사사였다.
② 잇사갈 지파였다.
③ 할아버지가 도도였고 아버지는 부아였다.
④ 이스라엘을 구원하였다.
⑤ 고향은 사밀이었다.
⑥ 23년 동안 사사로 활동하였다.
⑦ 죽은 뒤에 사밀에 장사되었다.

사사 돌라의 이력을 구체적으로 열거한 이유가 있다. 그가 훌륭한 사사였음을 보고하기 위해서다. 특히 주목할 내용은 본문 1절 전반절 이다.

아비멜렉의 뒤를 이어서

어마어마한 보고다. 사사기 9장 전체에는 기드온의 아들인 아비멜렉 시대의 참상이 기록되어 있다. 그로 인하여 자행되었던 비극적인 이스라엘의 역사는 말 그대로 만신창이가 된 아비규환의 참상이었다. 도대체 어디서부터 다시 시작을 해야 좋을지 모를 정도로 시계 제로의 이스라엘이었다. 이처럼 엄청난 상처투성이의 이스라엘을 물려받은 사사가 돌라였다. 돌라의 마음이 어땠을까? 루스벨트가 갑자기 죽자 미국의 리더십을 이어 받은 트루먼이 이렇게 두려움을 토로했다고 한다.

"하늘에 떠 있는 별과 달이 내게로 모두 떨어지는 압박과 두려움이 몰려왔다."

돌라도 매일반이지 않았을까 조심스럽게 추측해본다. 본문 이해를 위해 배경을 조금만 더 살펴보자. 돌라는 당시 주목을 받았던 주류인 유다 지파나 혹은 레위 지파 출신이 아니었다. 여호수아 19장을 참고하면 잇사갈 지파는 작은 지파에 속하는, 오늘날로 말하면 비주류의 평범한 지파였는데, 여기에 속했던 돌라는 더더욱 아비멜렉 이후를 책임졌기에 두려웠을 게 분명하다. 주목받지 못하는 출신의 사사가 돌라였기에 그를 누구도 주목하지 않을 법한데 신명기 역사가는 돌라를 놀랍게 정의한다. 1절 중반절이다.

이스라엘을 구원하니라

그가 행한 사역이 승리였음을 단순한 표현이지만 최대 폭으로 담아낸 것이다. 결정적인 증거가 2절이다.

이스라엘의 사사가 된 지 이십삼 년 만에 죽으매 사밀에 장사되었더라

끔찍하기 이루 말할 수 없었던 아비멜렉 치세의 뒤를 이어 사사로 사역한 돌라에게 이전 사사들이 행했던 것처럼 주변 국가와 전쟁을 벌여 승리했다는 보고가 없다. 하지만 참담했던 최악의 리더십을 물려받았음에도 불구하고 23년이나 리더십이 견고했다는 것은 돌라가 아비멜렉 이후 오랜 세월 평화를 유지하는 데 성공했다는 증언인 셈이다. 23년이라는 세월은 앞서 언급된 옷니엘의 40년 평화, 에훗의

80년 평화, 드보라의 40년 평화, 기드온의 40년 평화에 비해 산술적으로 못 미치는 평화 기간이다. 그러나 전술했듯이 돌라 사사가 아비멜렉의 뒤를 이어받은 것을 감안할 때 만신창이가 된 이스라엘을 추슬렀다는 점은 괄목할 만한 결과물이다. 더불어 안정적인 이스라엘 공동체를 만들어 23년이라는 세월을 영위하도록 했다. 돌라의 탁월한 리더십이 동반되지 않았다면 결코 일어날 수 없는 일이었음이 분명하다. 본문이 주는 놓쳐서는 안 되는 또 다른 하나의 감동이 있다. 1절을 다시 곱씹자.

> **아비멜렉의 뒤를 이어서 잇사갈 사람 도도의 손자 부아의 아들 돌라가 일어나서 이스라엘을 구원하니라 그가 에브라임 산지 사밀에 거주하면서**

사사기 기자는 돌라의 업적으로 불과 2절밖에 안 되는 그의 기록 중에 족보를 3대로 기록했다. 조부 도도와 아버지 부아를 소개했다는 점은 주목할 만하다. 사사기에 기록된 사사들의 계대는 거의 전부가 2대인데 비해 유일하게 돌라의 가계를 3대로 기록한 것을 보면 저자가 그에 대하여 얼마나 후한 긍정적인 평가를 내렸는지 가늠하게 해 준다. 이렇듯 돌라의 이력서는 짧지만 대단히 인상적이다.

주군이 인정하는 이력서를 써 내려가자. 돌라는 사사로서 23년의 삶을 통해 본인의 이력서를 써 내려갔다. 그것도 아주 선한 영향을 끼쳤던 이력의 내용을 말이다.

당신이 생각하는 십자가는 그가 단지 형벌을 짊어진 것이라고 생각하지만, 예수께서 짊어진 것은 십자가가 아니라 바로 당신과 나입니다.

필자가 가지고 다니는 명함에 활자화된 문장이다. 이 문장을 심비
(心碑)에 새긴 지 이미 오래다. 명함에 이 문장을 삽입한 이유는 훗날
하나님 앞에 설 때 이 이력을 보고하고 싶어서다. 바울이 갈라디아
교회에 편지한 글에서 가장 드라마틱한 감동을 주는 구절을 소개하라
면 필자는 주저 없이 6:17을 뽑는다.

> **이 후로는 누구든지 나를 괴롭게 하지 말라 내가 내 몸에 예수의 흔적을 지니고 있노라**

'예수 그리스도의 십자가를 사랑한 자'가 되고 싶다. 이것이면
족하지 않나 싶다. 십자가를 만나 삶이 변했고, 십자가를 증거하는
삶을 죽기까지 살다가, 십자가를 짊어지신 그분께로 간 사람이라는
이력을 하나님께 드렸으면 좋겠다. 그대는 지금 어떤 이력서를 쓰고
있는가?

어떤 이력서를 쓰고 있는가? (2)

사사기 10:3-5

새길 말씀: 그 후에 길르앗 사람 야일이 일어나서 이십이 년 동안 이스라엘의 사사가 되니라 그에게 아들 삼십 명이 있어 어린 나귀 삼십을 탔고 성읍 삼십을 가졌는데 그 성읍들은 길르앗 땅에 있고 오늘까지 하봇야일이라 부르더라 야일이 죽으매 가몬에 장사되었더라

승리하는 이력을 썼던 사사 돌라 이후 연이어 기록되어 있기에 의도하지는 않았다 할지라도 자연스럽게 비교되는 또 한 명의 사사인 야일을 살펴야 한다. 전제하지만 야일은 씁쓸하게도 돌라에 비해 못내 유감스러운 신앙의 이력을 남긴 사사였다. 3-5절을 보자.

그 후에 길르앗 사람 야일이 일어나서 이십이 년 동안 이스라엘의 사사가 되니라 그에게 아들 삼십 명이 있어 어린 나귀 삼십을 탔고 성읍 삼십을 가졌는데 그 성읍들은 길르앗 땅에 있고 오늘까지 하봇야일이라 부르더라 야일이 죽으매 가몬에 장사되었더라

'야일'의 번역인 히브리어 '야이르'(יאיר)는 '하나님께서 빛을 발하신다'는 의미다. 이름의 뜻이 너무 귀하다. 아쉬운 것은 야일의 삶이 이름과 걸맞지 않았다는 점이다. 추적해보자.

① 그는 비옥했던 길르앗 출신이었다.

② 아들이 30명이나 있었다.

③ 야일의 아들들은 어린 나귀 30마리를 타며 자랐다.

④ 야일은 30개의 성읍을 소유했다.

⑤ 돌라의 뒤를 이어 사사의 자리에 올랐고, 그가 통치한 22년 동안 평화가 임했다.

야일이 돌라에 비해 가장 두드러진 차이점은 그가 부유했던 사사라는 점이다. 당대 30명의 아들들에게 빠짐없이 어린 나귀를 태웠다는 보고는 상당한 부를 소유하고 있었다는 증언이다. 한 성읍을 차지하는 것도 상당한 일이었는데, 그가 길르앗의 비옥한 땅 중에서 30개 성읍의 소유주였으니 그의 부가 얼마나 대단했는지를 충분히 가늠할 수 있다. 더불어 그가 통치한 22년 동안 평화가 임했다는 것은 야일에게서 그나마 건질 수 있는 긍정적인 평가다. 그럼에도 불구하고 야일 사사에 대해 필자는 인색한 평가를 내릴 수밖에 없다.

본문 기록을 전제할 때 야일은 하나님을 위해서 무언가를 했다는 기록이 전무하다. 다만 그는 자신이 갖고 있었던 부를 무기로 22년 동안 사사로서의 권력을 누렸다. 동시에 그가 통치하는 동안에 다행히 전쟁이 일어나지 않고 평화가 임했다고 사사기 기자는 보고한다. 하지만 22년 동안 유지되었던 평화도 조금 깊게 살펴보면 칭찬받을 만한 일이 아니었다. 야일은 돌라의 뒤를 이은 사사였다. 그가 통치했던 22년 기간 동안 임한 평화는 어떤 의미로 볼 때 돌라가 세운 평화의 열매를 따먹은 것에 지나지 않는다. 그가 사사로 재임한 22년 동안의 평화에 점수를 많이 줄 수 없는 또 하나의 결정적인 증거가 있다. 야일이 통치한 22년이 지나고, 그가 사망한 뒤 이스라엘에서 여호와 하나님께 범죄를 하고, 곧바로 바알과 아스다롯과 아람, 시돈, 모압, 암몬, 블레셋의 신들을 섬기는 집단적인 우상 숭배가 자행되었다는 점을 들 수 있다. 조심스럽게 유추할 수 있는 교훈이 있다. 이미 야일 시대부터 이스라엘 공동체는 영적으로 조금씩 금이 가고 있었다는 유추다. 종합하자면 야일은 그가 사사로 통치하는 동안 이스라엘 신앙 공동체에 어떤 선한 영적 영향력도 주지 못했던 사사였다는 결론에 도달한다. 이런 면에서 야일의 이력은 하나님께 내세울 것이 없는 그저 그런 인생이었다고 정의해도 틀리지 않는다.

타자에게 영적으로 선한 영향을 주는 이력서를 쓰자. 바울의 유언이자 신앙의 이력인 디모데후서 4:7-8의 선포는 감동의 절정이다.

나는 선한 싸움을 싸우고 나의 달려갈 길을 마치고 믿음을 지켰으니 이제 후로는 나를 위하여 의의 면류관이 예비되었으므로 주 곧 의로우신 재판장이 그 날에 내게 주실 것이며 내게만 아니라 주의 나타나심을 사모하는 모든 자에게도니라

필자는 이 구절을 나눌 때마다 흔히 공통으로 뽑는 7절에 방점을 찍지 않는다. 오히려 받는 감동의 절정을 8절의 한 구절에서 찾는다.

모든 자에게도니라(all who eagerly look forward to his appearing)

여기에 기록된 '모든 자'는 그리스도 예수의 공동체 안에서 그분의 다시 오심을 열정적으로 기다리고 있는 자들임은 재론의 여지가 없다.

바울은 이 사람들에게 내가 받을 영광이 동일하게 임할 것이라고 강력히 선포했다. 어디에서 이런 담대함이 나왔을까? 그것은 선한 싸움을 싸웠고, 달려갈 길을 달렸고, 믿음을 지켰기 때문이라는 바울만의 스티그마(stigma)를 본인의 이력서에 새겼기 때문일 것이다.

1791년 3월 2일, 18세기 영국이라는 지극히 세속적인 통치 영역에 살면서도 이론으로 표현할 수 없는 지대한 영향을 끼쳤던 한 영적 거인, 존 웨슬리가 하나님의 부름을 받았다. 그는 부름을 받기 전날 임종을 지켜보던 수많은 지인들에게 이렇게 외쳤다.

"가장 좋은 것은 하나님이 우리와 함께 계심이다."*

존 웨슬리의 마지막 토로였다. 그는 삶으로 선한 이력서를 쓴 믿음의 선진이었다. 그대는 오늘, 그대의 삶에 펼쳐진 사도행전 29장에 어떤 이력을 쓰고 있는가?

---

* 이성덕, 『존 웨슬리, 나의 삶이 되다』 (신앙과지성사, 2016), 229.

팔려서야 되겠는가?

사사기 10:6-9

새길 말씀: 이스라엘 자손이 다시 여호와의 목전에 악을 행하여 바알들과 아스다롯과 아람의 신들과 시돈의 신들과 모압의 신들과 암몬 자손의 신들과 블레셋 사람들의 신들을 섬기고 여호와를 버리고 그를 섬기지 아니하므로 여호와께서 이스라엘에게 진노하사 블레셋 사람들의 손과 암몬 자손의 손에 그들을 파시매 그 해에 그들이 요단 강 저쪽 길르앗에 있는 아모리 족속의 땅에 있는 모든 이스라엘 자손을 쳤으며 열여덟 해 동안 억압하였더라 암몬 자손이 또 요단을 건너서 유다와 베냐민과 에브라임 족속과 싸우므로 이스라엘의 곤고가 심하였더라

돌라와 야일 사사가 이끄는 45년이라는 세월 동안 이스라엘은 평화가 임했다. 주지했다시피 이 평화는 잔인한 아비멜렉의 폭정 끝에 거둔 평화였기에 너무나 소중한 샬롬이었다. 그러나 불안했던 야일이 이끌던 22년이 끝나자 염려했던 일이 벌어졌다. 6절의 보고는 경악할 만하다. 이스라엘이 하나님의 은혜를 저버리고 근동에서 섬기던 일곱 신들을 섬기기로 했다는 보고다.

① 바알들(가나안 신들)
② 아스다롯(가나안 신)
③ 아람의 신들(하닷, 바알, 못, 아낫 등등)

④ 시돈의 신들(바알과 아스다롯)

⑤ 모압의 신(그모스)

⑥ 암몬의 신들(몰렉과 몰록)

⑦ 블레셋의 신들(다곤, 바알)

야일 이후 이스라엘 신앙 공동체는 단순히 이방의 한 신만을 받아들인 정도가 아니라, 하나님을 버리고 근동에서 섬기던 일체의 신들을 모두 다 받아들인 극단적 혼합주의의 길로 들어섰음을 사사기 기자는 고발한다. 그 결과 하나님이 대노(大怒)하셨다. 7절은 보고한다.

여호와께서 이스라엘에게 진노하사 블레셋 사람들의 손과 암몬 자손의 손에 그들을 파시매

주목할 단어 히브리어 '마카르'(מכר)는 본문에 '파시매'라고 번역되어 있지만, 조금 더 어원적으로 설명한다면 단지 물건을 내다 파는 'sell'이 아니라 노예로 '내어놓는 것'(throw away)을 의미하는 단어다. 다시 말해 소유권을 양도한다는 무서운 의미를 담고 있는 단어다. 필자가 개인적으로 많이 암송하며 읊조리는 성경 구절 중에는 시편 121편이 있다. 특히 6절을 묵상할 때마다 뜨거운 감동이 임한다.

낮의 해가 너를 상하게 하지 아니하며 밤의 달도 너를 해치지 아니하리로다

이분이 하나님이시다. 슬프지만 본문에 적용해보자. 이런 속성의 하나님이 이스라엘의 소유권을 포기하셨다는 말이다. 낮의 해가 상하게 하지 않으시는 분이, 밤의 달도 해치지 않게 하시는 분이 도리어 이스라엘을 적에게 팔아넘기셨다는 본문의 언급을 도대체 어떻게 해석해야 할까?

하나님을 하나님으로 인정하지 않는 자들과는 타협하지 않으시겠다는 단호함이 보인다. 동시대에 살고 있는 무신론자들과 교회 안에 있는 무늬만 그리스도인들에게 공통적으로 보이는 치명적 아킬레스건이 있다.

"그리스도인들이 하나님을 믿는 것에 대하여 인정한다. 반대하지 않는다. 그러나 하나님만이 하나님인 것은 거부한다. 당신들이 하나님을 하나님으로 믿는 것처럼 내가 믿는 대상이 꼭 하나님일 필요는 없다. 내가 열망하고 바라고 사모하는 것이 성경이 말하는 하나님이 아니라, 내가 그리며 조각하는 하나님일 수 있다는 것에 대하여 시비를 걸지 말라. 이것을 방해하지 말라."

언젠가 미국의 사회적 복음주의 공동체 운동인 '소저너스' 창설자인 짐 월리스가 자신의 책 『부러진 십자가』에서 이렇게 열거한 글을 읽은 적이 있다.

우상 숭배란 주변 환경의 특정 부분, 즉 손을 뻗으면 가질 수 있고 자기 삶에서 사라진 만족감과 성취감을 줄 수 있으리라고 생각되는 그 무엇에 의존하는 것이다.*

'그 무엇'을 이스라엘이 바알이요, 아스다롯이요, 그모스요, 몰렉이요, 몰록이요, 다곤으로 인정한 것이다. 마땅히 하나님은 이런 자들에게 대노하셨다. 조금도 주저하지 않으신 하나님은 그들이 선택한 블레셋과 암몬에게 이스라엘을 팔아넘기셨다.

필자는 현장에서 목회를 하는 목사다. 목사는 설교로 말한다. 설교를 하는 목사들에게 참으로 아프게 다가오는 존재들이 있다. 소위 교회 안의 불신자들이다. 오늘 그리스도인이라는 이름을 가진 자들 중에 하나님이 있다는 것을 심정적으로 인정하지만, 나는 그 하나님만을 믿을 수는 없고, 내가 필요할 때 항상 내 마음대로 와주고 내 마음대로 움직여주는 하나님을 하나님으로 섬기겠다는 상당수의 사람들이 이들이다. 이런 자들은 엄격하게 정의하자면 하나님을 알지만 믿지 않는 자들이다. WCC에서 선교 보고서를 내놨는데 그 보고서에 전도하기가 쉽지 않은 7대 미전도 종족이 있었다. 가장 의미 있게 본 순위는 1-6위가 아닌 7위였다.

7위: 교회 와 있는 안 믿는 사람들

'교회 와 있는 안 믿는 사람들'이 누군가? 하나님만이 하나님 되심을 믿지 않는 자들이다. 하나님은 필요할 때만 나의 하나님이 되어주기를 바라는 자이다. 뷰캐넌이 말한 그대로다.

우리에게 필요한 것을 공급해주지만 주제넘게 나서지 않는 하나님, 우리

* 짐 월리스/강봉재 역, 『부러진 십자가』 (아바서원, 2012), 109.

를 지켜주지만 요구하지 않는 하나님, 간섭하지 않는 하나님, 우리와 일정한 거리를 유지하며 귀찮게 다그치지 않는 하나님, 그런 하나님을 원하고 있다.*

야일 사사가 죽은 뒤에 근동 지역의 7개 우상들을 집단적으로 받아들인 이스라엘 공동체는 이렇게 살았다. 동시에 이런 것을 인정하는 하나님을 요구한 셈이다. 하나님은 이들을 내다 파셨다. 하나님이 내다 파는 팔리는 자의 신분이 되어서야 되겠는가! 순결한 믿음으로 하나님을 하나님으로 인정하는 신실한 그리스도인이 되어야 하는 것은 오늘을 사는 그리스도인의 당위다.

---

* 마크 뷰캐넌, 『열렬함』, 57.

자리를 이동하자

사사기 10:10-16

새길 말씀: 이스라엘 자손이 여호와께 부르짖어 이르되 우리가 우리 하나님을 버리고 바알들을 섬김으로 주께 범죄하였나이다 하니 여호와께서 이스라엘 자손에게 이르시되 내가 애굽 사람과 아모리 사람과 암몬 자손과 블레셋 사람에게서 너희를 구원하지 아니하였느냐 또 시돈 사람과 아말렉 사람과 마온 사람이 너희를 압제할 때에 너희가 내게 부르짖으므로 내가 너희를 그들의 손에서 구원하였거늘 너희가 나를 버리고 다른 신들을 섬기니 그러므로 내가 다시는 너희를 구원하지 아니하리라 가서 너희가 택한 신들에게 부르짖어 너희의 환난 때에 그들이 너희를 구원하게 하라 하신지라 이스라엘 자손이 여호와께 여쭈되 우리가 범죄하였사오니 주께서 보시기에 좋은 대로 우리에게 행하시려니와 오직 주께 구하옵나니 오늘 우리를 건져내옵소서 하고 자기 가운데에서 이방 신들을 제하여 버리고 여호와를 섬기매 여호와께서 이스라엘의 곤고로 말미암아 마음에 근심하시니라

본문에는 하나님께서 가나안 입성 초기 이스라엘 신앙 공동체에 선언하셨던 경고성 멘트와는 사뭇 다른 표현이 등장한다. 13절을 주목하자.

너희가 나를 버리고 다른 신들을 섬기니 그러므로 내가 다시는 너희를 구원하지 아니하리라

학자들은 사사시대의 역사를 나선형 하강(downward spiral)의 역사라고 지적한다. 즉, 사사기 안에 등장하는 사사들의 자질과 그들의 지도력이 역사의 시간이 흐르면 흐를수록 영적·질적 수준이 하락하는 순환 궤도를 걸었다는 해석이다. 본문 이후에 등장하는 입다 사사역시 여덟 번째 사사이다 보니 그의 궤적이 그리 긍정적이지 않을 것 같다는 예상이 된다. 본문의 정황 안에서 하나님은 점점 더 타락하고 있는 이스라엘을 목도하고 계셨다. 그 역사의 복판에 있었던 사사의 면면도 마찬가지로 하강하고 있다는 것을 전제할 때 본문 이해는 명쾌해진다.

사사 야일이 죽기를 기다렸다는 듯이 이스라엘 공동체는 무섭게 하나님을 버렸다. 동시에 가나안 지역의 집단적 우상 신앙을 받아들여 급속히 야훼 종교를 배격하는 어처구니없는 비극의 씨앗을 뿌린다. 하나님은 이런 이스라엘의 행태에 대해 그 아픔의 강도가 심했기에 이전 사사시대에서는 도무지 듣지 못했던 무서운 선언을 하신다. 소위 말하는 절교 선언이다. 13절 하반절이다.

내가 다시는 너희를 구원하지 아니하리라

하나님의 분노는 이 정도로 끝나지 않는다. 11절은 분노의 절정을 보여준다. 사사기의 패턴대로 이스라엘이 집단적 우상 숭배에 빠지자 하나님은 역설적으로 그들이 섬기던 바알의 나라인 암몬과 블레셋에게 압제당하게 하신다. 주목할 것은 이전 사사시대에 행하셨던 하나님의 징계 시나리오는 한 나라에 압제를 당하게 하는 것이었는데 이번 경우는 달랐다. 이스라엘이 하나님을 배신하고 의지하던 당사자 나라인 블레셋과 암몬이라는 두 나라에 압제를 당하게 하신 가중처벌이었다. 또다시 이방 민족이 자행하는 고통의 치하에 들어간 이스라엘은 대단히 습관적으로 하나님께 회개한다. 전례의 순서대로라면 하나님은 사사를 불러 이스라엘의 죄를 용서하고 그들을 이방의 압제에서 구원하는 은혜를 베푸셔야 했다. 하지만 14절 본문은 충격이다.

> 가서 너희가 택한 신들에게 부르짖어 너희의 환난 때에 그들이 너희를 구원하게
> 하라 하신지라

14절 본문을 전성민은 대단히 해학적으로 풀었다.

> 14절의 여호와의 말씀은 한마디로 딴 데 가서 알아보라는 것이었다. 이는
> 성경 전체에서 가장 충격적인 장면 중 하나다.[*]

너희들이 그토록 섬기기를 원하던 그 신들에게 빌어보라는 반전의 메시지는 하나님의 분노가 얼마나 극에 달했는지 보여주는 내용이다. 필자와 같은 맥락으로 전성민도 이해한 것 같다.

하나님의 용서와 구원은 회개라는 동전을 넣어서 얻을 수 있는 자동판매기 물품이 아니라 인격적 관계의 선물이다. 14절에서 보듯이 하나님이 이스라엘의 회개를 받아주시지 않은 것은 그분의 자비롭고 은혜로운 성품이 약해졌기 때문이 아니다. 이스라엘의 죄악이 얼마나 심각했는지,

---

[*] 전성민, 『사사기 어떻게 읽을 것인가?』, 176.

인간적인 표현을 쓰자면 그렇게 인자가 많으신 하나님조차도 쉽사리 용서가 안 되는 얼마나 심각한 죄악이었는지를 강력하게 보여준다. (중략) 요컨대 하나님의 용서를 당연하게 여기는 습관적 회개는 하나님의 관계에서 치명적이다.*

그렇다. 하나님의 이런 반응은 무죄다. 상습범을 누가 동정하겠는가? 하나님도 참을 만큼 참으신 것이다. 그러므로 하나님의 반응은 정당하다. 여기까지의 텍스트를 전제한다면 필자는 하나님의 입장에 전적으로 동의한다. 전혀 이견이 없다. 하나님의 반응하심에 두 손 들어 항복할 의향이 있다. 하지만 놀라운 것은 그렇게 단호하셔서 요동할 것 같지 않으셨던 하나님께서 먼저 무너지셨다는 것이 이 본문에서 보는 압권이다. 먼저 무너진 일만 보면 하나님도 참 줏대 없다고 볼 수 있겠지만, 그 줏대 없으신 하나님을 보며 필자는 이론으로 형용할 수 없는 감동을 받는다. 16절을 보자.

자기 가운데에서 이방 신들을 제하여 버리고 여호와를 섬기매 여호와께서 이스라엘의 곤고로 말미암아 마음에 근심하시니라

다시는 질 것 같지 않게 호언장담한 하나님이었지만, 이스라엘이 우상을 제거하고 회개하자 다시 흔들렸다. 두 단어가 눈에 들어온다. '곤고'(עָמָל)와 '근심'(קָצַר)이다. '곤고'라고 번역된 히브리어 '아말'은 가장 대표적인 의미가 '수고'라는 뜻이지만, 16절에서의 의미는 어떤

---

* 앞에 책, 172-173.

일의 어두운 면이나 만족스럽지 못한 것에 대한 함의가 담겨 있다. 더불어 '근심'으로 번역한 히브리어 '카차르'는 인내심이 한계에 다다른 상황을 의미하는 단어로 해석하는 것이 적절하다. 그래서 그랬는지 '곤고'라는 '아말'을 해석한 영어 성경에 삽입된 단어도 주목할 만하다. 영어 성경 KJV는 'grieve'(슬퍼하다)로 기록했고, RSV는 'not bear'(견디지 못하다)로 번역했다. 결국 영어 성경은 사사기 저자의 의도를 다른 단어이지만 같은 맥으로 짚었다는 결론에 도달한다. '하나님의 사랑'이라는 다분히 상투적인 숙어를 이렇게 표현하고 싶었을 것이 분명하다.

'당신의 백성이 당하는 아픔을 견디지 못하시는 사랑, 슬퍼하시는 사랑'

이 사랑이 바로 하나님의 사랑이다. 이것을 인정한다면 오늘도 하나님의 이 사랑은 시공간을 뛰어넘어 우리에게까지 유효하다. 하나님의 유효한 사랑에 우리는 어떻게 반응해야 할까?

하나님이 생각하시는 자리로 내 삶의 자리를 이동하는 것이다. 아브라함 요수아 헤셸은 이렇게 갈파했다.

사람들은 신앙을 모든 인간의 문제들에 대한 대답이라고 생각한다. 그러나 사실은, 신앙은 모든 인간의 대답들에 대한 도전이다. 신앙은 불태우는, 모든 주장들을 태워버리는 불이다. 신앙을 소유한다는 것은 진통을 겪는 것이다.*

헤셸의 말에 동의하는 이유는 신앙이 인간 문제의 해답이 아니라, 도전이라는 그의 말을 전적으로 지지하기 때문이다. 신앙이란 내 삶의 아집을 버리고 하나님의 생각이라는 둥지로 이동하는 혁명적 사건이자 도전이다. 하나님께서 이 길을 미리 보여주셨다. 특히 본문 텍스트에서. 하나님이 원하지 않는 자리에서 원하는 자리로 이동하는 것이 바로 신앙의 길이다. 그래서 신앙의 노정은 해산의 수고(아말)요, 고통을 인내(카차르)하는 길이다.

---

* 아브라함 요수아 헤셸, 『누가 사람이냐』, 205.

하나님의 사람이 보이지 않는 시대

사사기 10:17-11:3

새길 말씀: 그 때에 암몬 자손이 모여서 길르앗에 진을 쳤으므로 이스라엘 자손도 모여서 미스바에 진을 치고 길르앗 백성과 방백들이 서로 이르되 누가 먼저 나가서 암몬 자손과 싸움을 시작하랴 그가 길르앗 모든 주민의 머리가 되리라 하니라 길르앗 사람 입다는 큰 용사였으니 기생이 길르앗에게서 낳은 아들이었고 길르앗의 아내도 그의 아들들을 낳았더라 그 아내의 아들들이 자라매 입다를 쫓아내며 그에게 이르되 너는 다른 여인의 자식이니 우리 아버지의 집에서 기업을 잇지 못하리라 한지라 이에 입다가 그의 형제들을 피하여 돕 땅에 거주하매 잡류가 그에게로 모여 와서 그와 함께 출입하였더라

몇 해 전 태풍으로 인한 피해가 심했다. 이로 인해 교회 십자가 첨탑이 무너져 나간 피해가 여기저기에서 일어났다. 이 일을 두고 모 일간 신문 기자가 잘려져 나간 교회 첨탑을 배경으로 다음의 제목으로 기사를 올렸다.

"낙후된 교회 십자가 첨탑의 위험성 곳곳에 산재"

인터넷판에 고스란히 올라온 이 기사에 아니나 다를까 벌떼 같은 댓글이 달렸다. 원래 댓글의 속성이 익명성을 보장해주기에 대부분이 부정적인 내용인 것은 알았지만, 이 기사 댓글 중에 필자의 마음을

가장 아프게 한 댓글이 이랬다.

교회 십자가 첨탑이 무너진 것으로 인해 피해를 당한 사람들에게 누가
피해 보상을 하지? 하나님이 하면 되겠네. 그런데 어쩌지 하나님은 존재
하지 않으니.

비아냥의 극치를 보여준 이 댓글을 읽다가 사사기의 주제 구절인
마지막 구절 21:25이 문득 떠올랐다.

그 때에 이스라엘에 왕이 없으므로 사람이 각기 자기의 소견에 옳은
대로 행하였더라

하나님이 철저히 무시당하던 시대, 하나님을 두려워하지 않음으로
자기 멋대로 막살던 랜덤의 시대였던 사사시대가 불현듯 떠올랐다.
하나님을 난도질하는 시대, 하나님을 장기판의 졸(卒)보다도 못하게
여기는 시대가 바로 신(新)사사시대인 오늘이다.

읽은 본문은 아홉 번째 사사인 입다가 역사의 무대에 올라서는
것을 알리는 기사다. 길르앗의 한 지역에서 기생의 아들로 태어난
입다는 아버지의 본처가 나은 형제들에 의해 길르앗에서 쫓겨난 불우
한 이력의 소유자다. 소위 배다른 형제들에 의해 강제로 쫓겨난 입다는
돕에 거하면서 거기에 모여든 '잡류', 즉 깡패, 건달들과 함께 악한
일을 도모하며 막살았음을 11:3에서 증언한다. 유진 피터슨의『메시
지』 번역으로 3절을 읽어보자.

그래서 입다는 형제들을 피해 돕이라고 하는 땅에 가서 살았는데 건달들이 그에게 붙어서 함께 어울려 다녔다.*

여기까지 11:1-3을 정리하고 역사의 뒤편으로 잠시 돌아가자. 사사 야일이 죽자 가나안 입성 초기 이스라엘 공동체는 기다렸다는 듯이 가나안의 여러 족속이 섬기는 우상들을 받아들이며 영적 간음의 소굴로 진입한다. 하나님은 분노하셨고, 이들을 다시 심판하기 위해 암몬을 들어 18년간 그들의 압제에서 고통을 당하게 했다. 주목할 것은 다시는 이스라엘에게 마음을 열 것 같지 않았던 하나님이 이스라엘이 다시 하나님께 회개하자 마음에 근심하며 흔들리셨다는 점이다. 그러나 이 과정에서 더 세밀하게 주목할 것은 하나님이 이전처럼 직접 사사를 택해 이스라엘을 도우셨다는 증언이 나오지 않는다는 점이다. 하나님의 등판 없이 길르앗의 입다 기사가 곧바로 등장한다는 점이 특이하다. 즉, 하나님이 배제된 상태에서의 사사 탄생의 주인공이 입다다. 물리적인 우위를 점하고 있었던 길르앗의 형제들과 주민들은 암몬의 압제가 고통스러웠다. 이 고통을 척결할 적임자로 자기들이 거의 강제적으로 쫓아낸 돕 땅에 거하면서 막살고 있었던 입다를 선정했다는 점은 아이러니하다.

재강조하지만 그들이 입다를 찾아간 이유는 암몬을 물리쳐달라는 요구를 하기 위해서였다. 11:6에 의하면 길르앗 사람들이 입다에게 약속한 것은 우리에게 와서 '장관'이 되어 암몬과의 싸움을 이끌어주면 우리가

---

* 유진 피터슨/김순현·윤종석·이종태 공역,『메시지, 구약 — 역사서』(복 있는 사람, 2012), 133.

순종하겠다는 것이었다. '장관'으로 번역된 히브리어 '카찐'(קָצִין)을 직역하면 'ruler', 즉 '통치자'에 가까운 단어다. 다시 말해 이 여백을 통해 보고 있는 사사시대의 개념으로 적용한다면 '사사'가 되어 달라는 의미일 것이다. 필자는 바로 이 점에서 충격을 받는다. 입다 사사 이전의 8명의 사사들 역시 그리 뛰어난 하나님의 사람들이 아니었다. 그러나 그럼에도 불구하고 그들은 하나님께서 사사로 부른 자들이었다. 문제는 아홉 번째 사사인 입다는 하나님이 부른 사사가 아니라 사람이 찾아낸 지배자(ruler)였다는 데에 있다. 왜 이 점이 충격으로 다가올까? 이렇게 해석해도 될 것 같다.

하나님의 사람이 보이지 않았던 시대였기 때문이다. 하나님을 철저히 무시하던 시대, 하나님 인정하기를 무척이나 싫어하던 시대, 하나님을 잊고 싶어 하는 시대, 하나님의 간섭을 못 견뎌 하던 시대가 바로 입다가 역사의 무대에 등장하던 시대였다. 대단히 유감스러운 일은 사사시대에 유일하게 하나님이 아닌 사람들에 의해 세워진 사사가 바로 입다였다는 사실이다. 섬뜩한 것은 2022년 우리 대한민국의 영적 기상도가 지금으로부터 약 3,000년 전 가나안에 입성한 초기 이스라엘 신앙 공동체보다 더하면 더했지 덜 하지 않은 영적 랜덤의 시기를 살고 있다는 점이다. 동서남북을 보아도 하나님의 사람이 별로 보이지 않는다. 오래전 고 옥한흠 목사의 유고집에서 이런 글을 읽은 적이 있다.

하나님 말씀을 듣고 울지는 못할지언정, 가슴을 치지 못할지언정, 말씀을 갖고 장난질을 쳐서야 되겠습니까? 말씀을 묵상하며 엉엉 우는 평신도만큼은 따라가지 못하더라도 말씀 앞에서 벌벌 떠는 모습은 있어야 하지 않겠습니까?*

그는 또 이렇게 일갈했다.

은혜 없이, 감격 없이 목회를 한다는 것은 일급 사기나 다름이 없습니다.**

고 옥한흠 목사께서 피를 토하는 심정으로 동역자들에게 토설한 글을 읽다가 필자 역시 부들부들 떨었던 기억이 생생하다. 하나님의 사람이 보이지 않는 시대가 신(新)사사시대다. 영적 오기로 이렇게 서보자. 하나님을 보이게 하는 사람이게 하옵소서!

---

* 옥한흠, 『문득, 당신이 그리워질 때』(필로, 2015), 205.
** 옥한흠, 『목사가 목사에게 1』(하온, 2021), 244.

7부

왜 존재해야 했는지
모를 사사

(11-12장)

J U D G E S

여호와, 여호와 하지 말라

사사기 11:4-11

새길 말씀: 얼마 후에 암몬 자손이 이스라엘을 치려하거니라 암몬 자손이 이스라엘을 치려 할 때에 길르앗 장로들이 입다를 데려오려고 돕 땅에 가서 입다에게 이르되 우리가 암몬 자손과 싸우려 하니 당신은 와서 우리의 장관이 되라 하니 입다가 길르앗 장로들에게 이르되 너희가 전에 나를 미워하여 내 아버지 집에서 쫓아내지 아니하였느냐 이제 너희가 환난을 당하였다고 어찌하여 내게 왔느냐 하니라 그러므로 길르앗 장로들이 입다에게 이르되 이제 우리가 당신을 찾아온 것은 우리와 함께 가서 암몬 자손과 싸우게 하려 함이니 그리하면 당신이 우리 길르앗 모든 주민의 머리가 되리라 하매 입다가 길르앗 장로들에게 이르되 너희가 나를 데리고 고향으로 돌아가서 암몬 자손과 싸우게 할 때에 만일 여호와께서 그들을 내게 넘겨주시면 내가 과연 너희의 머리가 되겠느냐 하니 길르앗 장로들이 입다에게 이르되 여호와는 우리 사이의 증인이시니 당신의 말대로 우리가 그렇게 행하리이다 하니라 이에 입다가 길르앗 장로들과 함께 가니 백성이 그를 자기들의 머리와 장관을 삼은지라 입다가 미스바에서 자기의 말을 다 여호와 앞에 아뢰니라

목회를 하면서 현장에서 배운 것이 있다. 목회는 마라톤이라는 배움이다. 다시 말해 목회 현장은 언제나 'ing'의 과정이지 'ending'이 아니라는 점을 배웠다. 사정이 이러하기에 목사는 언제나 한 가지의 사역을 행할 때마다 겸손하게 사역에 임해야지 기고만장해서는 안 된다는 것을 뼈저리게 느끼곤 한다.

본문은 기고만장했던 한 부류가 그 교만 때문에 난처하고 곤혹스러운 일을 당하게 되는 실례를 보고한다. 길르앗에서 기생의 아들로 태어났다는 이유로 이복형제들에게 철저하게 버림을 당해 돕이라는 땅으로 쫓겨나 막살던 입다라는 사내가 있었다. 그는 자기 상황에 낙심하며 그곳에서 랜덤 인생을 살았다. '잡류'*들과 어울리는 삶이었다. 그러던 어느 날 자기를 헌신짝처럼 버렸던 길르앗에서 신분적으로 지도적 위치에 있었던 장로들이 그를 방문한다. 길르앗 장로들은 블레셋과 암몬의 침입으로 인해 18년이라는 세월 동안 고통을 당하게 되었음을 그에게 알린다. 이 고통에서 벗어나고 싶은데 자신들의 힘으로는 중과부적이라고 토로한다. 반면 강한 자로 성장한 입다야말로 자신들을 고통에서 벗어나게 해줄 수 있는 적임자이기에 이 전쟁의 수장이 되어달라는 플랜 A를 제시하기 위해 그를 찾은 것이다. 그러나 그들에게 쫓겨나다시피 버림을 받은 입다가 그 청을 순순히 받을 리 만무다. 억하심정으로도 그들의 제안을 받아들일 리 없다. 7절에 기록된 대로 길르앗 장로들이 자신을 내몰다시피 쫓아냈던 과거의 책임을 물으며 싸늘하게 청을 거절한다. 그러자 예견했다는 듯이 길르앗 장로들은 입다에게 플랜 B를 제안하기에 이른다. 6절에서는 '장관'(קָצִין)의 자리에 앉혀주겠다던 그들이 8절에서는 '머리'(רֹאשׁ)가 되게 해주겠다는 파격적인 제안을 한다. 미리 준비한 듯한 대목이다. 이 구절에 대해서는 약간의 주석이 필요하다. 6절에서 길르앗 장로들에 의해서 제안된 '장관'을 뜻하는 히브리어 '카친'은 군사령관을 의미

---

* 히브리어 '레크'(רִיק)는 문자적으로 '비어 있다'는 의미이지만, 성서적인 여타 자료에 의하면 '방탕하게 사는 자'들이라고 의역되기도 한다. 전성민, 『사사기 어떻게 읽을 것인가』, 176.

하는 단어다. 이에 반해 8절에서 재차 제안된 '머리'로 번역된 '로쉬'에 대하여 주석한 전성민의 해석을 들어보자.

'머리'와 '장관'은 중요한 차이가 있다. '장관'은 구약성경에서 보기 드문 단어로, 주로 군사적인 통치자로 한정되어 사용한다. 반면에 '머리'는 좀 더 일반적인 지도자로 말한다. '머리'라는 비유적 표현이 보여주듯 어떤 단위의 최고 책임자를 말한다.*

입다의 입장에서는 보기 좋은 인생 역전이다. 적어도 세속적 관점으로 볼 때 입다에게 인생 대박이 임한 것처럼 보이는 대목이다. '머리'로 인정하겠다는 길르앗 장로들의 요청에 마지못해 허락하는 것처럼 입다는 자신이 얻을 것을 다 얻고 에돔과의 전투에 선봉장으로 설 것을 수용한다. 서로 간의 이익을 위해 윈-윈의 길을 선택한 셈이다.

이렇게 서로의 입장 정리가 된 이후 입다는 길르앗 장로들의 요청대로 블레셋과 암몬 연합군과의 전투에 리더로 나서게 됨을 앞으로 살피게 될 사사기 12:7 이하에서 만나게 된다. 하지만 그전에 절대로 간과해서는 안 되는 부분이 있다. 9-11절에 그동안 사라졌던 '여호와'라는 단어가 연이어 3번에 걸쳐 등장한다는 점이다. 입다는 길르앗 장로들에게 만에 하나 여호와 하나님께서 암몬을 나에게 넘겨주시면 (직역하면 하나님께서 은혜를 주셔서 암몬을 물리치게 해주신다면) 내가 과연 너희들의 통치자가 되는 것을 인정하겠느냐는 물음을 던진다(9절).

---

* 위의 책, 186.

그러자 초록이 동색이라고 길르앗 장로들은 맞장구를 치는데 여호와께서 이 약속의 증인이라고 설파한 구절이다(10절). 11절에서 보고하고 있는 입다의 행위는 점입가경이다. 머리가 되어 고향에 돌아온 입다는 이전에 있었던 일들을 여호와 하나님께 통보한다.

> 이에 입다가 길르앗 장로들과 함께 가니 백성이 그를 자기들의 머리와 장관을 삼은지라 입다가 미스바에서 자기의 말을 다 여호와 앞에 아뢰니라

설교자이자 해석자인 필자는 이 구절을 대단히 유감스럽게 해석한다. '아뢰니라'라고 번역된 단어 '다바르'는 대체적으로 '말하다'라는 의미의 동사다. 그러나 어떤 경우에는 '명령하다', '협박하다'라는 의미로 사용된다는 점에 주목해야 한다. 길르앗 장로들과 입다 사이에서 이루어졌던 일체의 일과 사건을 기록하고 있는 사사기 11:1-8까지 단 한 번도 '여호와'는 거론되지 않는다. 다시 조금 과격하게 표현한다면 '여호와'는 무시되었다. 그렇다면 '아뢰니라'라고 점잖게 번역된 '다바르'는 간곡히 말한 것이 아니라 통보한 것이다. 9-11절에 사용된 여호와 하나님은 이 두 부류가 임의로 자기들의 일을 다 마음대로 정한 뒤에 마지못해 구색을 맞추기 위해 부른 망령된 이름이었다.

자기의 유익을 위해 부르는 '여호와'는 만들어진 여호와이지, 성서가 제시하고 있는 인격적 주군이신 여호와와는 전혀 상관이 없다. 나의 유익을 위해 여호와, 여호와 하지 말아라. 내가 인격적으로 고백하는 여호와 하나님은 나의 목적이신 여호와이시지 수단으로 전락된 비인격적인 존재가 아니시다. 김기석이 이렇게 자기의 글에서 갈파했다.

일이나 글의 가장 중심이 되는 줄거리를 벼릿줄이라고 한다. 그 중요성을 강조하기 위함일 것이다. 다 된 저고리에 깃고대를 바로 앉히지 않으면 옷매무새가 나지 않는 법이다. 벼릿줄과 깃고대를 합친 말이 강령(綱領)이다.*

이 글을 만났을 때 밑줄을 그어 내 설교 글 목록에 삽입해 놓았다. 왜? 필자는 예수 그리스도가 내 신앙 여정의 흔들리지 말아야 할 강령, 즉 벼릿줄과 깃고대라고 확신했기 때문이다. 예수가 강령인 것을 믿는 자만 여호와 하나님의 이름을 드러낼 수 있는 자다. 함부로 여호와의 이름을 들먹이지 말라. 여호와 하나님께서 역겨워하신다.

---

* 김기석, 『하나님의 숨을 기다리며』 (꽃자리, 2020), 264.

말과 삶

사사기 11:12-28

새길 말씀: 입다가 암몬 자손의 왕에게 사자들을 보내 이르되 네가 나와 무슨 상관이 있기에 내 땅을 치려 내게 왔느냐 하니 암몬 자손의 왕이 입다의 사자들에게 대답하되 이스라엘이 애굽에서 올라올 때에 아르논에서부터 얍복과 요단까지 내 땅을 점령했기 때문이니 이제 그것을 평화롭게 돌려 달라 하니라 입다가 암몬 자손의 왕에게 다시 사자들을 보내 그에게 이르되 입다가 이같이 말하노라 이스라엘이 모압 땅과 암몬 자손의 땅을 점령하지 아니하였느니라 이스라엘이 애굽에서 올라올 때에 광야로 행하여 홍해에 이르고 가데스에 이르러서는 이스라엘이 사자들을 에돔 왕에게 보내어 이르기를 청하건대 나를 네 땅 가운데로 지나게 하라 하였으나 에돔 왕이 이를 듣지 아니하였고 또 그와 같이 사람을 모압 왕에게도 보냈으나 그도 허락하지 아니하므로 이스라엘이 가데스에 머물렀더니 그 후에 광야를 지나 에돔 땅과 모압 땅을 돌아서 모압 땅의 해 뜨는 쪽으로 들어가 아르논 저쪽에 진 쳤고 아르논은 모압의 경계이므로 모압 지역 안에는 들어가지 아니하였으며 이스라엘이 헤스본 왕 곧 아모리 족속의 왕 시혼에게 사자들을 보내어 그에게 이르되 청하건대 우리를 당신의 땅으로 지나 우리의 곳에 이르게 하라 하였으나 시혼이 이스라엘을 믿지 아니하여 그의 지역으로 지나지 못하게 할 뿐 아니라 그의 모든 백성을 모아 야하스에 진 치고 이스라엘을 치므로 이스라엘의 하나님 여호와께서 시혼과 그의 모든 백성을 이스라엘의 손에 넘겨 주시매 이스라엘이 그들을 쳐서 그 땅 주민 아모리 족속의 온 땅을 점령하되 아르논에서부터 얍복까지와 광야에서부터 요단까지 아모리 족속의 온 지역을 점령하였느니라 이스라엘의 하나님 여호와께서 이같이 아모리 족속을 자기 백성 이스라엘 앞에서 쫓아내셨거늘 네가 그 땅을 얻고자 하는 것이 옳으냐 네 신 그모스가 네게 주어 차지하게 한 것을 네가 차지하지 아니하겠느냐 우리 하나님 여호와께서 우리 앞에서 어떤 사람이든지 쫓아내시면 그것을 우리가 차지하리라 이제 네가 모압 왕 십볼의 아들 발락보다 더 나은 것이

있느냐 그가 이스라엘과 더불어 다툰 일이 있었느냐 싸운 일이 있었느냐 이스라엘이 헤스본과 그 마을들과 아로엘과 그 마을들과 아르논 강 가에 있는 모든 성읍에 거주한 지 삼백 년이거늘 그 동안에 너희가 어찌하여 도로 찾지 아니하였느냐 내가 네게 죄를 짓지 아니하였거늘 네가 나를 쳐서 내게 악을 행하고자 하는도다 원하건대 심판하시는 여호와께서 오늘 이스라엘 자손과 암몬 자손 사이에 판결하시옵소서 하였으나 암몬 자손의 왕이 입다가 사람을 보내어 말한 것을 듣지 아니하였더라

우여곡절 끝에 길르앗의 조건부 수장이 된 입다는 18년 동안이나 괴롭히고 있는 암몬과의 일대 접전에 앞서서 싸우지 않고 이기는 방법을 찾기 위해 협상단을 암몬왕에게 보낸다. 협상단이 암몬왕에게 물은 것은 왜 남의 땅을 침범했냐는 질문이었다. 암몬왕의 답변은 원래 아르논, 얍복, 요단에 걸친 이 땅은 우리 땅인데 너희 조상들이 올라와서 우리 땅을 빼앗았기에 다시 그 땅을 회복한 것이라고 맞불을 놓는다. 이렇게 1차 협상은 결렬된다. 그러나 포기하지 않은 입다는 2차 협상단을 보내 1차 협상 때 암몬의 왕이 주장했던 지론에 대하여 반론을 제기한다. 역사적으로 이 땅을 우리가 차지하게 된 것은 강제적이고 물리적인 억지로 이 땅을 차지한 것이 아님을 강조한다. 하나님의 인도하심으로 가나안에 들어가기 위해 길을 잠시 내달라는 친족(이스라엘)의 부탁을 너희 조상들이 거절했고, 심지어 전쟁을 걸었기에 어쩔 수 없는 일이었다는 민수기 20-21장과 신명기 2장의 역사적인 사건을 토대로 암몬왕을 설득하려고 했다. 결론은 여지없는 결렬이었다. 28절은 이렇게 보고한다.

암몬 자손의 왕이 입다가 사람을 보내어 말한 것을 듣지 아니하였더라

협상의 실패로 인해 결국 입다는 암몬과의 일전에서 승리를 거두는 전과를 올린다. 그 결과 드디어 암몬으로부터의 압제에서 이스라엘을 해방시키는 쾌거를 가져오게 했다. 이런 승리에 관한 메시지는 차치(且置)하고 본문이 주고자 하는 교훈이 이 글을 읽는 우리에게는 더 중요하다.

본문은 사사 입다의 내러티브 스토리 중에 가장 많은 입다의 말이 기록되어 있는 부분이다. 사사기에 기록된 입다의 이야기에 사용된 히브리어는 약 1,000개에 달한다. 이것을 전제할 때, 본문의 주된 줄거리인 암몬왕과의 협상 이야기에 무려 345개가 사용되었다는 점*은 주목할 만한 사사기 저자의 의도다. 왜 사사기 기자는 대단히 많은 입다의 말을 이 대목에서 소개하고 있는 것일까? 아마도 협상단이 암몬왕에게 전한 메시지는 말할 것도 없이 입다의 의중이 반영된 테이블 메시지였다는 사실을 전하고 싶었을 가능성 때문이리라.

16-27절에 걸쳐 있는 입다의 언변을 개략한다면 그의 역사적 통찰과 발언은 탁월했다. 정확한 역사적 지식이 그에게 있었다. 더불어 상대방의 약점을 정확히 파악하고 있는 심리적인 분석력도 탁월했다. 도무지 인정하지 않으면 안 되는 분명한 분석력을 토대로 상대를 압도하는 능력의 소유자가 입다였다. 오죽하면 암몬왕이 말로는 도저히 입다를 이길 수 없다고 생각한 나머지 귀를 닫았겠는가(28절). 바로 이 대목에서 필자를 비롯한 독자 모두가 집중해야 하는 영적 교훈이 있다. 이렇게 완벽한 언변의 능력을 가졌던 입다를 하나님이

---

* 송병현, 『엑스포지멘터리 주석, 사사기』, 283.

세운 사사라고 말하는 것에 용기를 내지 못한다는 점이다. 입다는 과연 하나님이 기뻐하셨던 사사였는가를 묻는다면 선뜻 그렇다고 말하지 못한다. 역설적으로 입다는 하나님의 입장에서 보면 실패한 사사 쪽이 더 가깝다. 후에 또 한 번 살피겠지만 입다는 승리 이후 에브라임 지파와의 내전을 치르면서 에브라임 사람들만이 쓰는 억양과 사투리까지 찾아내서 42,000명을 학살하는 잔인한 폭거를 행하는 범죄를 저지른다. 이방 민족이었던 암몬과는 최선을 다해 협상을 벌여 피를 흘리지 않으려고 노력했던 입다였지만, 막상 동족이었던 에브라임과의 내전에서는 말 한마디 하지 않고 무참히 수많은 사람들을 짓밟는 잔인한 리더였다. 왜 입다는 이런 행보를 보여야만 했을까?

리더로서 말과 삶이 같지 않았기 때문이다. 이반 일리치의 글을 만난 적이 있었다. 그의 글을 읽다가 너무 아파서 서재를 박차고 뛰어나갔던 기억이 생생하다. 필자를 견딜 수 없게 만든 그의 글을 읽어보자.

전통적인 직업인이 권력을 휘두르는 전문가로 변신한 것은 교회의 제도화 과정과 맞먹는다. 의사가 생명공학자로, 선생이 지식 기술자로, 장의사가 사망 기술자로 변신한 모습은 직종 연합이라기보다는 국가의 지원을 받는 성직자 집단에 더 가깝다. 현대의 브랜드인 과학적 정통성을 설교하는 모습은 마치 신학자와 같다. 도덕적 기업인으로서 행세하는 모습은 사제를 보는 듯하다. 그는 중재하기 위해 필요를 창조한다. 어려운 이를 돕겠다는 사명감으로 선교사를 대신해 불우한 이를 찾아 나선다.*

_____

* 이반 일리치/허택 역, 『누가 나를 쓸모없게 만드는가?』 (느린 걸음, 2019), 66.

말과 삶 | 325

일리치가 지적한바 현대 사회에서 전문성을 무기로 자기의 영역에 무소불위의 성을 쌓고 님비(NIMBY)적 이기주의를 구축해 나가는 일련의 행위를 교회가 쌓고 있는 그들만의 리그에 비유했다. 가톨릭 사제 서품까지 받은 그가 이타적인 삶을 포기하고 극단적인 에고이즘을 발현시킨 자들을 교회의 성 쌓기로 비유한 비수를 맞으면서 아팠다. 결국 일리치는 주군이신 예수 그리스도의 삶을 삶이 아닌 이론이자 표피적 현상으로 변질시킨 현대 크리스텐돔(Christendom)에 속한 일체 집단에 대한 기형화를 비판한 셈이다. 왜 이런 공격을 받아야 했나? 더불어 왜 이런 공격에 속수무책으로 당해야 했나를 돌이켜보면 그리스도인들에게서 흔히 볼 수 있는 말과 삶의 유리 때문이다. 그리스도인들이라면 말과 삶이 하나로 묶여야 함은 재론의 여지가 없다.

김진 박사가 쓴 『간디와 대화, 어떻게 살 것인가?』를 보면 이런 일화가 적혀 있다. 언젠가 간디가 막 기차에 오르려는데 한 기자가 간디를 붙들고 말했다.

"선생님, 인도 국민들을 위하여 메시지를 전해 주십시오." 그때 간디가 종이에 무엇인가 급히 써서 주었다. 거기에는 이렇게 쓰여 있었다. "My life is my message."*

종교 전문 기자 조현의 글에도 비슷한 내용이 있다.

내 삶이 유언이다.**

---

* 김진, 『간디와의 대화』 (스타북스, 2015), 53.

규암 김약연 목사가 임종 직전에 자식들과 제자들에게 남긴 말이다. 더 이상 무슨 부연 설명이 필요한가? 기독교의 근간을 이루어낸 수많은 믿음의 선배들이 이렇게 살다가 갔다. 예수께서 선한 사마리아 사람의 비유를 들어 율법 교사들에게 전했던 메시지가 내 심장에서 꿈틀거린다.

예수께서 이르시되 네 대답이 옳도다 이를 행하라 그러면 살리라 하시니(눅 10:28)

** 조현, 『울림』 (휴, 2014), 214.

흥정해서야 되겠는가?

사사기 11:29-33

새긴 말씀: 이에 여호와의 영이 입다에게 임하시니 입다가 길르앗과 므낫세를 지나서 길르앗의 미스베에 이르고 길르앗의 미스베에서부터 암몬 자손에게로 나아갈 때에 그가 여호와께 서원하여 이르되 주께서 과연 암몬 자손을 내 손에 넘겨주시면 내가 암몬 자손에게서 평안히 돌아올 때에 누구든지 내 집 문에서 나와서 나를 영접하는 그는 여호와께 돌릴 것이니 내가 그를 번제물로 드리겠나이다 하니라 이에 입다가 암몬 자손에게 이르러 그들과 싸우더니 여호와 께서 그들을 그의 손에 넘겨주시매 아로엘에서부터 민닛에 이르기까지 이십 성읍을 치고 또 아벨 그라밈까지 매우 크게 무찌르니 이에 암몬 자손이 이스라엘 자손 앞에 항복하였더라

본문은 입다가 시도한 암몬과의 담판 대화가 결렬되어 어쩔 수 없이 암몬과의 일대 전쟁을 해야 하는 상황에 직면했음을 알려주는 기사다. 이와 관련하여 눈에 띄는 구절이 29절이다.

이에 여호와의 영이 입다에게 임하시니 입다가 길르앗과 므낫세를 지나서 길르앗
의 미스베에 이르고 길르앗의 미스베에서부터 암몬 자손에게로 나아갈 때에

아마도 입다는 전쟁을 통해 승패를 갈라야 하는 상황에 직면하자 나름 부담감이 심했던 것으로 보인다. 그의 발 빠른 행보가 그것을

추측하게 한다. 자기의 고향 길르앗은 물론 므낫세와 미스베(미스바)까지 두루 다니며 군사들을 모집했다. 입다는 이런 발품을 통해 그가 원하는 군사들을 어느 정도 모집하게 된다. 사사기 기자는 전쟁을 앞둔 치열한 과정을 겪고 있는 입다의 상황에 대해 고개를 갸우뚱하게 하는 한 구절을 보고한다.

여호와의 영이 입다에게 임하시니

이성적으로 접근하면 말이 안 되는 사사기 기자의 보고다. 주지했듯이 입다는 건달이나 다름없는 깡패로 살았고, 하나님을 두려워하지 않았다. 결정적인 것은 우여곡절 끝에 길르앗의 지도자가 된 뒤에도 말과 삶이 일치하지 않는 삶을 연속으로 살았던 자다. 그런데 어떻게 이런 자에게 하나님께서 당신의 영을 보내주셨다는 것인가? 모순이다. 학자들은 이 점에 대해 의견이 갈린다. 가장 긍정적으로 하나님의 영을 입다에게 적용시킨 매튜스(Mattews)의 말을 먼저 들어보자.

> 매튜스는 입다에게 임한 이 영이 하나님의 임재하심과 목적을 보여주는 징표이며, 그가 길르앗 사람들을 이끄는 리더의 역할을 하는 것에 대한 타당성을 부여해 주는 표식이었고 또한 그를 이스라엘 지파들의 카리스마적인 장군으로 인정해 주는 증거였다.*

중도적인 입장을 취한 브렌싱어(Brensinger)는 말했다.

---

* 트렌트 버틀러, 『WBC 주석 8, 사사기』, 692.

하나님께서 입다의 전적인 짜증을 옆으로 치워놓으시고, 은혜스럽게도 입다 자신이 선택하지 않았던 방식과 기구들을 통해 역사하셨다.*

끝으로 부정적인 입장을 취한 맥켄(MaCann)의 말을 인용해본다.

우리에게 하나님의 영은 효과적인 권능일 수 있지만, 하나님의 영이 항상 자동적으로 효과적인 권능이 되는 것처럼 보이지 않는다. 적어도 구원을 베푸는 데 있어서는 그렇다.**

필자는 맥켄의 주장을 지지하기로 했다. 후에 살피겠지만 입다보다 더 심하게 망가진 사사였던 삼손에게 임한 하나님의 영을 해석함에 있어서 맥켄의 주석은 대단히 설득력이 있어 보이는 성서 해석으로 적합하기에 그렇다. 이렇게 풀면 어떨까. 입다에게 임한 하나님의 영은 입다가 뛰어난 하나님의 사람이기에 주어진 것이 아니라 하나님의 고육지책의 일환이었다는 해석 말이다. 이것을 전제하면서 목회자로서 본문에서 또 하나 간과해서는 안 될 레마가 임했다. 하나님은 왜 전혀 하나님의 사람으로서의 자격조건을 갖추지 못한 입다에게 하나님의 영이 임하게 하셨을까?

하나님의 인격적인 양보하심이 보인다. 그렇다. 필자는 당신의 백성을 암몬의 압제에서 해방시키려는 하나님의 일하심 때문이라고 해석

---

* 위의 책.
** 위의 책.

하기로 했다. 그렇다면 이런 은혜를 받은 입다는 하나님을 향해서 마땅히 인격적으로 반응했어야 마땅하다. 하지만 그의 행태는 경악할 만큼 형편없는 반응을 보였다. 전혀 신앙적이지도, 영적이지도 않은 반응, 하나님과 흥정하는 입다를 보게 된다. 30-31절이다.

> 그가 여호와께 서원하여 이르되 주께서 과연 암몬 자손을 내 손에 넘겨주시면 내가 암몬 자손에게서 평안히 돌아올 때에 누구든지 내 집 문에서 나와서 나를 영접하는 그는 여호와께 돌릴 것이니 내가 그를 번제물로 드리겠나이다 하니라

풀어 설명해보자. 만에 하나 이 전쟁에서 하나님이 나를 승리하게 만드신다면 내가 승전하고 길르앗으로 돌아올 때 제일 먼저 나를 영접하는 자를 하나님께 번제물로 드리겠다고 서원한다. 대단히 위험 스러운 행태였다. 30절에 기록된 내 집 문에서 나와서 나를 영접하는 '그'는 원문을 보면 대문에서 나오는 '것'으로 번역하는 것이 정확한 번역이다. 인칭대명사가 아니라 비인칭대명사로 번역하는 것이 맞다 는 말이다. '나오는 것'이라는 모호한 표현인 '것'이 말하고자 하는 것은 무엇일까? 일반적으로 '것'을 번제물로 드리겠다고 부연했기에 이것은 분명히 고대 근동의 제사에서 바치는 제물 중 가장 많은 대상인 동물일 것이라고 생각하기 쉬운데 결코 그렇지 않다. 사사시대 를 포함한 고대 근동의 역사에서는 전쟁에서 승리하고 돌아올 때 그 환영의 대열에 짐승이 동원되지 않았다는 것이 정설이기 때문이다. 도리어 반드시 사람이 환영하는 것이 일반적인 관례였다. 그렇다면 입다는 하나님께 드릴 번제물의 대상을 동물이 아닌 사람으로 생각했 다는 것이 정직한 해석이다.

입다가 사람을 번제물로 드리려 했던 것은 어려서 길르앗에 만연해 있었던 모압의 그모스 신에 대한 종교적 제의 중 하나인 어린아이를 번제로 바치는 행위를 보고 자랐기 때문일 가능성이 농후하다. 또 하나의 여백은 섬기는 신은 달랐지만 역시 길르앗에 만연해 있었던 암몬의 신 몰렉에게 바치던 종교적 행위인 인간 번제를 보고 자랐던 입다였기에 가능한 발상이라는 해석이다. 입다는 이방의 종교적인 습관에 물들어 있었기에 인신제사를 별스럽게 생각하지 않았던 것이다. 얼마나 입다의 반응이 하나님을 향한 비신앙적인 행위인지를 보여주는 증거다. 결국 입다는 하나님이 금하신 인간 번제를 하나님께 드리겠다는 말도 안 되는 흥정을 한 것이다. 이렇게 말이다.

> "만에 하나 내가 암몬과의 전투에서 하나님이 나를 이기게 하시면 하나님을 위하여 하나님이 그토록 금지하셨던 사람을 한 명 번제로 드리겠습니다."

트리니티 복음주의 신학교 교수인 데이빗 라센은 일찍이 이렇게 갈파했다.

> 오늘날 교회가 직면한 가장 큰 위기는 교회가 세상 속에 있다는 것이 아니라 교회 안에 세상이 있다는 것이다.[*]

신(新)사사시대는 교회 안에 세상에 있으니 교회가 세상의 것들을 탐닉하게 적용하는 것이 전혀 문제가 되지 않는 시대다. 마치 입다처럼

---

[*] 데이빗 라센/김형원 역, 『탐욕의 복음을 버려라』 (새물결플러스, 2011), 160.

말이다. 오늘날 성도라고 부르는 자들의 가장 큰 위기는 하나님이 주시는 능력으로 세상의 논리를 지배하는 것이 아니라, 세상의 논리에 지배당한다는 것이다. 우리가 믿는 하나님과 흥정하려는 자들은 세상의 논리를 가지고 하나님을 다루려는 무서운 범죄자들이다. 이들이 교회 안에서 판을 치고 있다는 것이 현대 교회의 치명적인 위기다. 이것이 오늘날의 번영신학이요, 마이클 호튼이 말한 대로 '그리스도 없는 기독교'(Christless Christianity)의 현대적 교회의 자화상이다. 하나님의 사람이 아바위꾼이 되어 하나님과 흥정한다는 것이 도대체 있을 법한 일인가! 신앙은 흥정이 아니라 그분을 향한 고백이자 결단이다. 그리스도인으로 살면서 이러한 신실한 헌신과 고백이 입다를 통한 반면교사로 다가오는 것은 그가 사사라는 점에서 대단히 유감스럽다.

바른 신앙과 신학
사사기 11:32-40

새길 말씀: 이에 입다가 암몬 자손에게 이르러 그들과 싸우더니 여호와께서 그들을 그의 손에 넘겨주시매 아로엘에서부터 민닛에 이르기까지 이십 성읍을 치고 또 아벨 그라밈까지 매우 크게 무찌르니 이에 암몬 자손이 이스라엘 자손 앞에 항복하였더라 입다가 미스바에 있는 자기 집에 이를 때에 보라 그의 딸이 소고를 잡고 춤추며 나와서 영접하니 이는 그의 무남독녀라 입다가 이를 보고 자기 옷을 찢으며 이르되 어찌할고 내 딸이여 너는 나를 참담하게 하는 자요 너는 나를 괴롭게 하는 자 중의 하나로다 내가 여호와를 향하여 입을 열었으니 능히 돌이키지 못하리로다 하니 딸이 그에게 이르되 나의 아버지여 아버지께서 여호와를 향하여 입을 여셨으니 아버지의 입에서 낸 말씀대로 내게 행하소서 이는 여호와께서 아버지를 위하여 아버지의 대적 암몬 자손에게 원수를 갚으셨음이니이다 하니라 또 그의 아버지에게 이르되 이 일만 내게 허락하사 나를 두 달만 버려두소서 내가 내 여자 친구들과 산에 가서 나의 처녀로 죽음을 인하여 애곡하겠나이다 하니 그가 이르되 가라하고 두 달을 기한하고 그를 보내니 그가 그 여자 친구들과 가서 산 위에서 처녀로 죽음을 인하여 애곡하고 두 달 만에 그의 아버지에게로 돌아온지라 그는 자기가 서원한 대로 딸에게 행하니 딸이 남자를 알지 못하였더라 이것이 이스라엘에 관습이 되어 이스라엘의 딸들이 해마다 가서 길르앗 사람 입다의 딸을 위하여 나흘씩 애곡하더라

입다는 암몬과의 전쟁에서 승리를 거두게 하는 것을 전제로 하나님과 흥정했다고 했다. 분명히 하나님께 드린 서원이었지만, 하나님과는

전혀 관계가 없는 인신 제물을 바치겠다는 세속적 흥정에 지나지 않는 패착이었다. 하나님의 이름을 빙자한 우상 숭배의 죄악을 서원한 것은 아이러니하게도 '하나님을 위하여 하나님이 가장 싫어하는 일'을 한 것이 된 셈이다.

암몬과의 전쟁에서 이기게 해주시면 승리하고 돌아갈 때 나를 처음으로 맞이하는 대상을 하나님께 번제의 제물로 드리겠다는 사악한 행위를 하나님께서 모르실 리 없다. 그렇다면 일반적으로 하나님의 응답은 어떻게 되어야 마땅할까. 단호하게 "NO"여야 했다. 하지만 하나님의 반응은 의외였다. 32-33절에 기록된 대로 입다가 요구한 대로 암몬을 그의 손에 넘겨주심으로 반응하셨다. 하나님은 입다로 하여금 아로엘에서부터 민낫 성읍에 이르기까지 20개 성읍을 빼앗는 대승을 거두게 하셨다. 이 일을 액면 그대로 이해하자면 입다의 가증한 이방적인 행태를 하나님이 수용하신 것이 된다. 다시 말해 입다가 서원한 잘못된 행위에 "YES"를 하신 것처럼 보이니 곤혹스럽다. 정말로 그럴까? 필자는 이 대목을 이해하기 위해서는 대단히 세밀한 신학적 접근이 필요하다고 생각한다.

본문 34절은 전쟁에서 승리하고 금의환향한 입다를 제일 처음으로 반기며 나온 장본인이 그의 무남독녀 외딸이라고 적시했다. 바로 이 대목이 하나님께서 입다의 요구를 수용하신 것이 아니라 도리어 그의 불신앙적인 행태를 준엄하게 경고하신 하나님의 방법임을 알게 해준다. 35-36절을 원어 성경의 의미를 그대로 잘 살려 번역한 표준새번역으로 읽어보자.

입다는 자기의 딸을 보는 순간 옷을 찢으며 부르짖었다. "아이고, 이 자식아,

네가 아버지의 가슴을 후벼 파는구나. 나를 이렇게 괴롭히는 것이 하필이면 왜 너란 말이냐! 주님께 서원한 것이어서 돌이킬 수도 없으니 어쩌한단 말이냐!"

영적인 안목으로 볼 때 입다에게 전쟁을 이기게 하신 하나님의 의도는 당시 만연했던 이방적인 우상 숭배를 하나님의 이름으로 자행하고 있는 영적 무질서를 무섭게 경고하신 하나님의 경고였다. 입다의 이 왜곡된 불신앙에 맞서 경고하시며 일하신 하나님의 반응을 보며 함께 경성해야 하는 교훈에 접근해야 한다. **바른 신앙을 갖기 위해 바른 신학적 성찰이 있어야 한다.**

'하나님을 위해 하나님이 가장 싫어하는 일을 마다하지 않는 이율배반'

이것이 바로 입다의 행위였다. 이런 입다의 반신학적이고 반신앙적인 행태에 대하여 하나님께서 단호하게 심판하시기로 결심하신 것이 그의 무남독녀 외딸의 담론이다. 입다의 사악한 행위를 그대로 좌시하지 않으시겠다는 하나님의 마음을 견지해보자. 필자는 하나님의 마음을 품고 조금의 양보 없이 지향하고 싶은 절절한 성찰이 있다. 적어도 나와 내 사랑하는 한국교회가 바른 신학으로 무장하기를 바라는 소망이 있다. 접근을 위해 마가복음 10:42-44을 읽어보자.

> 예수께서 불러다가 이르시되 이방인의 집권자들이 그들을 임의로 주관하고 그 고관들이 그들에게 권세를 부리는 줄을 너희가 알거니와 너희 중에는 그렇지 않을지니 너희 중에 누구든지 크고자 하는 자는 너희를 섬기는 자가 되고 너희 중에 누구든지 으뜸이 되고자 하는 자는 모든 사람의 종이 되어야 하리라

주님이 제정하신 신앙의 강령은 '섬김과 종 됨'이다. 그렇다면 성도가 타협하지 않고 달려가야 하는 신학적인 고집은 반드시 이 두 행위에서 이탈하지 않는 것이다. 같은 맥락으로 교회도 마땅히 이 가치관을 갖고 달려갈 때 바른 신학 위에 서 있는 교회가 되는 것이다. 김기석의 글『욕망의 페르소나』에 담긴 광야의 소리를 들어 보자.

> 교회가 강자들의 호의에 의지하려 할 때 타락의 길로 접어들고, 동원할 수 있는 인적, 물적 자원이 많아질 때 그 전략은 가속화되기 마련이다. (중략) 복음의 권위가 손상되는 것은 교회가 가난해서가 아니라 유력자가 없어서도 아니다. 예수 정신을 꼭 붙들지 않기 때문이다. 교회가 풍요로 지향하는 순간 예수 정신으로부터 멀어지기 마련이다. 십자가의 신학이 아닌 영광(번영—필자 주)관의 신학에 취할 때 복음의 능력은 사라진다.[*]

전적으로 동의한다. 바른 신학으로 설정된 교회와 성도는 결코 무너질 수 없고 무너지지 않는다. 바른 하나님의 뜻을 몰랐던 입다는 자기도 영적으로 싸늘하게 죽고, 결코 죽지 않아도 될 무남독녀를 죽이는 이중 살인의 주인공으로 역사에 남았다. 그것도 자칭 사사였던 그가 말이다.

아주 오래전 읽었던, 필자가 최고의 책이라고 언급하기를 주저하지 않는『산둥수용소』에 기록된 엄청난 천둥소리를 남긴다. 일찍이 이렇게 말한 킬키의 소리는 바른 기독교 신앙에 대한 벼락이었는데 필자에

---

[*] 김기석,『욕망의 페르소나』(예책, 2019), 169-170.

게는 아직도 현재진행형이다.

기독교는 인간의 교만과 하나님의 은혜가 충돌하는 궁극적인 전투지다. 인간의 교만이 이기면 기독교는 인간 죄악의 도구가 될 수 있다. 그러나 전투 속에서 인간 자아가 하나님을 만나서 자신의 이익이 되는 것을 포기할 수 있다면, 기독교는 모든 인간이 갖는 이기심의 굴레를 벗어날 수 있는 가능성을 제공한다.*

---

* 랭던 길키/이선숙 역, 『산둥 수용소』 (새물결플러스, 2013), 360.

똑바로 배워야 한다

사사기 11:34-40

새길 말씀: 입다가 미스바에 있는 자기 집에 이를 때에 보라 그의 딸이 소고를 잡고 춤추며 나와서 영접하니 이는 그의 무남독녀라 입다가 이를 보고 자기 옷을 찢으며 이르되 어찌할고 내 딸이여 너는 나를 참담하게 하는 자요 너는 나를 괴롭게 하는 자 중의 하나로다 내가 여호와를 향하여 입을 열었으니 능히 돌이키지 못하리로다 하니 딸이 그에게 이르되 나의 아버지여 아버지께서 여호와를 향하여 입을 여셨으니 아버지의 입에서 낸 말씀대로 내게 행하소서 이는 여호와께서 아버지를 위하여 아버지의 대적 암몬 자손에게 원수를 갚으셨음이 니이다 하니라 또 그의 아버지에게 이르되 이 일만 내게 허락하사 나를 두 달만 버려 두소서 내가 내 여자 친구들과 산에 가서 나의 처녀로 죽음을 인하여 애곡하겠나이다 하니 그가 이르되 가라 하고 두 달을 기한하고 그를 보내니 그가 그 여자 친구들과 가서 산 위에서 처녀로 죽음을 인하여 애곡하고 두 달 만에 그의 아버지에게로 돌아온지라 그는 자기가 서원한 대로 딸에게 행하니 딸이 남자를 알지 못하였더라 이것이 이스라엘에 관습이 되어 이스라엘의 딸들이 해마다 가서 길르앗 사람 입다의 딸을 위하여 나흘씩 애곡하더라

입다는 암몬과의 전투에서 승리했다. 그는 기고만장한 마음으로 미스바에 있는 자기 집에 개선했다. 그의 마음속에 자기를 제일 먼저 환영해 주는 것을 제물로 바치겠다고 굳게 다짐했다.

오호통재라! 이게 웬일인가? 소고를 잡고 춤을 추며 입다를 환영한 자는 다름 아닌 그의 무남독녀 외딸이었다. 입다는 순간 사색(死色)이

되었고, 옷을 찢으며 절망한다. 자기 딸을 인신 제물로 바쳐야 했기 때문이었다. 딸 역시 이 사실을 뒤늦게 알고 아버지에게 서원한 대로 하라고 순종하면서 한 가지 조건을 내걸었다. 두 달여의 말미를 얻는 것이었다. 이유는 처녀로 죽게 된 나를 위하여 친구들과 산에 올라가서 애곡하는 기간을 가진 뒤 인신 제물로 바쳐지겠다는 비장한 효심(?)을 비친 것이다. 결국 입다에게 허락을 받은 그의 딸은 그녀가 말한 대로 산에 올라가 애곡을 한 뒤 아버지에게로 돌아가서 제물로 바쳐졌다는 것이 본문 스토리다.

내레이션을 듣고 나니 어떤가? 독자들에게 소회가 어떻게 밀려왔을지 궁금하다. 두 가지의 반응이 예상된다. 첫째, 이 전설의 고향에 나올 법한 스토리를 믿으라는 것인가? 둘째, 입다와 그의 딸이 슬픔을 머금고 하나님께 서원한 것을 지킨 것은 대단한 믿음의 행위라는 신파극적인 감동(?)이다. 여하튼 둘 다이든 아니면 전자이든 후자이든 필자에게는 대단히 유감스러운 소회이다.

레위기 17-26장을 가리켜 소위 '성결법전'(Holiness Code)이라고 부른다. 다시 말해 하나님의 백성으로 인침받은 이스라엘 공동체가 성도로서 반드시 지켜야 하는 거룩한 삶의 총체라고 말할 수 있는 강령이 성결법전이다. 이스라엘 신앙 공동체를 향하여 이 거룩한 삶을 지시하는 한복판의 강령 중에 바로 인신 제물 금지법이 있다. 레위기 18:21이다.

> 너는 결단코 자녀를 몰렉에게 주어 불로 통과하게 함으로 네 하나님의 이름을 욕되게 하지 말라 나는 여호와이니라

그렇다면 사사기 11:30-31에서 입다가 분명히 여호와 이름을 거론하며 여호와께 서원했지만 그의 딸을 인신 제물로 바친 행위는 전혀 율법적이지도 않은 쓸데없는 일이었다. 동시에 아버지가 갖고 있었던 전혀 하나님과 관계없는 신앙의 행위를 액면 그대로 받아들여 자기를 제물로 바친 입다의 딸의 행위에 대해서도 필자는 이렇게 단언할 수 있을 것 같다.

잘못 배운 것에 대한 비극이다.

사사시대는 하나님이 무시당하던 시대였고, 수없이 많은 왜곡의 내용들이 마치 하나님의 진리인 양 둔갑되던 시대였기에 이런 참담한 일이 버젓이 자행되었던 것이다. 그렇다면 우리가 입다와 그의 딸의 병행된 행위를 통해 무엇을 반면교사로 삼아야 하는 것일까?

똑바로 잘 배워야 한다. 오늘 본문을 주해하고 있는 구약신학자들의 표현이 의미심장하다. 클라인(Klein)은 이렇게 말했다.

우리 앞에 펼쳐지고 있는 일은 아버지의 무지함(ignorance)과 딸의 순진함(innocence)이 빚어낸 합작품이다.*

맥켄도 이렇게 말했다.

---

* 송병현, 『엑스포지멘터리 주석, 사사기』, 297.

결과적으로 암몬 사람과 싸워 이기고 승리한 입다는 암몬 사람처럼 인간 번제를 밀곰에게 바치고 있다.*

기막힌 주석적 통찰들이다. 볼프강 아마데우스 모차르트가 유명해 졌지만 아직은 먹고 살기가 어려워 개인 레슨을 하면서 생계 유지를 해야 하는 때가 있었다. 주변에서 모차르트가 천재 음악가라는 소문이 자자했기에 피아노를 전공하려는 많은 사람들이 그에게 찾아와 개인 레슨을 요청했다. 모차르트는 개인 레슨비를 정할 때 초보자에게는 레슨비를 저렴하게 해주었다. 반면 어느 정도 피아노를 치는 자들은 레슨비가 상대적으로 비쌌다. 불만을 품은 전공자가 모차르트에게 물었다.

"왜 우리 같은 기전공자들이 초보자들보다 더 많은 돈을 내야 합니까?"

그때 모차르트가 반응한 말은 피아노를 전공하는 자들에게는 불문율과 같은 명언으로 남아 있다.

"초보자들보다 잘못 배운 자들을 바로잡는 것이 훨씬 더 어려운 일이기 때문이다."

신앙생활도 예외는 아니다. 상당수의 기독교 신자들이 넘어지는 이유가 무엇일까? 이미 예수 그리스도의 복음을 들은 자들이 성장하지

---

* 위의 책.

못하는 이유가 무엇일까? 잘못 배웠기 때문이다. 혹시 하나님의 말씀이 아닌 들었던 풍월로 적당히 나를 포장시키고 있다면 나는 잘못 배워도 한참을 잘못 배운 자다. 신앙생활을 했어도 몇십 년을 했는데 내가 내 생각을 꺾을 것 같으냐고 반문하는 자가 있다면 재앙이다. 여호와의 이름을 부르며 예배는 드리고 있지만 하나님께서 영광을 받으시는 예배가 아니라, 이 한 번의 예배를 통해 대박 인생을 터트릴 목적으로 예배를 보는 자가 있다면 그대는 현대판 그모스와 밀곰에게 인신 제물을 바치는 우상 숭배자와 전혀 다르지 않다. 만에 하나 내가 그런 자라면 처음부터 다시 신앙의 초보를 걸어야 한다. 잘못 배운 기신자보다 다시 올바른 믿음의 진보를 나타내기 위해 첫걸음을 떼는 초보 신자가 훨씬 낫다는 점을 명심해야 한다.

잘못을 잘못이라고 인정하라
사사기 12:1-7

새길 말씀: 에브라임 사람들이 모여 북쪽으로 가서 입다에게 이르되 네가 암몬 자손과 싸우러 건너갈 때에 어찌하여 우리를 불러 너와 함께 가게 하지 아니하였느냐 우리가 반드시 너와 네 집을 불사르리라 하니 입다가 그들에게 이르되 나와 내 백성이 암몬 자손과 크게 싸울 때에 내가 너희를 부르되 너희가 나를 그들의 손에서 구원하지 아니한 고로 나는 너희가 도와주지 아니하는 것을 보고 내 목숨을 돌보지 아니하고 건너가서 암몬 자손을 쳤더니 여호와께서 그들을 내 손에 넘겨주셨거늘 너희가 어찌하여 오늘 내게 올라와서 나와 더불어 싸우고자 하느냐 하니라 입다가 길르앗 사람을 다 모으고 에브라임과 싸웠으며 길르앗 사람들이 에브라임을 쳐서 무찔렀으니 이는 에브라임의 말이 너희 길르앗 사람은 본래 에브라임에서 도망한 자로서 에브라임과 므낫세 중에 있다 하였음이라 길르앗 사람이 에브라임 사람보다 앞서 요단 강 나루턱을 장악하고 에브라임 사람의 도망하는 자가 말하기를 청하건대 나를 건너가게 하라 하면 길르앗 사람이 그에게 묻기를 네가 에브라임 사람이냐 하여 그가 만일 아니라 하면 그에게 이르기를 쉽볼렛이라 발음하라 하여 에브라임 사람이 그렇게 바로 말하지 못하고 십볼렛이라 발음하면 길르앗 사람이 곧 그를 잡아서 요단강 나루턱에서 죽였더라 그 때에 에브라임 사람의 죽은 자가 사만 이천 명이었더라 입다가 이스라엘의 사사가 된 지 육 년이라 길르앗 사람 입다가 죽으매 길르앗에 있는 그의 성읍에 장사되었더라

입다는 자기의 쓸데없는 고집과 불신앙으로 인해 소중한 딸의 생명을 빼앗았다. 전혀 신학적이지도 성서적이지 않은 자기의 잘못된

신념을 꺾지 않음에서 발생한 재앙이었다. 딸을 잃고 난 뒤의 입다의 심리가 아마도 대단히 불안정한 고통의 시기였음이 분명하다. 7절이 이것을 충분히 추측하게 한다.

입다가 이스라엘의 사사가 된 지 육 년이라 길르앗 사람 입다가 죽으매 길르앗에 있는 그의 성읍에 장사되었더라

가장 짧은 사사 재위를 기록한 입다에 대한 보고에는 항상 사사들의 사역이 마감될 때마다 상용 어구처럼 등장했던 몇 년의 평화가 임했다는 구절이 등장하지 않는다. 딸을 죽인 죄책감으로 인해 그가 사사의 직을 오랫동안 수행할 수 없었다고 학자들은 분석한다. 나름 동의가 되는 대목이다. 하지만 이런 가족 관계를 넘어서서 입다의 시대에 평화가 임했다는 사사기 기자의 표현이 등장하지 않는 또 하나의 이유가 있다. 본문의 사건 때문이리라. 딸을 불태워 죽인 참담함을 맛본 입다에게 에브라임 지파가 시비를 걸어온 사건이다. 기드온 시절, 미디안과의 전쟁이 일어났을 때 에브라임 지파가 자기들에게 도움을 요청하지 않고 배제하여 우리가 받을 전쟁 승리 이후의 몫을 얻지 못하게 했음을 시비 삼아 기드온에게 딴지를 걸었던 것을 8장에서 보고한다. 에브라임 지파의 얄팍한 이런 시비에 기드온은 에브라임의 비위를 맞춤으로 내전의 위기를 극복했다. 당시 기드온은 여러 가지의 정치역학적인 구도 때문에 에브라임 지파를 달랬다. 에브라임 지파는 최고의 우수한 지파고, 미디안과의 승리를 포함한 이제까지의 위대한 일들은 모두 다 에브라임 덕이라고 아첨함으로 에브라임의 노를 풀었다고 사사기 기자는 증언한다(8:1-3). 이런 덕을 보았던 얍삽한 에브라임은 입다에게도 똑같은 방법으로 시비를 건 것이다. 그러나 이번에는 번지수를 잘못 찾았다. 주지했듯이 입다는 심리적으로 상당히 불안정한 상태였다. 누구든지 걸리기만 하면 가만 놔두지 않겠다는 입다의 폭력적 심리 기제가 극도에 달했을 때였다. 바로 이 상태에 있었던 입다에게 에브라임이 불을 지른 것이다. 본문 1절을 읽어보자.

> 에브라임 사람들이 모여 북쪽으로 가서 입다에게 이르되 네가 암몬 자손과 싸우러 건너갈 때에 어찌하여 우리를 불러 너와 함께 가게 하지 아니하였느냐 우리가 반드시 너와 네 집을 불사르리라 하니

불과 얼마 전 입다는 자기 집에서 불을 붙였던 사람이다. 딸을 번제로 바칠 때 말이다. 이것을 모를 리 없었던 에브라임이 입다에게 가장 아픈 치부의 상처를 건드린 것이다. "너와 네 집을 불사르리라"는 에브라임의 공격적 도발은 가뜩이나 쓰라린 상처로 인해 무너져 있는 입다의 상흔에 소금을 뿌린 격이 되었다. 이로 인해 2-6절까지의 내용이 보고하듯 일어나지 말아야 할 이스라엘의 동족상잔의 비극을 그리고 있다. 입다는 에브라임 족속을 향하여 이렇게 질타하는데, 요약하면 이렇다.

> 나와 내 백성이 죽기를 각오하고 암몬과 싸울 때 내가 너희들에게 응원을 요청했지만, 뒷짐을 지고 있다가 이제 와서 전쟁 승리를 콩고물을 얻겠다고 뒷북치며 전쟁하겠다는 너희들을 결코 용서하지 않을 것이다. 전쟁을 요구하니 받아주겠다.

기드온이 에브라임에게 아첨해서 내전의 위기를 벗어났던 것과는 전혀 다르게 입다는 눈에는 눈, 이에는 이의 대응을 하겠다는 선전 포고를 한 셈이다. 결국 4-6절의 보고에 의하면 입다의 군대는 에브라임을 무자비하게 무력으로 제압했다고 보고한다. 제압으로 끝난 것이 아니라 에브라임의 씨를 말리는 무자비함을 보고한다. 내전 승리로 요단강 나루턱을 중심으로 패권을 장악한 길르앗 사람들은 강을 건너는 사람들을 붙들고 한 가지 웃지 못할 촌극을 벌인다. 히브리어 단어 중에 '개울'이나 '이삭'을 뜻하는 단어 שִׁבֹּלֶת를 길르앗 사람들은 히브리어 단어 שׁ(쉰)에 약하기 때문에 שִׁבֹּלֶת를 '쉬볼레트'라고 말하지만, 에브라임 사람들은 강하기 때문에 '쉰'을 ס(싸메흐)로 발음하여 סִבֹּלֶת(씹볼레트)라고 말하는 것을 알고 요단강을 건너는 사람들에게 이 단어를 발음해볼 것을 강요했다. 결국 강하게 발음하여 '씹볼레트'로 발음하는 자를 골라 길르앗 사람들은 42,000명이나 집단 학살하는 만행을 자행했다고 사사기 저자는 증언한다. 어처구니없는 일이 아닐 수 없다. 왜 종교라는 것이 무서운가? 잘못 인지한 종교성 때문이다. 우리 기독교인들에게 적용해보자. 예수 그리스도께서 말씀하신 일체의 것은 사람을 살리기 위한 메시지였다. 그럼에도 불구하고 말씀이 종교를 위한 종교적인 도그마로 변질되어 도리어 사람을 죽이는 도구로 사용하고 있다면 반드시 수정되어야 한다. 우리 기독교가 이런 만행을 저지르고 있지는 않은지 냉철하게 성찰해야 한다. 아주 오래전 읽은 글을 예화 노트에 담아 놓았다.

복에 환장한 불교인들아! 너희 스승은 너희들이 구하는 왕궁을 버렸는데 너희는 그 스승에게서 무엇을 구하겠느냐? 나는 오늘 불교인들의 생리에 저항하고 싶다. 설령 불교가 오늘의 병든 복 사상에 저항하다가 설상 신자가 1,300만 명에서 130명으로 줄어들지라도 여지없이 물질주의 복 사상을 철폐하는 데 앞장서지 않으면 안 된다. 복에 환장한 불교 신자들아.*

휴암이 쓴 『한국불교의 새 얼굴』이라는 책에서 한 목회자가 발췌한 글인데 나도 모르게 휴암의 말에 아멘 했다. 왠지 내가 절절하게 들어야 하는 설법이 아닌 설교 같아서.

잘못된 신앙은 반드시 바로잡아야 한다. 철학자 자크 데리다가 이렇게 말했다.

거짓말은 현대에 이르러 그 정점에 도달했고, 완전무결하고 결정적인 것까지 되었다.**

본문은 입다의 시대 일체 사람들의 비정상을 고발한다. 에브라임 사람들의 기회주의, 길르앗 사람들의 무자비함 등등을. 이런 일련의 비극을 초래한 것은 사사 입다로 인함이다. 하나님이 부르지 않았던 사사, 자칭 이스라엘 공동체가 필요에 따라 급조했던 인위적 사사의 잘못된 하나님 이해가 자초한 결과물이 내전이요, 사람을 죽이는 재앙의 결과물이었다. 다시 옷깃을 여미자. 잘못된 것을 반드시 바로잡기 위해서 다시 서자.

---

* 한세완, 『목회의 성공은 줄을 잘 서는 것이 아닙니다』 (아가페, 1998), 108-109.
** 자크 데리다/배지선 역, 『거짓말의 역사』 (이숲, 2019), 40.

어느 책에서 입다가 완전한 사람으로 또는 결정적으로 이스라엘을 암몬에서 구원한 정점의 구원자로 묘사된 소가 웃을 일을 보았다. 비평적 성찰이 없이 학습된 방어기제로 사사를 영웅시하는 잘못된 이해 때문이다. 바로잡아야 한다. 한 사람의 잘못된 신앙이 공동체를 무너뜨린다. 한 사람(입다)의 그릇된 종교적 행위가 엄청난 비극을 몰고온 단초가 되었다. 잘못을 잘못이라고 인정하고 바르게 돌이킴이 한국교회와 나를 회복시킨다.

하나님께 해석되고 있습니까?

사사기 12:8-15

새길 말씀: 그 뒤를 이어 베들레헴의 입산이 이스라엘의 사사가 되었더라 그가 아들 삼십 명과 딸 삼십 명을 두었더니 그가 딸들을 밖으로 시집 보냈고 아들들을 위하여는 밖에서 여자 삼십 명을 데려왔더라 그가 이스라엘의 사사가 된 지 칠 년이라 입산이 죽으매 베들레헴에 장사되었더라 그 뒤를 이어 스불론 사람 엘론이 이스라엘의 사사가 되어 십 년 동안 이스라엘을 다스렸더라 스불론 사람 엘론이 죽으매 스불론 땅 아얄론에 장사되었더라 그 뒤를 이어 비라돈 사람 힐렐의 아들 압돈이 이스라엘의 사사가 되었더라 그에게 아들 사십 명과 손자 삼십 명이 있어 어린 나귀 칠십 마리를 탔더라 압돈이 이스라엘의 사사가 된 지 팔 년이라 비라돈 사람 힐렐의 아들 압돈이 죽으매 에브라임 땅 아말렉 사람의 산지 비라돈에 장사되었더라

본문은 사사 입다의 끔찍했던 시대를 지나 그가 죽고 난 뒤에 이어진 3명의 소사사에 대한 내레이션이다. 8-9절에 소개되고 있는 입산 사사의 이력은 아들 30명, 딸 30명을 두었는데 딸들은 밖으로 시집보냈고, 아들들을 위해서 밖에 있는 여자 30명을 데려왔으며, 그렇게 사사로 7년이라고 세월을 보냈다고 사가는 보고한다. 11-12절에서 엘론의 이력은 그가 스불론 출신이었고, 10년 동안 사사의 직을 감당하다가 죽어 아얄론에서 장사되어 묻혔다고 보고한다. 세 번째 등장하는 압돈은 13-15절의 보고에 의하면 아들 30명과 손자 30명이

있었는데 그들은 어린 나귀 70마리를 탈 정도로 부유한 삶을 살았고, 이스라엘의 사사로 8년 동안 있다가 비라돈에 장사되었다고 기록하고 있다. 그렇다면 이 3명의 사사들의 이력을 이렇게 현대적인 언어로 요약할 수 있을 것 같다.

입산은 입다가 죽은 후, 혼란스러웠던 이스라엘을 위해 아들딸을 정략적으로 다른 지역의 사람들과 혼인을 시켜 정국 안정을 도모했다. 그렇게 살다가 죽었다. 그의 뒤를 이어 엘론이 사사의 직을 이어받았는데 10년 동안 그 자리를 지키다가 죽었다. 그가 죽자 압돈이 직을 이었는데 그는 아들, 손자들에게 물질적인 풍요로움을 맛보게 하다가 역시 죽었다.

필자의 이 소회를 듣고 난 뒤에 독자들의 감흥이 어떤지 궁금해진다. 혹시 감동이 있었는지, 아니면 화장실에서 볼일을 보고 나왔는데 이상하게도 뭔가 뒷맛이 개운치 않다는 느낌이 들었는지 못내 궁금하다. 적어도 정상적인 신앙의 길을 걷고 있는 길벗들이라면 마땅히 후자이어야 하지 않을까 싶다. 입다의 뒤를 이어 사사의 직을 감당한 3명의 보고를 접한 뒤에 이렇게 질문해보아야 한다.

"그래서, 그게 어쨌다는 건데?"

왜 이렇게 질문해야 할까? '이브짠'(אִבְצָן)이라는 이름의 뜻은 '날렵한 자'라는 뜻이다. 적어도 입산은 이름대로 정치적인 날렵함을 발휘해 정략적인 정치를 펴서 자신의 입지를 공고히 했다. 그런데 하나님과는? '엘론'(אֵילוֹן)은 '참나무, 상수리나무'라는 뜻이다. 그의 치세에 전쟁이 없었으니 개인적으로 이스라엘을 단단한 참나무 같은 치세로 만들었다고 자평할 수 있을지 모르겠다. 그런데 하나님과는? '아브돈'(עַבְדּוֹן)은 '섬김'이라는 뜻이다. 그는 자기의 자녀, 손들을 섬기는 데 최선을 다했다. 다시 말해 아주 가정적인 아버지, 할아버지였다는 말이다. 그런데 하나님과는?

필자가 왜 지면을 통해서 이렇게 3명 사사의 이름을 거론하며 그들의 행위를 이렇게나마 소개하고 질문을 던졌을까 답하고자 한다. 대단히 유감스럽지만 이것 말고는 3명에 대하여 할 말이 없기 때문이다. 이것도 필자의 입장에서는 나름 긍정적으로 최선을 다한 설명이다. 하지만 더 이상은 없다.

지금 그대의 삶은 하나님에게 어떻게 해석되고 있는 삶인가? 누가의 기록을 하나 만나보자.

> 만나매 안디옥에 데리고 와서 둘이 교회에 일 년간 모여 있어 큰 무리를 가르쳤고 제자들이 안디옥에서 비로소 그리스도인이라 일컬음을 받게 되었더라(행 11:26)

'그리스도인'이라고 번역된 '크리스티아노스'(Χριστιανός)라는 단어를 설명할 때 필자는 항상 두 가지의 의미로 해석한다. 하나는 'Person in Jesus Christ', 즉 '예수 그리스도 안에 있는 사람'으로, 또 다른 하나는 'Person who has a relationship with Jesus Christ', 즉 '예수 그리스도와 관계를 갖고 있는 사람'이라고 정의한다. 본문에 적용해보자.

이스라엘의 초기 왕정 시대가 임하기 전 가나안 정착이라는 초기 시기라면 과도기다. 그렇다면 당시 사사라는 지도자로 부름받은 자라면 적어도 정체성은 갖고 있어야 한다. 어떤 정체성일까? 하나님 안에 있는 사람이든지, 하나님과 관계를 맺고 있는 사람이다. 하지만 소개한 3명의 소사사들의 기록을 추적한 결과, 도대체 이들이 하나님과 어떤 인격적인 관계를 맺고 있었는지 도무지 답을 도출할 수 없었다. 정말 유감스럽지만 단 1%도 하나님과의 관계성이 보이지 않았다.

필자는 30년 훌쩍 넘는 세월을 목회 현장에서 살아왔다. 소위 영적 정글이라고 정의하는 현장에서 살았다. 이 정글에서 산전수전, 공중전까지 겪으면서 날마다 나에게 되물으며 또 곱씹었던 것이 있다.

'오늘 나는 목사로서, 신앙인으로서 하나님으로부터 해석되는 삶을 살고 있는가!'

20세기 중국이 낳은 걸출한 법리학자이면서 신실한 가톨릭 학자인 우징숑 박사는 자신이 하나님을 찾은 뒤에 이렇게 본인의 삶을 해석했다.

하나님께서는 마치 나와 숨바꼭질을 하신 것 같았다. 그러나 하나님이 나를 찾지 못하신 것은 하나님이 무능하시기 때문이 아니라 전적으로 나의 잘못 때문이었다.[*]

---

[*] 우징숑/김익진 역, 『동서의 피안』 (가톨릭출판사, 2012), 21.

엄청난 자기 해석이자 성찰이다. 신실한 하나님을 만난 우징숑의 겸손한 자기 해석이 필자를 전율하게 했다. 창세기 5:27에 기록된 므두셀라의 삶을 해석한 창세기 기자의 보고를 알고 있는가?

969년 동안 무지하게 오래 살다 죽다.

무슨 뜻일까? 오래 살면서 쌀만 축내다가 갔다는 말이다. 반면 사도행전 13:36에 기록된 다윗의 삶에 대한 해석은 이렇다.

다윗은 당시에 하나님의 뜻을 따라 섬기다가 잠들어

의미 있는 삶의 해석이다. 고 옥한흠 목사께서 총신대학교 특강에서 새까만 후배들에게 이렇게 피를 토했던 적이 있다.

"복음은 우리의 마음과 전인격을 사로잡고 움직이는 하나님의 파워입니다. 그러니까 복음이 없다고 할 때 십자가의 설교를 안 한다는 말이 아니고, 예수의 이야기를 안 한다는 말이 아니에요. 살아 계신 예수 그리스도가 안 보이고, 살아 있는 십자가의 피가 말라버렸다는 이야기에요."*

내 삶에 예수 그리스도의 피가 말랐다면 나는 그리스도 예수의 이름으로 해석되고 있지 않음을 인지하고 벌벌 떨어야 한다. 다시 내 심장에서 예수의 보혈이라는 펌프질이 되새겨지고 있는 삶으로

---

* 옥한흠, 『옥한흠, 목사가 목사에게 2』 (하온출판사, 2021), 198.

돌아서야 한다. 그대는 지금 하나님 앞에서 어떤 삶의 해석서를 쓰고 있는가?

후대가 승리하기를 원하는가?

사사기 12:15-13:1

새길 말씀: **비라돈 사람 힐렐의 아들 압돈이 죽으매 에브라임 땅 아말렉 사람의 산지 비라돈에 장사되었더라 이스라엘 자손이 다시 여호와의 목전에 악을 행하였으므로 여호와께서 그들을 사십 년 동안 블레셋 사람의 손에 넘겨주시니라**

지난 글에서 2% 부족한 소사사들에 대한 소회를 나누었다. 입산의 7년 통치, 엘론의 10년 통치 그리고 자녀, 자손들에게 물질적인 풍요를 준 압돈의 8년 통치까지를 포함하면 총 25년의 평화가 지속되었던 시기가 소사사들의 통치 시기였음을 살폈다. 문제는 압돈의 죽음이었다. 그의 죽음을 끝으로 25년간 지속되었던 소사사들의 행진이 끝났다고 본문은 보고한다. 12:15이다.

이스라엘 자손이 다시 여호와의 목전에 악을 행하였으므로 여호와께서 그들을 사십 년 동안 블레셋 사람의 손에 넘겨주시니라

주목할 단어는 '다시'라는 부사다. 히브리어 '야사프'(יָסַף)의 번역인 이 단어를 곧잘 '계속'이라는 단어로 번역한다. 하지만 영어 성경을 뒤지다가 젊은이들이 보는 영어 성경 YLT(Young's Literal Translation) 번역에서 '더해갔다'(add to do)가 눈에 들어왔다. 1절 전반절이다.

And the sons of Israel add to do the evil thing in the eyes of Jehovah

(여호와 하나님의 목전에서 이스라엘의 아들들은 악한 일을 더해갔다).

소사사 압돈이 죽자 이스라엘 자손들은 하나님 앞에서 그동안 음성적으로 저질렀던 사악한 일들을 봇물처럼 터트리며 악을 더해갔다는 의미다. 왜 압돈이 죽자마자 이런 참담한 일이 벌어졌을까? 정곡을 찌르자면 이런 해석이 가능하다. 입산, 엘론 그리고 압돈으로 이어지는 25년의 평화 기간 동안 이 3명의 사사들이 이스라엘 신앙 공동체가 하나님을 위한 삶을 어떻게 살아야 하는지에 대하여 전혀 가르치지 못했기 때문이다. 다시 말해 영적으로 압도하는 그 어떤 사역도 행하지 않았기 때문이다. 3명의 소사사 끝인 압돈은 자기 식구들을 풍요롭게 살도록 해준 것 말고는 아무것도 행한 것이 없었다. 말 그대로 영적 무능력의 극치를 보여준 있으나 마나 한 사사였다. 이때가 신정 정치 시대였음을 감안할 때 사사들의 리더십은 단순히 사법, 행정, 입법에 관한 부분만을 책임지는 리더가 아닌 영적인 교통정리도 해야 하는 리더였는데, 그들은 이 점에서 전혀 무능력한 사사였다. 그렇다 보니 이스라엘 신앙 공동체는 영적으로 조금씩 조금씩 무너지기 시작했고, 결국에는 다시 이스라엘 자손이 여호와의 목전에서 악을 행하여 40년이라는 사사시대 전체를 통틀어 가장 오랜 세월 동안 이방의 압제를 당하게 되는 비극을 맛보게 된 것이다.

이런 본문 해석을 전제로 아주 유념해서 보아야 하는 교훈을 하나 짚어보자. 사사시대는 순환론적인 역사관(A cyclical view of history)을 보여준다. 그 역사의 궤도가 어떠했는가? 이스라엘 신앙 공동체가 하나님께 죄를 짓는다(Apostasy). 그러면 하나님께서 분노하셔서 이방

나라를 들어 이스라엘을 징계하신다(Oppression). 그 징계가 임하면 고통을 받던 이스라엘이 하나님께 회개하고 징계를 멈추어달라고 간구한다(Repentance). 하나님은 이스라엘이 간구하면 사사를 드셔서 이방을 물리치시고 이스라엘을 구원해주신다(Liberation). 이스라엘이 구원을 받으면 그들에게 잠시 동안 평화가 임하게 되지만(Peace), 이스라엘은 다시 교만해져서 하나님께 범죄하는(Apostasy) 이런 순환 궤도였다. 그런데 오늘 본문은 이 궤도가 무너지게 됨을 보여준다. 하나님이 범죄한 이스라엘을 징계하시기 위해 이방 나라 블레셋을 드셨다. 그리고 압제가 시작되었다. 그렇다면 마땅히 이스라엘이 해야 할 그다음 수순은 회개였다. 더불어 회개 이후 구원의 요청을 하는 것이 수순이다. 하지만 본문 어디에서도 이스라엘이 하나님께 회개하고 구원을 요청하는 장면은 보이지를 않는다. 구원의 요청은 고사하고 침략국에 예속되기를 좋아하는 어처구니없는 보고가 앞으로 살피게 될 15:11에 기록되어 있다. 더불어 이때 활동했던 사사 삼손은 그래서 그랬는지 모르겠지만 사사로서의 기대감이나 영적 무게감 제로의 최악의 사사로 손색없이 13-16장에서 그려진다. 필자는 미국 에덴 신학교 성서해석학 교수인 맥켄 박사가 자신의 사사기 주석에 설명한 이 문장에 동의한다.

삼손은 사사들 중에서 최악의 사사였다.*

계대를 이어 후대가 승리하기를 원한다면 이 점을 명심해야 한다.

---

* J. Clinton Mccann, 『현대성서주석, 사사기』, 165.

이미 임한 하나님의 나라에서 다시 이루어질 하나님의 나라에 걸맞는 영적 싸움을 싸우라. 아이든 토저가 말했다.

> 신앙은 '설명하고 해명하는 것'이 아니라 우리의 영혼이 적극적으로 '행동하는 것'이다.*

필자는 행동이 바로 분투라고 믿는다. 분투하는 신앙의 행동은 고스란히 후대의 자녀, 자손들이 배우는 최고의 신앙 공부의 토대가 될 것을 믿기 때문이다. 한국교회가 코로나 바이러스에 의해 함몰되고 있는 영적 현장에서 물러서지 말고 영적 싸움에 올인하기를 기대해 본다.

---

* 아이든 토저/이용복 역, 『세상과 충돌하라』 (규장, 2011), 50.

나가는 말

　필자는 섬기는 교회에서 목회를 하는 것이 기적이다. 설교를 마치고 내려오면 아내를 비롯하여 일련의 성도들이 내게 몰수이 공격하기 때문이다.

　"목사님, 설교가 너무 어려워요." "신학교에서 강의를 듣는 것 같아요."

　적어도 이 정도의 비난을 받으면 생계를 위해서 몸을 사려야 하는데 나이가 들어가면서 아주 못된 용기가 나를 용감하게 한다. 싫은 소리에 대한 맷집이 커간다는 용기(?)다. 아내가 대장이 되어 이 정도로 핍박 아닌 핍박을 하면 청중이 원하는 설교를 해야 하는 것이 마땅하다. 그런데 양보가 잘 안된다. 말한 대로 고집이든지 맷집이든지 둘 중에 하나다. 하지만 그래도 목사니 방어해보려고 한다.

　설교는 인간을 이해하는 일이 아니라 하나님의 일이 행해지는 사건이다.*

　필자가 신학교 학부를 다닐 때 만난 글이니 대단히 아날로그적이고 고전적인 냄새가 나는 글이지만 아직 이보다 더 인상 깊었던 설교에

---

* 루돌프 보렌/박근원 역, 『설교학 실천론』 (대한기독교서회, 2002), 139.

대한 정의를 만나지 못했다. 전술한 보렌의 갈파가 나를 버티게 한다. 보렌의 말대로 설교가 인간을 이해하는 일이 아니라 하나님의 일을 행하는 사건임을 믿는다면 설교는 어려운 것이 당연하다. 인간의 언어로 담아낼 수 없는 신비적인 하나님의 영역에 접근하는 행위이기에 말이다. 환언하자면 신비적인 하나님을 인간의 언어로 표현하는데 그 이해가 쉽다면 분명 하나님에 대한 이해가 아닐 가능성이 높다. 하나님을 쉽게 이해한다는 것은 어불성설이다. 필자가 이렇게 말하면 곧바로 치고 들어오는 반격이 이런 것이다.

"청중이 이해하지 못하는 설교를 어떻게 설교라고 할 수 있나요?"

부분적으로 동의한다. '청중이 반응하지 않는 설교가 무슨 의미가 있겠는가'라는 공격에 작아질 때가 많다. 그러나 그럼에도 한 가지는 예민하게 짚고 넘어가자. 청중의 반응이 설교 행위를 통해서 이루어지는 것일까? 샘터교회의 정용섭 목사는 이렇게 진단했다.

> 설교자 앞에 놓인 성서는 지금 존재하는 세계와 아직 존재하지 않는 세계를 총체적으로 통치하시는 하나님을 우리에게 계시한다.*

엄청난 통찰이다. 적용해보자. 계시된 성서의 세계는 대단히 광범위하다. 지금 존재하는 세계와 아직 존재하지 않는 세계를 아우르는 것이 계시된 성서의 영역이다. 이 세계를 이해하는 유일한 방법은

---

* 정용섭, 『설교란 무엇인가?』 (홍성사, 2011), 21.

계시된 성서의 주인공이신 하나님을 이해하는 것이다. 하나님을 이해하는 것은 인간에게 불가능한 일이다. 책에서 이런 글을 읽은 적이 있다.

> 당신이 그분을 파악한다면, 그분은 하나님이 아니다(Si comprehendis non Deus).[*]

불편해도 곱씹어야 하는 대목이다. 그러므로 설교자가 행하는 설교 행위를 통해 하나님을 온전하게 이해하게 한다는 것은 시도 자체가 어불성설이다. 한편으로 보면 교만하기 그지없는 일이다. 이것을 전제할 때 설교 행위를 통해 청중에게 그 설교의 내용을 이해하기 쉽게 만드는 목사의 작업은 불가능한 일이라고 보아도 틀린 접근이 아니다. 설교를 통하여 회중을 반응하게 하는 것은 결코 설교자의 몫이 아니다. 그럼에도 목사는 설교를 한다. 어깃장으로 하는 것이 아니다. 적어도 정상적인 신학의 과정을 이수한 목회자들은 이 사실을 전적으로 확신하며 설교를 한다.

"설교를 통한 하나님 이해라는 대명제는 전적인 하나님의 일하심과 성령

---

[*] 더글라스 존 홀, 『그리스도교를 다시 묻다 — 부정신학의 눈으로 바라본 그리스도교』 (비아, 2020), 42. "그렇다면 형제여, 우리는 하나님에 대하여 말해야 합니까? 당신이 하는 말을 이해할 수 있다면 그 말은 하나님에 관한 말이 아닐 것입니다. 당신이 이해할 수 있다면 당신은 하나님이 아닌 다른 무언가를 이해했을 것입니다. 하나님이 당신이 생각했던 그대로라면, 당신은 스스로 속인 것입니다. 당신이 그분을 파악한다면, 그분은 하나님이 아닙니다. 무언가 하나님이시라면 당신은 결코 이해하지 못할 것입니다."

의 조명하심이 계시된 성서를 이해하도록 역사하시는 하나님의 일이다."

필자는 설교를 쉽게 하는 것과 어렵게 하는 것이라는 두 개의 패러다임을 갖고 평가하는 것에 동의하지 않는다. 이런 이유 때문에 더 집중하려고 노력하는 테제는 계시된 성서가 말하고자 하는 이미 지금 존재하는 세계(텍스트)와 존재하는 그 세계 너머에 있는 보이지 않는 세계(콘텍스트)라는 두 필드다. 이것을 치열하게 이해하기 위한 노력은 철저한 설교자의 몫이다. 즉, 목사인 설교자가 해야 할 일이 바로 이 점이다. 설교자가 해야 할 일은 텍스트와 콘텍스트에 대한 이해를 위해서 최선을 다해 공부하는 일이다. 이것은 적어도 목사에게 주어진 무게이며 미션이다.

『신(新)사사시대에 읽는 사사기』는 예언자 스가랴의 말대로 타다 남아 검게 그을린 마른 장작 나무같이 볼품없는 필자의 공부 흔적이다. 별 볼 일이 없는 공부라고 비판받아도 괜찮다. 내가 공부했다는 것은 분명한 일이니 말이다. 다만 바라기는 아무리 보아도 별 대안이 없어 보이는 한국교회의 자화상을 민낯으로 드러내어야 했던 아픔의 졸저 안에 한국교회를 향한 사랑의 울부짖음이 있다는 것을 독자들이 발견해준다면 공부한 사람의 보람이 있을 것 같다.

본서는 텍스트에 대한 공부보다는 콘텍스트에 대한 치열함과 떨림이 녹아 있다. 글 안에 담겨 있는 작은 숨소리이지만 거친 바람 같은 소리가 신(新)사사시대를 살아가는 나와 그대에게 희망의 노래를 부를 수 있는 단초가 되기를 기대한다.

본서는 필자의 네 번째 작품이다. 이 작품이 만들어지기까지 가장 강력한 응원자들은 제천세인교회의 지체들이다. 재미와는 담을 쌓았고, 이해하기도 쉽지 않은 투박한 글에 청중이 되어 들어주어야 했던 교회 지체들은 빠짐없이 모두가 성자의 반열에 있다. 세인교회 지체들은 필자에게 최고의 지지자다. 모두에게 머리를 숙인다. 졸저를 출간하도록 용기를 내게 해준 일등공신은 신학대학교 동기이자 영혼의 길벗인 구약 전도사 한세대학교 차준희 교수다. 한 지역 교회에서 교우들과 주일 설교 시간에 함께 공유했던 사사기 톺아보기는 아무리 보아도 볼품이 없는 졸고다. 하지만 친구는 사사기 강해를 다듬어서 책으로 출간하라고 몇 년 전부터 자문했다. 개인적으로 차 교수는 필자의 구약 선생님이기에 부족한 사람은 언제나 그의 말이라면 복종하는 수준이다. 해서 용기를 냈다. 친구에게 존경의 뜻을 담아 감사의 인사를 전한다. 더군다나 과분한 추천의 글까지 담아준 배려에 머리를 숙인다.

대한나사렛기독교성결회는 필자가 속해 있는 교단이다. 이번에 새롭게 감독으로 피선되어 교단 승리를 위해 바쁜 사역을 감당하고 있음에도 산하 교회의 목회자를 격려하기 위해 기꺼이 추천의 글을 보내준 윤문기 감독님께도 심심한 사의를 표한다. 김진산 박사는 사랑하는 후배이자 존경하는 이스라엘 바르일란 대학교에서 박사학위를 취득한 구약학자다. 신학교 시절 선후배로 만나 한국교회를 위한 아름다운 꿈을 꾼 동역자이자 길벗이기도 하다. 사역에 바쁜 일정에도 불구하고 허접한 선배의 졸고를 빛내주기 위해 옥고의 글을 추천사로 보내주었다. 사랑의 빚을 졌는데 중보로 갚으려 한다. 김진산 박사에게 역시 감사의 뜻을 전한다.

아내와 33년을 함께 울고 웃으며 달려왔다. 내가 그녀와 산 날이 안 산 날보다 훨씬 많아진 오늘, 뒤돌아보면 아내는 설교에 관한 언제나 적이었다. 날카로운 비평을 날려 언제나 필자를 가장 긴장하게 만드는 야당 인사였다. 그런데도 아이러니하게도 아내 심재열은 가장 든든한 동료다. 언제나 항상 늘 옆에 있어준 아내에게 표현할 수 있는 최고의 언어로 사랑을 전한다. 아들 이요한 전도사가 대(代)를 이어 목회자의 길을 가고 있다. 막차 탄 심정으로 목회 현장을 달리고 있는 아들이기에 언제나 애처롭기 그지없다. 학위 과정과 목양의 이중 부담을 지고 있지만 그의 길을 주군께서 인도하실 것을 믿는다. 부도옹(不倒翁)의 정신으로 시대의 남은 자 역할을 잘 감당해 주는 아들이 되기를 바라는 마음으로 언제나 애비는 무릎을 꿇는다.

졸저의 원고 교정을 위해 귀한 시간을 헌신해준 박명자 권사님은 필자에게 천군만마다. 수년 전 바울 여정 성지순례에서 만난 이후 부족한 사람을 위한 또 한 명의 응원자가 되어준 너무나 아름다운 그녀에게 머리를 숙여 감사를 전한다.

지금까지 3권의 책을 부끄럽지만 세상에 내놓았다. 그럴 수 있었던 것은 도서출판 동연의 아름다운 동행이 있었기에 가능했다. 첫 번째 책을 대했을 때 낯선 저자이고 무명이었던 필자의 글을 믿고 출간해준다는 것은 이론적으로 어려운 일이었다. 그럼에도 계산함이 없이 한국교회를 사랑하는 울림으로 졸저를 이해해주어 아름다운 책으로 만들어준 도서출판 동연은 작가의 길을 걷는 필자에게는 귀한 동역자가 아닐 수 없다. 대표이신 김영호 장로님과 편집부 관계자 모든 이에게 심심한 감사를 이 지면을 빌려 전한다.

존 스토트가 말한 이 글을 심장에 새겼다.

"우리는 우리의 지성을 그리스도의 주되심 아래 복종시켜야 하며, 우리의 감정 또한 그리스도의 주되심 아래에 복종시켜야 한다. 예수님이 우리의 지성을 통제하시도록, 또한 우리의 감정을 통제하시도록 내어드려야 한다."[*]

지·정·의를 통제하시는 하나님께서 저자와 독자 모두를 압도하셔서 우리가 신(新)사사시대의 한복판에 있지만 우리를 자유자재로 사용하시는 철저한 도구가 되도록 화살기도를 해본다.

2023년을 시작하는 첫 달 제천세인교회 서재에서

이강덕

---

[*] 존 스토트/한화룡 역, 『온전한 그리스도인』(IVP, 2019), 28.

참고문헌

강상중/노수경 역.『악의 시대를 건너는 힘』. 사계절, 2017.

강영안.『믿는다는 것』. 복 있는 사람, 2018.

고진하.『프란체스코의 새들』. 문학과지성사, 1993.

공지영.『수도원기행2』. 분도출판사, 2014.

김기석.『가시는 길에 따라나서다』. 한국기독교연구소, 2009.

_____.『모호한 삶 앞에서』. 비아토르, 2020.

_____.『오래된 새 길』. 포이에마, 2012.

_____.『욕망의 페르소나』. 예책, 2019.

_____.『인생은 살만한가?』. 꽃자리, 2018.

_____.『하나님의 숨을 기다리며』. 꽃자리, 2020.

_____.『하늘에 닿은 사랑』. 꽃자리, 2022.

김득중.『무엇이 삶을 아름답게 하는가?』. 삼민사, 1991.

김성호.『디트리히 본회퍼의 타자를 위한 교회』. 동연, 2019.

김영봉.『가장 위험한 기도, 주기도』. IVP, 2013.

김지찬.『오직 여호와만이 우리의 사사』. 생명의말씀사, 2019.

김진.『간디와의 대화』. 스타북스, 2015.

나태주.『너와 함께라면 인생도 여행이다』. 열림원, 2021.

나희덕.『말들이 돌아오는 시간』. 문학과지성사, 2019.

_____.『어두워진다는 것』. 창비, 2022.

달라스 윌라드/윤종석 역.『하나님의 모략』. IVP, 2012.

더글라스 존 홀/이민희 역.『그리스도교를 다시 묻다 ─ 부정신학의 눈으로 바라본
　　　　그리스도교』. 비아, 2020.

데이빗 라센/김형원 역.『탐욕의 복음을 버려라』. 새물결플러스, 2011.

데이빗 램/최정숙 역.『내겐 여전히 불편한 하나님』. IVP, 2013.

데이빗 플랫/정성묵 역.『복음이 울다』. 두란노, 2020.

디트리히 본회퍼/손규태 · 이신건 공역.『나를 따르라』. 대한기독교서회, 2013.

랭던 길키/이선숙 역.『산둥 수용소』. 새물결플러스, 2013.

레슬리 뉴비긴/홍병룡 역.『누가 그 진리를 죽였는가?』. IVP, 2011.

루돌프 보렌/박근원 역.『설교학 실천론』. 대한기독교서회, 2002.

마루야마 겐지/김난주 역.『나는 길들지 않는다』. 바다출판사, 2014.

마이클 호튼/김성웅 역.『그리스도 없는 기독교』. 부흥과개혁사, 2009.

마크 뷰캐넌/배웅준 역.『열렬함』. 규장, 2005.

매트 챈들러/장혜영 역.『완전한 복음』. 새물결플러스, 2012.

메튜 폭스/김순현 역.『마이스터 엑카르트는 이렇게 말했다』. 분도출판사, 2006.

미로슬라브 볼프/홍병룡 역.『하나님의 말씀에 사로잡혀』. 국제제자훈련원, 2010.

박노해.『다른 길』. 느린 걸음, 2014.

박완서.『세상에 예쁜 것』. 마음산책, 2014.

박일준.『인공지능 시대, 인간을 묻다』. 동연, 2018.

빅터 플랭클/이시형 역.『죽음의 수용소에서』. 청아출판사, 2005.

송병현.『엑스포지멘터리 주석, 사사기』. 국제제자훈련원, 2010.

스탠리 존스/김순현 역.『순례자의 노래』. 복 있는 사람, 2008.

시오미 나나미/김석희 역.『로마인 이야기(1)』. 한길사, 2003.

신형철.『몰락의 에티카』. 문학동네, 2018.

아베 피에르/백선희 역.『단순한 기쁨』. 마음산책, 2017.

아브라함 죠수아 헤셀/이현주 역.『누가 사람이냐』. 한국기독교연구소, 2008.

아우구스티누스/김종흡 역.『기독교 교양』. 크리스천다이제스트, 2019.

아이든 토저/이용복 역.『세상과 충돌하라』. 규장, 2011.

알베르토 소긴/학술부 역.『국제성서주석, 판관기』. 한국신학연구소, 1992.

엔도 슈사쿠/이석봉 역.『사해 부근에서』. 바오로딸, 2015.

엘리 위젤/배현나 역.『팔티엘의 비망록』. 주우, 1981.

엘리자베스 쉬슬러 피오렌자/김상분 · 황종렬 공역.『동등자 제자직』. 분도출판사,
    1997.

연세대학교 종교교재편찬위원회편.『성서와 기독교』. 연세대학교 출판부, 1988.

오스왈드 샌더스/이동원 역.『영적 지도력』. 요단, 2009.

옥한흠.『교회는 이긴다(1)』. 국제제자훈련원, 2012.

_____.『목사가 목사에게 1』. 하온, 2021.

_____.『문득, 당신이 그리워질 때』. 필로, 2015.

_____.『옥한흠, 목사가 목사에게 2』. 하온출판사, 2021.

우징숑/김익진 역.『동서의 피안』. 가톨릭출판사, 2012.

월터 브루그만/류의근 역.『하나님 나라의 권력 투쟁』. CLC, 2013.

유발 하라리/김병주 역.『호모 데우스』. 김영사, 2021.

유진 피터슨/김순현·윤종석·이종태 공역.『메시지, 구약 ― 역사서』. 복 있는 사람,
          2012.

이만열.『잊히지 않는 것과 잊을 수 없는 것』. 포이에마, 2015.

이반 일리치/허택 역.『누가 나를 쓸모없게 만드는가?』. 느린 걸음, 2019.

이성덕.『존 웨슬리, 나의 삶이 되다』. 신앙과지성사, 2016.

이재철.『사도행전 속으로 8』. 홍성사, 2013.

_____.『사명자반』. 홍성사, 2013.

자크 데리다/배지선 역.『거짓말의 역사』. 이숲, 2019.

장석주.『그 많은 느림은 다 어디로 갔을까』. 뿌리와 이파리, 2008.

쟈크 엘룰/이문장 역.『세상 속의 그리스도인 어떻게 살 것인가?』. 대장간, 2008.

전성민.『사사기 어떻게 읽을 것인가?』. 성서유니온, 2021.

정용섭.『설교란 무엇인가?』. 홍성사, 2011.

제임스 패커/윤종석 역.『하나님께 진지하라』. 디모데, 2013.

조정래.『황홀한 글감옥』. 시사IN북, 2010.

조현.『울림』. 휴, 2014.

존 스토트/황흘호 역.『기독교의 기본진리』. 생명의말씀사, 2010.

_____/박지우 역.『설교』. IVP, 2020.

_____/한화룡 역.『온전한 그리스도인』. IVP, 2019.

짐 윌리스/강봉재 역.『부러진 십자가』. 아바서원, 2012.

차준희. 『역사서 바로 읽기』. 성서유니온 선교회, 2013.

찰스 링마/권지영 역. 『본회퍼 묵상집』. 죠이선교회, 2014.

찰스 킴볼/김승욱 역. 『종교가 사악해질 때』. 현암사, 2020.

토마스 아켐피스/유재덕 역. 『그리스도를 본받아』. 브니엘, 2016.

톰 라이트/김소영 역. 『우상의 시대, 교회의 사명』. IVP, 2016.

트렌트 버틀러/조호진 역. 『WBC 주석 8, 사사기』. 솔로몬, 2011.

팀 켈러/정성묵 역. 『왕의 십자가』. 두란노, 2013.

_____/최종훈 역. 『하나님을 말하다』. 두란노, 2019.

폴 워셔/조계광 역. 『복음』. 생명의말씀사, 2013.

폴 트립/이지혜 역. 『돈과 섹스』. 아바서원, 2014.

프란시스 맥너트/변진석 · 변창욱 공역. 『치유』. 무실, 1996.

프리모 레비. 『이것이 인간인가』. 돌베개, 2015.

한동일. 『믿는 인간에 대하여』. 흐름출판, 2021.

한병수. 『사사기에 반하다』. 다함, 2022.

한세완. 『목회의 성공은 줄을 잘 서는 것이 아닙니다』. 아가페, 1998.

한완상. 『바보 예수』. 삼인, 2012.

한희철. 『하루 한 생각 ― 눈부시지 않아도 좋은』. 꽃자리, 2021.

헨리 나우웬/최종훈 역. 『탕자의 귀향』. 포이에마, 2019.

C. S. 루이스/장경철 · 이종태 공역. 『순전한 기독교』. 홍성사, 2010.

_____/홍종락 역. 『피고석의 하나님』. 홍성사, 2013.

J, 클린턴 맥켄/오택현 역. 『현대성서주석, 사사기』. 한국장로교출판사, 2012.

J. 몰트만/김균진 역. 『십자가에 달리신 하나님』. 한국신학연구소, 1990.